一本就通：佛教常識

張培鋒◎著

序言

佛教誕生兩千五百多年，特別是傳入中國的兩千多年來，得到了長足的發展，體系宏大，事理周全，典籍繁浩，人物眾多，佛教已完全成為中國文化的一個重要組成部分，中國佛教創造了很多令世人歎為觀止的奇蹟，這也是中華文明的驕傲。

就我的觀察，今日很多人對佛教多少有些帶著神秘感的興趣，但是他們了解的相關知識很不全面、很不準確，一知半解、道聽塗說者居多。我個人認為，一個人不管有沒有佛教信仰，對於佛教的歷史、理論、文化都應該有一些了解，比如佛教到底講了些什麼?佛教到底是一種怎樣的信仰?佛教的文化遺產到底有哪些?認識到佛教的發展與中國歷史、文化不可分割的關係等等。

全書共分為八章，每兩章構成一個單元。其中，第一、第二章，介紹了佛教的產生和在印度的發展，相當於印度佛教小史；第三、第四章，介紹了佛教在中國的傳播和發展，相當於中國佛教小史；第五、第六章，介紹了佛教的基本理論，這兩章以「真諦」和「俗諦」為綱，對佛教的教理教義乃至入世應用等問題做出闡發，力求揭示佛教不同的理論層次以及與世間的關係；第七、第八章，從物質層面和精神層面兩個角度介紹了佛教的文化，相當於佛教文化小史。這樣，佛教漫長的歷史、繁多的內容、豐富的內涵等，都在一定程度上得到了體現；在介紹時，也照顧到所謂「教內」（指佛教內部）、「教外」（指學術界）對同一問題的不同解釋，盡可能做到客觀公正，力求使一般讀者在一本書內全面了解有關佛教的基本知識。

我對佛教產生興趣是在九〇年代初，至今已二十多年了。雖然這些年看了不少有關的書籍，自己也寫過幾本書，但大體來說屬於跌跌撞撞的雜學旁涉，一直沒有真正找到治學的門徑。直到二〇〇三年入南開大學，受業於孫昌武教授，才確定了自己以佛教文學、佛教文化為中心的研究方向。我的第一本書《宋詩與禪》即是孫先生主編的《禪的智慧》叢書中的一本。求學期間和到南開大學工作之後，孫先生平日的教導和指點，對我來說都是彌足珍貴的。

寫作本書時，我正接受韓國高等教育財團的資助，在韓國首爾大學奎章閣做訪問學者。韓國方面提供的條件不錯，時間比較寬裕，這是這本書能夠寫得比較從容的原因所在。但也有一點不足，那就是在韓國能夠看到的漢語書籍有限，我也只能帶去很有限的圖書。好在現在電腦、網路發達，很多書都有了電子版，我也充分利用了這些現代化的方法，在一定程度上彌補了資料的不足。在此，也向韓國高等教育財團和首爾大學奎章閣表示謝意，感謝他們為前往研究的中國學者們提供了良好的工作和生活環境。

佛言：「緣起」之義大矣哉！略述本書之緣起，以見「緣」的難得和可貴。

張培鋒

於津門聆鍾室

目次

第一章

靈山會上：佛教的起源和產生

释迦牟尼

覺行圓滿：佛祖釋迦牟尼

佛教是世界三大宗教之一，也是三大宗教中歷史最悠久、流傳最廣泛的宗教。佛教產生的兩千五百多年以來，以其多元性與包容性、變異性與恆久性的統一，顯示了堅韌的生命力。佛教產生於印度，但其後主要流傳於中國，並由中國傳播到日本、韓國等國家。佛教與中國的儒家、道家思想相融合，一方面，它對中國文化產生了深刻影響，給中國文化輸入許多新的思想資源；另一方面，中國傳統文化的精神也滲入到佛教中，形成中國化的佛教。不了解佛教，也就很難理解中國文化的真實發展歷程；不了解中國佛教，也很難把握佛教思想的真諦。

要了解佛教，首先要了解「佛祖」釋迦牟尼，也就是古典長篇小說《西遊記》裡所說的「如來佛」，他是佛教的創始人和布道者。

西元前五六五年，在古印度迦毘羅衛國（今尼泊爾），誕生了一位王子，他的名字叫喬達摩．悉達多。這位王子後來出家修道，最終覺悟到宇宙人生的真理，被稱為釋迦牟尼。「釋迦牟尼」，也就是「釋迦族聖人」的意思。

通常認為，釋迦牟尼是一位真實的歷史人物，是古印度一位偉大的思想家、倫理學家，和教育家。這一點與中國的孔子非常相像。但歷史上真實的釋迦牟尼一生事蹟已很難考察清楚，包括他的生卒年代，也是後人根據眾多歷史資

知識連結

釋迦牟尼也被稱為佛陀。佛教內部也有把佛陀解釋為「能仁寂默」的，「能仁」就是普度眾生，是妙有，是大悲；「寂默」就是清淨修道，是真空，是大智。「佛陀」這個詞在中國古代早期曾譯為「浮屠」、「浮圖」等，在西藏等地則譯為「布達」，拉薩的「布達拉宮」也就是「佛宮」的意思。

料，採用不同的方法推算出來的。上面所說的以西元前五六五年為釋迦牟尼的誕生年，只是目前得到大多數人承認的一種說法。

記載釋迦牟尼事蹟最主要的作品是流傳至今的各種佛陀傳記，通常稱為佛傳典籍或佛傳文學。譯成漢語的著名佛傳有《中本起經》二卷（東漢·康孟祥譯）、《太子瑞應本起經》二卷（吳·支謙譯；異譯有南朝劉宋時期求那跋陀羅譯的《過去現在因果經》四卷）、《佛本行集經》六十卷（隋·闍那崛多等譯）以及《佛所行讚》五卷（馬鳴著，北涼·曇無讖譯）等。這些佛傳往往與神話交織在一起，充滿神異色彩，例如說悉達多太子右脅而生、七步能言等。

按照佛教內部的說法，釋迦牟尼一生的事蹟可以概括為所謂「八相成道」，八相分別為：

一、降兜率——先住於兜率天內院，欲降生人間，先觀五項合宜之機，即時間、地點、國家、家庭，及父母，然後下降人間。

二、托胎——乘著六牙白象，象口含白蓮花，降入母胎。

三、出生——在藍毘尼園，從摩耶夫人右脅出生。

四、出家——二十九歲時，因感受到世間無常，欲追求宇宙人生真理、解脫生死痛苦，離開王宮，入山修道。

五、降魔——在尼連禪河附近的苦行林，修六年苦行後，到伽耶山附近的菩提樹下，金剛寶座上，降伏魔軍。

知識連結

中國佛教塑造釋迦牟尼「八相成道」形象最著名的遺跡為洛陽龍門石窟古陽洞中的雕刻，是一套完整的釋迦成道過程。古陽洞的造像題記書法稜角分明，字形樸拙，結構緊密，硬挺有力，著名的「龍門二十品」，其中有十九品在這座洞裡。

六、成道——夜睹明星，豁然悟道，時年三十五歲。
七、轉法輪——成道後四十五年間說法度生。
八、入涅槃——世壽八十，在拘尸那城（又作拘尸城）娑羅雙樹間，示入涅槃。

按照這種說法，釋迦牟尼並非普通人，而是早已成佛，他這一次來到人間所做的一切都是「示現」給我們看的。而且不光是釋迦牟尼佛，世間一切佛示現在人間，都會經過「八相成道」的過程。

根據佛傳，我們按照「八相成道」的順序對釋迦牟尼一生的事蹟做一些介紹和解說。

釋迦牟尼的父親淨飯王是迦毘羅衛國的國王，母親摩耶夫人是拘利國的公主。摩耶夫人生產前，按照當地的風俗，要到母家去。當她走到迦毘羅衛城與天臂城之間的藍毘尼園，感覺累了，便到園中憩息。此時正是鳥語花香的春天，娑羅樹繁花盛開（按照中國的農曆推算，這一天是四月初八日，這是元代以後才正式確定下來的），王后走到娑羅樹下，想去攀扶樹枝，忽然有一枝自動垂到她的手邊，她伸手握住，端然而立，悉達多太子就從她右脅出生了，出生後就向四方各走了七步，同時口中說道：「天上天下，唯我獨尊。」傳說當時天上飄落香花，還有九龍吐水為太子沐浴。悉達多太子誕生七天後，母親就去世了，他由姨母摩訶波闍波提撫養長大。按照佛教的說法，摩耶夫人是升到了忉利天宮中，後來太子成佛後，還曾到忉利天宮中為母親講解佛法。

洛陽龍門石窟古陽洞

年輕的太子很聰明，而且在王宮中過著非常奢華、富貴的生活。在他十六歲時，父親令他結婚，娶的是鄰國公主耶輸陀羅，後來生下一個兒子，名叫羅睺羅。

但悉達多太子特別喜歡玄想沉思，有高蹈出世的傾向，這令他的父親很擔心。他看到自然界各種生物互相吞食、殘殺的現象時，常常陷入深深的思索。更有一個偶然的機緣觸發他棄俗出家。據說他有一次到城外巡遊，在東、南、西三個城門看到了老人、病人與死人的痛苦情形，在北門

乘象入胎

釋迦太子樹下誕生圖

知識連結

四月八日後來被稱為佛誕日，在佛教中流傳的浴佛儀式是為了慶祝和紀念悉達多太子誕生而舉行的。據《僧史略》記載：「浴佛者，唐義淨三藏躬遊西域，見印度每日禺中，維那鳴鐘，寺庭取銅石等像，於盤內磨香或泥，灌水以氎揩之。舉兩指灌水於自頂之上，謂之吉祥之水，冀求勝利焉。問：浴佛表何？通曰：像佛生時龍噴香雨，浴佛身也。」因傳說釋迦牟尼降生時，有九龍吐水洗浴聖身，因此後世佛教徒紀念佛陀誕生的儀式中，都在佛堂中或露天淨地設灌佛盤，在盤中的蓮臺上安置著一手指天、一手指地的悉達多太子金像，然後灌以香水，表示慶祝和供養，稱為浴佛或灌佛。

則看到了沙門修道者，這些使他痛感人生的無常，成為他走上求道之路的契機。他還有可貴的平等思想，對當時印度的種姓制度不滿，他常思考這樣的問題：「首陀羅為什麼生來就做奴隸？難道他們不是人嗎？有什麼辦法可以使他們過上自由平等的生活？」

知識連結

古代印度由國家政權從法律上對居民實行等級劃分，不同等級具有不同的權利和義務。當時將種姓分為四個等級：婆羅門（司宗教事務）、剎帝利（司軍政事務）、吠舍（雅利安平民）、首陀羅（被征服土著）。以種姓制度為基礎的婆羅門教則是佛教產生前最重要的宗教。釋迦牟尼創立的佛教既大量吸收了婆羅門教的思想，同時也是對婆羅門教的超越，集中表現在否定婆羅門教和婆羅門種姓的最高權威，提倡眾生平等，因而得到中下層民眾的支持。

現實人生的種種問題，使太子不能安住於王宮，享受尊榮與富樂，終於在二十九歲那年的一個夜晚，他下了最大的決心，拋棄了王位、財富，和父母妻子，帶著侍從車匿，騎著一匹白馬，偷偷離開了王宮，越過了阿那瑪河，想到深山曠野去追求痛苦的解脫與人生的真理。悉達多太子出家以後，在阿那瑪河畔，自己剃掉頭髮，披起袈裟，叫車匿帶了冠服白馬回宮。車匿哭泣，白馬悲鳴，捨不得離開太子。淨飯王看見車匿回來了，卻看不見太子同來，悲痛萬分，立刻派遣大臣去追他回來。但是太子出家的意志非常堅決，國王無法，只得選了親族中的憍陳如等五個青年，去跟隨太子修行，也是為了照顧他的生活。

當時婆羅門教的沙門中有不少苦行者，企圖透過肉體的痛苦磨練來求得靈魂的自由和解脫，太子一開始走的也是這條路。從二十九歲到三十五歲，太子曾實行過六年苦行。據說他曾向沙門阿羅邏．迦羅摩和優陀迦．羅摩子問道，但不得要領。他又到伽闍山苦行林，日食一米一麥，苦修禪觀，全身骨瘦如柴，健康受到嚴重損害。但經過這種求道的艱苦歷程，他認識到舊的修行方法不能達到獲得真理與生命解脫的正確道路，從而踏上了獨立探求真理的道上。他不在人生倫理上走極端，而是力圖在精神上得到對宇宙真實的覺悟。這一點也是佛教區別於其他宗教的重要特徵。

夜半踰城

苦行的釋迦牟尼

放棄苦行的太子接受了牧羊女蘇耶妲供養的乳糜，恢復了身體健康。隨從的五個人，認為他失了道念，就不再跟從他了。

太子到尼連禪河去洗澡，把六年來的污穢洗掉，並下定決心要追求最圓滿的真理。太子來到迦耶山附近的菩提迦耶，先在一棵菩提樹下，用草鋪了一個座位，然後在所鋪草座上面靜坐。他發出堅定的誓願：「我不成正覺，誓不起此座。」

過了第七日深夜，太子在禪定中現出魔境擾亂。據說天上的魔王波旬——欲界第六天他化自在的天王，被視為印度教中的「破壞之神」濕婆——派遣眾魔女來誘惑他，發動魔兵魔將來威嚇他；但太子意志堅定，始終不動搖，結果魔王被降伏了。這一傳說，說明了一個人在成佛的最後階段必須經歷克服內心中種種情欲與恐怖的心理過程。

降魔之後，他把精神全力集中起來，運用最高的智慧，去思考宇宙人生的問題。終於在第四十九夜的夜半，他看到明星出現，豁然覺悟一切真理，獲得了無上正覺。這一年他三十五歲，從此世人尊稱他為佛陀。他成道的這一天按照中國農曆的推算是臘月初八日。

知識連結

中國佛教徒為紀念釋迦牟尼悟道成佛，每年臘月初八都舉行儀式，以米及果物煮粥供佛，稱為「臘八粥」，宋代時已演變為民間普遍的習俗。《敕修百丈清規》卷二記載：「臘月八日，恭遇本師釋迦如來大和尚成道之辰，率比丘眾，嚴備香、花、燈、燭、茶、果、珍饈，以伸供養。」孟元老《東京夢華錄》卷十記載：「（臘月初八）諸大寺……送七寶五味粥與門徒，謂之『臘八粥』。都人是日各家亦以果子雜料煮粥而食也。」

牧女供養圖

降魔成道圖

化愚濟眾：佛、法、僧「三寶」

釋迦牟尼成佛後，就開始「轉法輪」——進行艱苦宏偉的教化活動，孜孜不倦地從事說法度化眾生的事業。他首先到中印度迦尸國波羅奈城外鹿野苑（今瓦拉納西城西北），找到憍陳如等五個侍者，向他們說法，講了「四諦」、「五蘊」、「八正道」等基本教義，佛傳上稱之為「初轉法輪」。這次說法的內容大致就是現存的《轉法輪經》。憍陳如等五人成為五比丘，是佛陀的第一批弟子。不久他又度波羅奈長者子耶舍及其親友出家。俱梨迦長者及夫人也來皈依佛陀，成為最早的在家修行者，被稱為優婆塞和優婆夷。這樣，佛、法、僧「三寶」都已齊備，作為一種宗教的佛教正式形成了。

接著，佛陀獨自到迦耶山上，度化三迦葉兄弟。三迦葉原是外道的領袖，大哥名優樓頻那迦葉，有五百徒眾；二弟名伽耶迦葉，有兩百五十徒眾；三弟名那提迦葉，也有兩百五十徒眾。這樣，總共一千個徒眾都隨著師父集體出家，皈依了佛陀，從而大大提高了佛陀的聲望。

釋迦牟尼佛初轉法輪像

有意思的是，釋迦牟尼一開始是禁止女子出家修道的，也就是說，比丘尼出現得比較晚。佛教歷史上第一位比丘尼不是別人，正是將釋迦牟尼從小撫養長大的姨母摩訶波闍波提。釋迦牟尼度化的眾生中，有很多是他自己的家人，包括他的兒子羅睺羅，出家時還不到二十歲，成為佛教史上第一位沙彌。據說包括他父親淨飯王在內的幾乎整個釋迦家族都信仰了佛法。佛陀的信徒，從國王、后妃、大臣，以至貧民、乞丐、奴隸，應有盡有，遍布社會的每個階層，這是他提倡慈悲平等、濟度眾生的表現。

佛教將佛、法、僧稱之為「三寶」，後來信仰佛教者要接受

知識連結

佛教有「四眾弟子」的說法，即構成佛教教團的四種弟子，又稱四部眾、四部弟子，即比丘（男出家修道者）、比丘尼（女出家修道者）、優婆塞（男在家修道者）、優婆夷（女在家修道者）。在中國常將男女在家修道者稱為「居士」；但也有一種說法，認為「四眾」都指出家者，即比丘、比丘尼、沙彌（年齡小於二十歲的男出家者）、沙彌尼（年齡小於二十歲的女出家者）。

「三皈依」，也是指皈依佛、皈依法、皈依僧。為什麼稱之為「寶」呢？按照佛教的說法，這三者是指示眾生斷惡修善、離苦得樂、獲得解脫的嚮導，極為尊貴，如同世間的珍奇寶物，故稱之為「三寶」。佛教賦予「三寶」種種極為珍貴的品質，如稀有、離塵、莊嚴、不改等。

佛，即梵語Buddha（佛陀）音譯的略稱。小乘佛教用以指稱「釋迦牟尼」。大乘佛教興起後，佛陀就不單指釋迦牟尼一尊佛，而是泛指所有的佛，而且對於佛陀又增加了十種尊貴的名號。這十大名號分別是：1.如來（真理的體現者）；2.應供（其德行應該接受世間的供養）；3.正遍知（完全認識一切真理）；4.明行足（三明之行具足）；

釋迦牟尼

5.善逝（善於超脫世俗世界）；6.世間解（洞知世間與出世間一切事）；7.無上士（一切眾生中的最上者）；8.調御丈夫（善於使俗人解脫入於善道）；9.天人師（天與人的導師）；10.世尊（能知一切，故為「世尊」）。「佛陀」的意譯則是「覺悟」，關於其含義，第五章會做詳細介紹。

法即是釋迦牟尼所說的一切佛教真理，其梵語的音譯是「達摩」（dharma），即「軌則」的意思，指某種事物固有的本性，如花有花的本性，樹有樹的本性，能夠明瞭這種本性而予以解說，即名為法，用今天的話說就是「規律」。佛教認為佛陀發現了宇宙人生的根本規律，將其宣揚出來就是法，具體地說就是經、律、論三藏。

釋迦牟尼當時所說的最重要的教義叫做「四諦」、「八正道」，這也是佛教的根本教義。

四諦即苦、集、滅、道。苦諦講世間一切皆苦，人生的本質是苦的，這些苦可以概括為「三苦」、「八苦」等，這是世間法的果報。集諦是講苦形成的二十五種原因，是苦諦之因，即說明世間法的真相，指出苦是貪、瞋、癡等煩惱造成的。滅諦是出世間法的結果，即一切煩惱斷盡，達到寂滅涅槃的境界，滅即是滅煩惱、滅生死。道諦則是出世間法的原因，指出通向涅槃的途徑。

道諦的主要內容稱為「八正道」，主要內容包括：1.正見。正確的見解，亦即堅持佛教四諦的真理；2.正思維。又稱正志，即根據四諦的真理進行思維、分別；3.正語。即說話要符合佛陀的教導，不說妄語、綺語、惡口、兩舌等違背佛陀教導的話；4.正業。正確的行為。一切行為都要符合佛陀的教導，不作殺生、偷盜、邪淫等惡行；5.正命。過符合佛陀教導的正當生活；6.正方便。又稱正精進，即毫不懈怠地修行佛法，以達到涅槃的理想境地；7.正念。念念不忘四諦真理；8.正定。專心致志地修習佛教禪定，於內心靜觀四諦真理，以進入清淨無漏的境界。

由此可見，「四諦」、「八正道」非常簡明、清晰地概括了佛教教理的基本內容。

僧是梵語「僧伽」（sajgha）的簡稱，其含義為「和合眾」，即共住一起、共同修學、互相照顧的道侶，故也稱為「僧侶」，當時即指隨同釋迦牟尼出家的眾弟子們組成的僧團。

釋迦牟尼進行了四十五年的說法活動，直至去世。他當年是四處巡遊說法的，他的足跡遍及今日的中印和北印很多地區。按佛傳上說，他在鹿野苑「初轉法輪」後，又前往摩揭陀國，因為要傳播新宗教，必須到政治、經濟中心和思想家活動集中的地方。他一路上廣施教化，帶領皈依他的弟子們來到王舍城（今比哈爾邦底賴亞附近）後，得到摩揭陀國王頻婆娑羅的擁護。國王在迦蘭陀長者獻給釋迦牟尼的竹林建立了精舍，供他及其弟子們「安居」。佛陀在這裡又收舍利弗、目犍連等為弟子。這兩個人後來幫助佛陀傳教，功勞很大。在多子塔，摩訶迦葉遇見佛陀，也皈依為弟子，佛滅以後他成為最初結集佛經的主持者。

其後，佛陀離開王舍城北上，回到家鄉迦毘羅衛。他的異母弟難陀、堂兄弟阿難和提婆達多、兒子羅睺羅等都隨同他出家。姨母摩訶波闍波提也要求出家，釋迦牟尼開始沒有答應，後經阿難的勸說，接納她為女弟子。

從迦毘羅衛城向西南，他來到舍衛城，住在樂善好施的須達多長者奉獻的祇園精舍中，並受到國王波斯匿的供養。釋迦牟尼曾有二十五個雨季在這裡安居，這裡是他和弟子們住得最久的地方，很多佛經也是在這裡講說的，稱之為「祇園法會」。

從舍衛城向西，渡過恆河，佛陀又到捏賞彌國，這裡是通往南印度的交通要衝，有瞿師羅三長者獻給佛陀的園林。捏賞彌國王優陀延和王后也都皈依佛陀。從這裡，佛陀帶領弟子們東歸，沿著恆河又來到波羅奈，往東南走到王舍城。王舍城的東北有一座耆闍崛山，釋迦牟尼在這裡的七葉窟為比丘說法。耆闍崛山，漢語意譯為「靈鷲山」，又簡稱「靈山」。後來佛經中常說的「靈山法會」指的就是在這裡所說的佛法。

佛陀晚年離開王舍城，開始他最後的遊化。他北行經那爛陀，渡恆河，到吠舍離附近的貝魯伐那村，遣散了弟子們，只留下阿難一個人隨行。在這年雨季安居時他已經患病，雨季過後繼續西北行。在男末羅國波伐城病情轉重，行至拘尸那城（今迦夏城）時圓寂，終年八十歲。

據經典記載，佛陀當時在阿難鋪好的僧伽梨（大衣）上右脅而臥，已經疲倦不堪。這時一位名叫須跋陀羅的外

鹿野苑遺址

竹林精舍

祇園精舍

靈鷲山

道來求見，佛陀又抖擻精神為他說法，這位外道成為佛陀最後度化的弟子。隨侍佛陀的阿難見他病勢沉重，十分難過，請求他繼續住世，佛陀回答：「萬法自性仍歸於滅，人有生必有死，我的肉體怎能永存呢？我這段生命，必須循著自然法性而歸於寂滅。」當時很多弟子聞訊來到佛陀身邊，默默流淚，佛陀安慰他們說：「你們不用悲傷，我一生所說的教法已經很多，只要你們依照著去實行，就是我的法身永遠在世間了！」隨後在一個月圓之夜安詳逝世，這一天按照中國農曆來推算，是二月十五日。

佛陀涅槃後，弟子們用金棺收殮起他的聖體，上面裝飾著寶幢幡蓋，並以一些名貴的香花莊嚴在四周，按照印度的習俗舉行了火化儀式，佛教稱之為荼毘。

佛陀荼毘後，其遺骨變成晶瑩的舍利，被視為釋迦牟尼法身永遠住世的象徵。這些舍利一開始為拘尸城的末羅族所得，當時印度各國國王不服，都帶兵前來征討拘尸城，想奪取佛陀的舍利。後來經過調解，由揭竭陀國阿闍世王牽頭，各國共分舍利，造塔供養。這段史事被稱為「八王分舍利」。後來，釋迦牟尼的佛骨舍利又傳到更多的國家，包括中國。人們建立起舍利塔供奉這些舍利，舍利信仰也成為佛教信仰的一個重要組成部分。

知識連結

「安居」是佛教一個特殊概念，也稱為「住夏」。因印度夏季降雨頻繁，不能遊方乞食。還有一種說法是這個季節草木、蟲、螻蛄等都生長得很好，如果外出行走，很容易傷害這些小生物，因此規定出家人這段時間不准外出，集合在一定的場所，接受飲食臥具的供養，坐禪修養。其時間為每年的四月十六日至七月十六日。

須跋陀羅

八王分舍利圖

釋迦牟尼傳法活動的情況，是有一定歷史依據的，近代考古已發掘出一些佛教聖地的遺址。自西元四世紀中國僧人法顯西行求法，中國的許多佛教旅行家都參拜過這類遺址。

知識連結

佛教常稱修道者逝世為「圓寂」，這是梵文涅槃（nirvāna）的意譯，意為不生不滅。「涅槃」一詞也被意譯為「入滅」、「滅度」等，意思是各種功德圓滿，各種罪惡寂滅，永遠超脫了生死輪迴，不同於一般意義的死亡。

知識連結

荼毘為巴利語jhāpita的音譯，原義即是「焚燒」，在佛教產生之前已流行於印度，佛教繼承了這種火葬方式，其後傳入中國、日本等國。中國僧人去世後一般也採用荼毘的方式處理，而不採用中國傳統的土葬。

法雨普施：經、律、論「三藏」

按照佛教的記載，釋迦牟尼生前講過大量的佛法，但當時並沒有文字紀錄，而是根據不同的機緣口頭宣說。也就是說，佛陀只是隨機說法，手裡並沒有拿著佛經，他本人也沒有寫過隻字片語。

佛經的產生是在佛陀涅槃之後。當時，弟子們想到，在沒有祖師親自說法的情況下，為避免佛教教義日久散失，唯一的辦法就是趁著諸大弟子健在，趕快把他們聽聞到的佛法回憶和背誦出來，加以記錄整理，編成經書。於是，就有了第一次佛經的結集。

釋迦涅槃石雕像

第一次結集是由佛陀的大弟子摩訶迦葉召集五百比丘，在王舍城外的七葉窟舉行會議，歷時七個月，用共同記憶並誦讀的方式，將釋迦牟尼在世時的言論追記下來，於是有了最初的佛教經典。這次結集對於佛陀逝世以後佛教的存續、發展起了重要作用。

有關這次結集的過程還有一段有趣的故事。

當時摩訶迦葉挑選了五百名佛弟子，據說都是證得了阿羅漢果位的。摩訶迦葉還不放心，就進入禪定，用天眼觀察，看誰還有煩惱沒有斷盡，就不能參與這次結集，以免出現錯誤。

結果發現四百九十九人都已斷盡煩惱，只有阿難一個人煩惱未盡。

於是摩訶迦葉出定，要把阿難趕出去。

阿難當時羞愧難當，淚如雨下。

阿難是釋迦牟尼的堂弟，出家後一直跟隨佛陀，不離左右，號稱「多聞第一」，而且有著驚人的記憶力，這時卻被摩訶迦葉逐出，實在沒有面子。

阿難回到自己的住所加緊思維修行，晚上也不休息，參禪打坐。他的特點是智慧多、定力少，坐了一會兒就疲憊不堪，便躺下來休息。可是頭還沒有挨到枕頭，他就突然大悟，進入金剛定，一切煩惱破盡無餘。他興奮不已，連夜跑到摩訶迦葉等人開會的石窟敲門。

迦葉問：「誰呀？」

「我是阿難！」

「你來幹什麼？」

「我今晚得漏盡通了！」阿難答道。

「不給你開門，你自己從門孔裡進來。」摩訶迦葉顯然是要試探一下阿難。

五百羅漢

阿難於是以神通力從門上的孔洞中進去了，見了眾師兄弟，倒頭便拜，痛加懺悔。

至此，五百名阿羅漢聚齊。於是，由「多聞第一」的阿難誦經，由「持律第一」的優波離誦律，由「說法第一」的富樓那誦論，完成了第一次三藏結集。因有五百人參加，也稱「五百結集」。

阿難以驚人的記憶力，把佛陀在世所說的阿含類經典以及《譬喻經》、《法句經》等如數背誦出來，準確無誤。

或許，「迦葉逐阿難」這個傳說故事表明了佛教的一種重要觀念：佛教的修行不在於記誦多少文句，修行者必須透過文字的表層進入不可思議的禪定境界，才能真正體會佛經的奧秘。

「佛經」梵語稱為「修多羅」（sūtra），它是指釋迦牟尼佛所說的一切經典，是佛教建立的根本理論依據，在佛教中具有至高無上的地位。

佛教經典開頭的第一句話通常都是「如是我聞」四個字，它的意思即是「我聽到佛這樣說」。據說這是釋迦牟尼臨終前，回答阿難的詢問時這樣囑咐的。

阿難的問題是：「佛涅槃後，經典的結集，如何才能叫人起信？」

佛陀的回答是：「我涅槃後，一切經典首句應安『如是我聞』等證信的句子。」也就是說，這句話是我親耳從佛那裡聽到的，佛就是這樣說的，絕不是我自己編出來的。

據說當阿難誦集經藏時，他剛念出「如是我聞……」，滿座大眾彷彿聽到佛親臨說法，感動流淚，可見它確實有「起信」的作用。它還可以避免人們產生各種疑惑，比如佛陀是否再生了？是否有他方佛來說法了？阿難是否自己成佛了？等等。

另外，它也是區別佛法與外道的重要表徵，所以一切佛經開頭都用「如是我聞」四字。

按照後世解讀佛經的說法，「如是我聞」這四字的學問更是大得很，含有無窮妙義，聽完「如是我聞」四個字，等於整部佛經已全部聽完。

律典是由釋迦牟尼的另一位弟子優波離誦出的。釋迦牟尼生前即重視戒律，為弟子們制定了各種必須遵守的戒條。

清乾隆寫本《般若波羅蜜多心經》

戒、律二字是有所區別的，戒的梵文叫做「尸羅」（śila），律的梵文叫做「毘尼」（vinaya）。簡單地說，戒是發自內心要遵守的防非止惡的準則，律則含有他律的意思，是生活上要遵守的規矩。前者是自律，後者是他律，戒律合在一起即是維持佛教教團的道德性、法律性的規範。

阿難在釋迦牟尼臨終前問過一個問題：「佛住世，以佛為師；佛圓寂後，以誰為師？」

釋迦牟尼的回答簡短而堅定：「以戒為師。」可見戒律的重要。

佛教內部專門研究戒律而形成律學，稱善解戒律的僧人為律師，在中國並且形成律宗這一佛教宗派。

優波離出身為首陀羅（奴隸），是當時印度四種姓中最下等的種姓，他從小以理髮為生。皈依釋迦牟尼後，為師父理髮的任務當然都交給了他。據說，他在為釋迦牟尼理髮時，因佛陀四次糾正他的理髮動作而依次進入初禪、二禪、三禪、四禪境界。這充分顯示了佛陀善巧方便的說法，也表現了優波離嚴於律己的品格。

那是在優波離二十歲的時候，釋迦牟尼回到故鄉迦毘羅衛城，需要理髮，有人介紹了優波離。優波離生性自卑，就由母親帶著去見佛陀。他小心翼翼地給佛陀理髮。理了一會兒，母親跪下去問：「佛陀，優波離理髮手藝怎麼樣？」

「好像身體太彎了一點。」佛陀說。

佛陀這麼一說，優波離集中精力，修正姿勢，不知不覺竟進入了初禪。

過了一陣，母親又跪下去問：「佛陀，優波離現在理得怎麼樣？」

「好像太直了一點。」

優波離聽了，馬上又調整姿勢，不料由於精力集中，竟然已經進入了二禪。

優波離

又過了一會兒，母親再問：「佛陀，現在理得怎麼樣？」

「好像入息太粗了點。」

優波離又加以改正，立刻就進入了三禪。

最後，母親又問：「佛陀，現在怎麼樣？」

「好像出息太粗了點。」

這時候，優波離已經達到一念不生的四禪境界，居然忘記了手中的剃刀……

按照佛教的觀念，像優波離這樣才是真正的持戒，現實生活中隨時隨處有可以學習、體悟的戒律。

至於論典，梵語叫做阿毘達磨（abhidharma），早期也譯為阿毘曇，又簡稱為毘曇，所以專門研究論典的學問稱為「毘曇學」。論是指對佛法所做的探究，在探究之後所得的理解，由理解而形成的理論體系，用今天的話說就是佛學的研究。

其實，在釋迦牟尼時代，還沒有真正的論典產生。學術界一般認為，第一次結集時並沒有形成論典，論典的形成比較晚，最早要到第二次結集以後才逐漸產生了各種論，它們也標誌著佛教的發展進入了一個新的階段。

佛教的經、律、論在古代是分得很清楚的，只通經藏的叫做經師，只通律藏的叫做律師，只通論藏的叫做論師，只有三藏都通達，才能稱為「三藏法師」。三藏的數量是如此巨大，內容又如此繁複，全部精通談何容易？中國古代著名的三藏法師有南北朝時的鳩摩羅什，唐代的玄奘、義淨等，數量並不是很多。

助佛弘教：佛陀的十大弟子

釋迦牟尼在四十五年傳播佛教的過程中，很多人成為他的弟子。他的弟子數量究竟有多少，現在已很難確實地考證，通常的說法是一千兩百五十人。

在這些弟子中，有十人最為傑出，被稱為佛陀的十大弟子，分別是：「頭陀第一」摩訶迦葉、「智慧第一」舍利弗、「神通第一」目犍連、「天眼第一」阿那律、「解空第一」須菩提、「說法第一」富樓那、「論議第一」迦旃延、「持律第一」優波離、「密行第一」羅睺羅、「多聞第一」阿難。

這十名弟子都號稱「第一」，也就是選取他們在某一方面最突出的一點，代表佛教僧團的某種特徵，因此，這個排名是不分先後的，在不同的佛教經典中，他們出現的位置也確實不一樣。在釋迦牟尼生前和去世後，他們都為佛教的傳播與發展做出了貢獻。

1. 摩訶迦葉

摩訶即是梵語「大」的意思，所以一些佛經也稱他為「大迦葉」。迦葉是「飲光」的意思。

知識連結

學術界認為，佛陀十大弟子的序列應該是在我國南北朝時期才逐漸形成的，十大弟子皆被視為羅漢，與中國人的羅漢信仰有關。北魏時期的雲岡石窟第十八洞，洞壁四周以圓雕和浮雕雕出佛十大弟子像。每位弟子的頭部是圓雕，上半身為浮雕，下半身則沒入石壁中，每個弟子的頭部造形均不相同，很能表現不同個性的羅漢特徵。

雲岡石窟第十八洞（局部）

迦葉

傳說上古時代有一位仙人能吸取日光，他平時隱藏著，身上見不到任何光，到了應該顯現時就會全身發出光芒，迦葉就是這位仙人的後裔。

迦葉原本信奉外道——相當於中國道教中的仙道。他皈依佛門後，仍然保持了自己的特色，不喜歡住在竹林精舍或是祇園精舍裡過團體生活，堅持獨自在山中修行頭陀之道，所以被稱為「頭陀第一」。

摩訶迦葉在佛教中地位的重要主要體現在以下兩個方面：

其一就是他主持了佛教經典的第一次結集。因為在釋迦牟尼眾弟子中，他的年齡最大，威望最高，禪定功夫也最好。

其二是「拈花微笑」的傳說。

傳說有一次，一位天神在靈鷲山上向佛陀敬獻了優曇花，請佛說法，釋迦牟尼拈花示眾，並沒有說一句話。當時座下所有的弟子都茫然不解，只有摩訶迦葉微微一笑，因為他領悟到佛陀的道理了。佛陀於是說：「正道大法是無法用眼睛看出來的，只有涅槃寂靜的心才能領會。實在的法相其實是沒有法相，這是一個微妙玄通的法門，不可以用文字表達，我就將這些囑託給摩訶迦葉。」

這段故事不見於其他佛教經典，只見於禪宗的典籍。這種帶有點神秘色彩的傳法方式稱為「以心傳心」，摩訶迦葉後來也因此被禪宗尊為「初祖」（創始人）。

如果聯繫迦葉的生平，可以發現他的思想是接近於中國的道教，而在中國古代，也確實流傳著一種說法，認為道教的創始人老聃曾西出函谷關，化身為摩訶迦葉，故「老子之師名釋迦文，則吾教《清淨法行經》以大迦葉為老聃，信不誣矣」。

中國的禪宗自稱「教外別傳」，它在很多方面確實是接近於老莊而不同於傳統佛教的，而禪宗的興盛和光大也確

知識連結

頭陀為梵語dhūta的音譯，意譯為「抖擻」，意思是去除塵垢煩惱，也就是遠離塵世，用近似於苦行的方式磨練身心。

佛經記載的「十二頭陀行」包括：（一）在阿蘭若處。離世人居處而住於安靜之所。（二）常行乞食。（三）次第乞食。乞食時不分貧富之家，沿門托鉢。（四）受一食法。一日一食。（五）節量食。指不過食，即鉢中只受一團飯。（六）午後不得飲漿。中午之後，不再飲漿。（七）著弊衲衣。穿著廢棄布所做之襤褸衣。（八）但三衣。除三衣外，無多餘之衣。（九）塚間住。住於墓地。（十）樹下止。（十一）露地坐。坐於露天之地。（十二）但坐不臥。

後來也常將堅持苦行的僧人稱為「頭陀」。

實是在中國而不是在印度。也許，這一點在其「初祖」摩訶迦葉身上即已表現出來了吧！

2. 舍利弗

關於舍利弗名字的由來，據佛典記載，在摩揭陀國王舍城有一女子，她的眼睛酷似舍利鳥的眼，因此名叫舍利，結婚後她生有一子，取名叫舍利弗多羅，簡稱舍利弗，梵語「弗多羅」的意思就是「兒子」，所以一些經典也將舍利弗稱為「舍利子」。

舍利弗原來也信奉外道，手下有一百名弟子。修行了一陣子之後，他忽然覺得茫然無所皈依，正在徬徨苦悶的時候，巧遇佛陀的弟子阿說示比丘。阿說示是最初皈依佛陀的五比丘之一，他有莊嚴的態度、威儀的行止，舍利弗一見，心中非常驚奇，就向阿說示比丘請法。

據說舍利弗從阿說示的口中聽到佛陀及其教法，心中像天崩地裂一般，對宇宙人生積聚的疑雲也一掃而空，便決心皈依佛陀。

知識連結

《清淨法行經》是一部中國人編造的「偽經」，盛行於南北朝時期，其內容大體是以老子、孔子，及顏回為摩訶迦葉等所應化的，從而為儒釋道「三教合一」之說的建立尋找根據。今日學者多主張，對於中國歷史上這些佛教「偽經」，不可以簡單地批駁其偽，要看到它們的出現正是佛教中國化過程中一種特殊的現象，它們自身也有著特殊的意義和價值。

同時，他還勸說了自己的好友目犍連皈依佛陀。目犍連手下也有一百名弟子，兩個人決定帶領自己的這些弟子投歸到佛陀門下，這樣佛的徒眾一下子增加了兩百人。這在當時對佛門是極大的支持，目犍連與舍利弗因此成為釋迦牟尼的得意門生。

在早期佛教造像中，目犍連與舍利弗為佛的左右弟子，舍利弗居右，目犍連居左。但不知從什麼時候起，他們的地位被摩訶迦葉和阿難取代。

在佛陀十大弟子中，舍利弗有「智慧第一」的美譽。據說舍利弗母親有一位辯才無礙的哥哥，是當時印度有名的論師，她一向辯論不過哥哥，但懷孕之後，她的辯才忽然增長了很多，哥哥再也不是她的對手。

皈依佛陀之後，舍利弗在理解佛法教義的深度與廣度，以及在教導解脫道的能力上，僅次於佛陀。很多佛教經典中，佛陀都是點著舍利弗的名字說法，這種方式在佛教中稱為「契機者」，也就是說只有舍利弗的智慧才能夠全部明瞭這部佛經的深刻含義。

在佛陀的僧團裡，舍利弗經常扮演領導的角色，他是位循循善誘的教師，也是位仁慈與體貼他人的朋友，是僧團的守護者，更是佛陀教誨的忠實保存者，這些特性使他贏得了「佛法護衛」的頭銜。

3.目犍連

目犍連在中國也簡稱為「目連」，出身於印度上流的婆羅門種姓，是古印度摩揭陀國王舍城人。在佛的弟子中，他被譽為「神通第一」，據說能夠「神足輕舉，飛到十方」。他還是佛門中孝子的代表，有關他的故事，流傳最廣的要屬「目連救母」了。

據說目連得道之後，在天堂見到父親盡情享樂，但沒有見到母親，就向佛陀打聽，才知母親因生前不敬僧佛，死後墮入到阿鼻地獄中。

目連用他的神通來到阿鼻地獄，終於找到已變得形容憔悴的母親，見她日日遭受挫腰錐背、刀刺火燒諸種苦刑。目連切骨痛心，忙乞來飯食餵哺母親，誰知美餐還沒到口，立刻變成灰炭，無法下口。目連無計可施，急得捶胸頓足，只好去佛陀那裡求救。

佛陀對目連說：「你雖然得道成了羅漢，但靠你個人力量還救不了你母親，須得僧眾在七月十五日廣造盂蘭盆會，使天下餓鬼全能吃飽，你母親才能得救。」「盂蘭盆」是梵文Ullambana的音譯，意思是「救倒懸」。於是目連請來十方僧眾廣設盂蘭盆會，超度眾餓鬼。

目連的母親總算脫離了地獄，轉生為王舍城的一條黑狗；最後又靠了目連的法力才轉生到天堂。

這段故事大體記載在佛教經典《盂蘭盆經》中，但近代以來學者研究認為，這部經屬於中國人造的「偽經」。

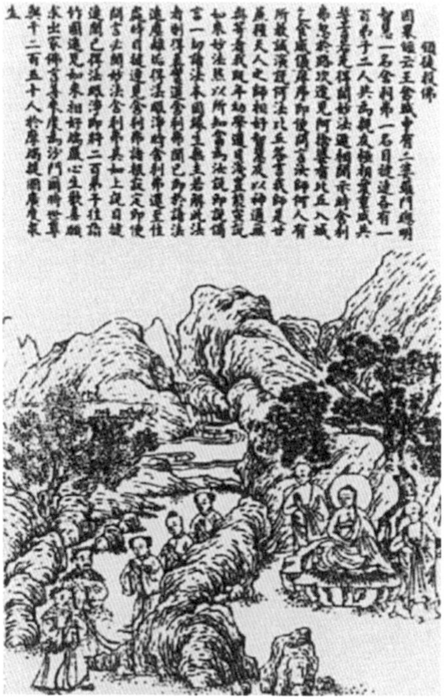

舍利弗與目犍連皈依佛版畫

《目連救母戲文》

顯然，「目連救母」是一個典型的佛教勸善行孝故事，深得重視孝道的中國人的喜愛，因此在中國廣為流傳，並形成大量的「目連戲」以及圖畫等。

目連故事情節曲折生動，又宣揚了佛門中的孝道，戲中表現了地獄的恐怖情景，並穿插各種雜技演出，豐富多彩，富有刺激性，很能滿足一般民眾的心理。明代編撰的《目連救母勸善戲文》長達一百折，據說可以連演七天。至清代，乾隆又令張照將其改編為宮廷大戲《勸善金科》。

而每年七月十五日的盂蘭盆會，逐漸演變為佛教一年中最大的節日，其主要內容就是供養僧人、超度亡靈，中國民間俗稱為「鬼節」。

4. 阿那律

釋迦牟尼的這位弟子號稱「天眼第一」，所謂天眼，全稱叫「天眼通」，是佛教所說的「六神通」之一，即具有特殊的視覺能力，「天眼所見，自地及下地六道中眾生諸物，若近若遠、若覆若細諸色，無不能照」。

說起來很有意思，阿那律能獲得天眼通，竟然是因為他曾經是一個盲人。

據說他剛出家時，曾經在佛陀面前打瞌睡，受到佛陀的呵責後，痛加悔悟，立誓徹夜不眠，精勤修道，最終使肉眼敗壞而失明。然而由於他禪修精進，心眼漸開，最後竟得到天眼通，能見十方世界，達到「見閻浮提，如視掌中庵摩羅果」的境界。

佛教的這個故事或許說明：人的各種知覺能力是本來具足的，可以不依靠肉體器官來實現。換句話說，只有超越了人類肉體器官的限制，才能達到某種不可思議的境界。

5. 須菩提

須菩提是梵文Subhūti的音譯，意譯是「空生」、「善現」。他也出身於舍衛國一個婆羅門家庭，傳說他剛出生時，家中的一切財物忽然都隱沒不見，過了不久，又都出現了，所以起名叫「須菩提」。

他自幼聰明出眾，但是性情倔強好瞋，使得親友對他常感厭煩。

後來他離家入山，在山林中甚至見到鳥獸或風吹草動，都生瞋恚，一點歡喜的心都沒有。這時一位山神導引著他

知識連結

六神通指六種超人間而自由無礙的能力，即：（一）神足通，即自由無礙，隨心所欲現身的能力。（二）天眼通，能見六道眾生生死苦樂之相，及見世間一切種種形色，無有障礙。（三）天耳通，能聞六道眾生苦樂憂喜之語言，及世間種種之音聲。（四）他心通，能知六道眾生心中所思之事。（五）宿命通，能知自身及六道眾生之百千萬世宿命及所做之事。（六）漏盡通，斷盡一切三界見思惑，不受三界生死，而得漏盡神通之力。

見了佛陀，即生大歡喜心。

佛陀為他講說了瞋恚的果報之苦，他當即悔悟前非，求得皈依入道，經過精進修習，終於證得阿羅漢果。

須菩提稱為「解空第一」，也就是說，他對於佛教所說的一切法本性「悉皆空寂，無造無作」的空性理解得最為透徹，能夠體悟到真如實相的本質。

佛教號稱「空門」，對「空」的體悟和把握是契入佛教信仰特別重要的一環，釋迦牟尼所說的般若類經典大多是談空的，須菩提便成為這類經典的最「契機者」，比如著名的《金剛經》，裡面就多次提到須菩提的名字。在釋迦牟尼的諸弟子中，須菩提應是最接近大乘佛教觀念的一位。

須菩提不只善解空義，而且將空義應用在日常修行生活之中。有一次，眾弟子們正在靈鷲山打坐修行，聽說佛陀來了，弟子們都外出迎接。

須菩提也想立刻出門去禮佛。但在他即將動身時，想到佛陀常常教導弟子們的，不應以色身形相去衡量佛陀，「若欲禮佛者，當視於空法」。他由此體悟到真正的禮佛，不應執著於佛陀的色身，而是要明瞭諸法性空，徹見如來法身。

因此，在大家都起身迎佛陀時，只有他坐在那裡不動。

諸弟子中，目犍連的神通最好，腿腳最快，他搶先一步，來到了佛陀的身邊，並驕傲地對師父說：「我是第一個見到您的弟子。」

知識連結

佛教經典《金剛經》中有一個偈語：「若以色見我，以音聲求我，是人行邪道，不能見如來。」古人的注釋說：「所謂諸相煥目而非形，八音盈耳而非聲，應化非真佛，亦非說法者，法體清淨，猶若虛空，無有染礙，不落一切塵境，今且略舉聲色。」「音聲色相，本自心生，分別之心，皆落邪道，若能見無所見，聞無所聞，知無所知，證無所證，體茲妙理，方見如來。」

但佛陀微微一笑，說：「不是你，是須菩提，他早就見到我了。」

這個事例，頗能說明須菩提獲得「解空第一」美譽的緣由，也說明佛教認為「解空」智慧的重要性是遠遠超過神通的。

6. 富樓那

在佛陀的十大弟子中，富樓那以「說法第一」著稱。他最善分別義理，演說佛法，而且辯才極為出色。

富樓那是一位超級演說家，講演的技巧非常高超。每次說法，他「先以辯才唱發妙音，使眾生歡喜。次以苦楚之言，責切其心，使聽者內心肅悚，興難遭之想。終認明慧空無之教，使聞者結解」。

由此可見富樓那向大眾宣講佛教義理，不是枯燥的說教，而是又說又唱，抑揚頓挫，大約還穿插一些民間故事和傳說，所以他講唱得生動有趣，能夠打動人心。這種演說風格確實也符合佛教的特點。在第一次佛典結集時，以他為首說出論藏，也不是偶然的。

7. 迦旃延

在十大弟子中，迦旃延因善於分析法義、擅長說法，因此有「論議第一」的稱號。

迦旃延輔助佛陀廣行教化的事蹟，在原始佛教教團裡是頗為著名的。

據說當時阿槃提國有一位貧苦無依的老婦，由於非常貧窮而在河邊號啕大哭。

迦旃延見到她之後，隨即方便善巧地教她「賣貧」。

老婦不解地問：「貧怎麼能賣掉呢？」

迦旃延說：「可以賣掉。」

於是教她用最簡單的方法布施、念佛、觀佛，終於使老婦得以升到天堂中享受無盡的富足快樂。

這就是《賢愚經》中記載的「迦旃延教老婦賣貧」的故事。

又據《雜寶藏經》記載，當時有一位信仰邪道、行為殘暴的惡生王，不信佛法，特別喜歡殺害出家人。

迦旃延奉釋迦牟尼之命前往度化。

惡生王一見到迦旃延，便命令屬下將其推出去殺掉。

當時迦旃延問他：「為什麼要殺我？」

惡生王說：「你們這些剃了頭髮的出家人，見到了就不吉利，非殺不可。」

迦旃延馬上回答：「我一見到國王，即將遭到殺害，可見是遇到了你這樣的人才真是不吉利。遇到我的，就會像

釋迦度富樓那版畫

迦旃延

國王那樣平安無恙。」

就這樣一句簡單的分析，使惡生王醒悟前此迷信的錯誤。此後，他又用種種善巧方法，為國王解釋夢境八事，終於使佛法得以在該國順利地推展。這就是有名的「為惡生王解八夢緣」。

8. 優波離

關於「持律第一」優波離，前面的章節中已做過一些介紹。這裡只補充兩點：

其一，優波離出身於印度四種姓中最下等的首陀羅，他能夠加入僧團並成為十大弟子之一，的確表現了佛教「平等」的態度。

其次，優波離的行持，是「自從依佛受戒以來，未曾犯戒如毫氂」。他遵守戒律是最嚴格的。但是，他也並不是一位固執戒條、不通情理的人。

有一次，祇園精舍一位比丘得病六年不癒，需要五升酒做藥來治病，卻又不敢犯飲酒戒。優波離知道這件事之後，立刻去請示佛陀是否可以允許；得到佛陀准許之後，終於將這位生病的比丘治癒。因為這件事，佛陀特別稱讚他是「真能持律之人」。

知識連結

《賢愚經》，漢譯本共十三卷，收集佛教中種種譬喻因緣的經典，特別集中於「賢者」與「愚者」的譬喻，屬於譬喻類經典。《雜寶藏經》，漢譯本共十卷，集錄關於佛陀、佛弟子，及佛陀入滅後之諸種事緣，重點在於以因緣譬喻來闡釋因果關係。以上兩部經很多內容可能來自印度民間故事，其中有輕靈的寓言，有神奇的傳說，有生動的敘事，也有雋永的說理，是佛教文學的重要作品。

佛與羅睺羅（局部）

9.羅睺羅

在釋迦牟尼的大弟子中，羅睺羅的地位比較特殊，因為他是佛陀的獨生子。

釋迦牟尼成佛後，羅睺羅跟隨父親出家，成為佛教歷史上第一個小沙彌。

據說剛剛出家時的羅睺羅十分頑皮，當一些人前來向佛陀求法時，問他佛陀在什麼地方，他總是捉弄別人，佛陀明明在竹林精舍裡，他卻騙人說在耆闍崛山。他看到別人上當，來回奔走，就哈哈大笑。

這件事傳到佛陀的耳中，佛陀就狠狠地批評他說：你出家做沙門，不重威儀、戲弄妄言，結果是要墮在三惡道中的。

佛陀懇切、嚴厲的教誡，使羅睺羅善根萌發，改正了錯誤。

羅睺羅成年之後，三千威儀、八萬細行具足，大凡舉手投足、揚眉瞬目、嬉笑怒罵、行住坐臥、進退俯仰、待人接物，都有威德、有儀則，別人都難以窺測他的修行境界究竟有多高，只有佛陀一個人知其底細，所以稱為「密行第

知識連結

佛教中制定戒律時，有一個「開遮」的原則，所謂「開」就是允許，「遮」就是禁止，即根據具體情況，來確定執行戒律的方式。比如酒、肉、五辛屬於佛教所禁食的，但如果為了治病，就可以開許。又如，一個僧人見到一個惡人要殘害眾生，為了救護眾生，可以將此惡人殺死，這屬於行菩薩道，並不觸犯殺戒等等。由此可見佛教戒律是有其靈活性的，其重要原則是慈悲。

一」。

後來的佛教密宗也主張透過身體動作、手勢、姿勢、禮儀和咒語、觀想等來修持，看來羅睺羅堪稱密宗的祖師了。

10. 阿難

「多聞第一」阿難是釋迦牟尼叔父斛飯王的兒子，是釋迦牟尼的堂弟。據說在釋迦牟尼成道那天夜裡，阿難出生了。他二十五歲時隨佛陀出家，從此侍奉佛陀二十五年，是佛陀晚年最貼身的弟子。

阿難最大的長處是記憶力好，他有著答錄機般的記憶力，可以把佛陀的話原封不動地複述出來。加上他長期跟隨佛陀，佛陀的所有說法他幾乎都聽到了，因此在第一次結集時，就由阿難將他所記憶的佛陀的言教誦出，經眾弟子們認可，成為最早的佛經。

阿難天性慈悲溫和，容貌又非常英俊，因此頗受女子的愛慕，加上他本人定力不足，因此多次受到女色的誘惑，幾乎毀了清淨的「戒體」。

比如有一部《摩登迦經》，就寫了阿難的感情糾纏。年輕英俊的阿難，被一位名叫摩登迦的女子愛戀和迷惑，後來在佛陀的幫助下才得到解脫，摩登迦女也出家成為比丘尼。

阿難

這個故事還被編入著名的《首楞嚴經》，成為這部經典破除分別計度、攀緣外境的觀念的緣起。

從佛陀十大弟子的生平事蹟，大體可以看到早期佛教傳播中種種有趣的歷史面貌。這些弟子並非天生的聖賢，他們身上也有種種毛病、缺點，甚至犯過很多錯誤，但也正是在他們身上，我們可以看到一個人是怎樣由凡夫成為聖者的。

後來的佛教認為，佛陀的十大弟子皆修證到阿羅漢的果位，這種觀念與中國民眾的羅漢信仰結合起來，於是十大弟子多以受人崇拜的羅漢形象出現。

知識連結

「三千威儀、八萬細行」是出家人日常持守威儀的總稱。佛教戒律規定比丘應持守兩百五十戒，配以行、住、坐、臥四種威儀，合為一千戒，再循轉三世（過去、現在、未來），即成三千威儀。再配以身口七業（殺、盜、淫、兩舌、惡口、妄言、綺語），三毒（貪、瞋、癡）等，共有八萬四千種，舉其大數，稱為「八萬細行」。

第二章

三乘佛法：從小乘佛教到大乘佛教

彌勒佛

了脫塵緣：小乘佛教

人們一般將釋迦牟尼在世至佛經的第二次結集這段時期稱為「原始佛教」。這一階段的佛教，教理教義都還比較單純，僧團以釋迦牟尼和他的諸大弟子為核心，基本上是統一的、團結的，第一次結集便是對原始佛教經典的一次總結。

其後，釋迦牟尼創立的佛教在印度繼續擴大著影響。

但大約到釋迦牟尼去世後一百年左右，隨著諸弟子的相繼離世，僧團內部主要圍繞著戒律問題出現了矛盾，最終導致分裂，於是有了在毘舍離城的第二次結集，以此為標誌，佛教進入「部派佛教」的發展時期。

第二次結集的起因是這樣的：

一位來自西印度摩偷羅城的耶舍比丘來到毘舍離城，發現這裡的一些比丘違背了原有教規，出現向人乞錢的現象——按照原始佛教的教誡，是不允許僧人儲蓄錢財的，因為這樣一來很容易助長貪心——因此提出異議，結果發生了爭執。

耶舍回去後反映其事，並約集東西兩方的七百名長老對這一行為做出判決；為了對經、律的內容統一認識，又採用會誦方式，舉行了一次結集，即重新整理了一番佛教經典。會議形成了所謂「十非法事」，包括向人乞錢、儲存多餘食品等在內的十種事情被視為非法，違犯者要被驅逐出僧團。

由於參加此次結集的多為佛教長老，故又稱為「上座部結集」。（因為有七百人參加，在佛教史上又稱為「七百結集」。）「上座」是梵語sthavira的意譯，又譯為「長老」、「首座」等，是指出家時間長、年齡大的資深出家者，他們在佛教中通常有較高的地位。以這些上座長老為代表形成的「上座部」是部派佛教的重要一派，也是後來小乘佛教的主要來源。

但是，上座部這些長老的意見遭到毘舍離眾多僧侶的反對，他們另召集約有萬人參加的會議，針鋒相對地決定上述十事為合法。由於參加這一結集的人數很多，因而被稱為「大眾部結集」。

這是佛教內部部派分裂的開始，出現了「上座部」與「大眾部」兩派，而後者則被學術界視為大乘佛教的主要來源。

從兩派當時爭論的焦點內容來看，顯然與社會發展、佛教徒要求改變原來的生活方式有關。雖然他們爭論的具體戒律屬於非常細微的事情，今人可以不必太多關注，但他們對待這些問題不同的處理方式則是值得注意的。「大眾部」的基本態度是：佛教要適應社會的發展，要適應廣大信仰民眾的需求，這一點確實與後來產生的大乘佛教思想相通。

一些佛教史書還記載，到阿育王時期，又舉行了第三次結集，地點在華氏城。以國師目犍連子帝須為首，有一千名比丘參加。當時，阿育王確定了用湯藥、飲食、衣服、臥具等四事供養比丘的原則，大力支持佛教的發展。「外道」梵志為追求「利養」，則大量混入佛門，而繼續「以外道法教化諸人」，導致佛法極大的混亂。這次結集的目的，就是為了剔除摻雜進佛教的這類外道教義，再次整理經、律、論三藏。

佛教的分裂，從「上座部」和「大眾部」分派開始，經過三百多年的發展，到大月氏貴霜王朝建立時（西元一世紀中葉），形成了很多獨立的派別，這段時期被稱為「部派佛教」。這些派別的次序、名稱、時間、數目，和原因等，各種文獻的記載相當繁雜，已知的部派名稱大約有四十個，考古資料能夠證明的有二十五個左右。

從佛滅第二個百年，約西元前八世紀初開始，「上座部」發生分裂。據說，當時一位名叫犢子的比丘奉舍利弗、羅睺羅為祖師，聲稱得到一部《九分阿毘達磨》，據此提出了關於「人我」是「有」的新理論，遭到另一些人的反

知識連結

阿育王為印度孔雀王朝第三代國王，在位年代約為西元前二六八年至前二三二年。他繼承並發展了父祖統一印度的事業，使孔雀王朝成為印度歷史上第一個統一的大帝國。他將佛教確定為「國教」，他在位時期印度佛教達到極盛。

阿育王銀塔

對，支持前者的僧侶稱為「犢子部」或者「說一切有部」，反對者叫「化地部」。與此同時，「大眾部」中也分出兩派，即「一說部」和「雞胤部」。這兩派的分歧，可能與對待佛說的態度有關，比如雞胤部就只弘揚新出現的阿毘達磨即論藏，他們認為「經」和「律」都屬於佛的方便說法，並非根本法門，不必去學。當然，所有這些佛教派別都還屬於小乘佛教範疇。

其實，大乘佛教也分出很多派別，有些教派的分歧也是很大的。應該看到，早期「小乘佛教」的這些理論紛爭，也延續到大乘佛教中；大乘佛教爭論的很多問題，也都可以在小乘佛教中找到最初的根源。比如「大眾部」關於世界「但有假名，都無實體」的理論對於大乘學說的產生有很大影響；「上座部」中「說一切有部」對於世界萬物，特別是對於心理現象的分析，「經量部」的「一味蘊」和「轉世說」等，為以後的大乘有宗即瑜伽行派直接繼承。

在大乘佛教興起後，小乘佛教並非徹底消失，而是仍然存續著，直到我國玄奘法師旅印時，印度仍有不少小乘佛教僧侶。南傳上座部佛教更是一直在發展著，它的「三藏」主要用巴利文寫成，《阿含經》是其最重要的經典。總的來說，小乘佛教重視個人的漸次修行，主張放棄現世的一切，追求自我解脫，不像大乘佛教那樣注重利他精神。

西元五世紀時，小乘佛教出現了一位重要的佛學家，名叫覺音。他當時準備把三藏經典翻譯成巴利文，然後加以注述。而當時斯里蘭卡的許多大長老對他的能力表示懷疑，要求他寫出一些心得給大家看，來證明他的能力。於是覺

巴利文三藏

南傳上座部佛教寺廟——泰國曼谷玉佛寺

音就寫了一部《清淨道論》，這部書是他對三藏經典的總結，是三藏經典的精髓，書中按戒、定、慧三學編定，特別強調修定的方法。直到今天，這部書都是南傳佛教僧人們修行的重要依據。

目前南傳佛教主要流傳於南亞的斯里蘭卡、緬甸、泰國、柬埔寨、老撾等國家，中國南方傣族等少數民族也信奉南傳佛教。而新興的大乘佛教則主要向印度的東北方向流傳，經過西域一帶（主要指今新疆、甘肅等地）而傳入中國，並在中國發揚光大。

知識連結

所謂「小乘」，當時並沒有這樣的稱呼，它是大乘佛教興起後對此前的佛教的一種帶有貶義的稱呼。「乘」是「乘載」與「道路」的意思，「大乘」意味著大的車船，可以運載廣大眾生到達涅槃彼岸。相應地，「小乘」就被視為只能自己獲得解脫、無法救度眾生的佛教法門。

度化眾生：大乘佛教

《維摩詰經》說「佛以一音演說法，眾生隨類各得解」，《華嚴經》也說「諸佛圓音等世間，眾生隨類各得解」。它的意思是說：佛陀是以一種聲音、語言來演說佛法的，那是一種「圓音」、「一音」，至於眾生聽到的是什麼，那完全是由眾生的種類、根機來決定的。同樣一部經，小乘根機的人聽起來是小乘經，大乘根機的人聽來則是大乘經，印度人聽到的是梵語，中國人聽到的就是漢語，鳥獸聽到的就是鳥獸的語言，這頗似今日所謂的「同聲傳譯」，所謂「一音說法，隨類異解。諸佛常行一乘，眾生見三，但是一音教也」。

從這個例子可以看到大乘佛教有許多不同於小乘佛教的特點。下面再具體做一些比較。

首先，在對佛陀的信仰上，大乘佛教進一步把佛神化了，建立了三身佛和三世十方佛等觀念。

大乘佛教認為任何一尊佛都有三身：法身、報身和化身（或稱應身）。

毘盧遮那佛

其中法身佛名叫「毘盧遮那佛」，意思是「遍一切處」，也就是一切眾生本來具有的永恆不變的佛性，也是一切法平等的真如實相，因此又稱為自性身、法性身、如如佛等。它無形無相，而又無所不在，這才是佛的真身。「法身」是大乘佛教一個非常重要的概念。

報身佛名叫「盧舍那佛」，意思是「光明遍照」，它是佛陀因修了種種功德而現出的充滿光明、極其莊嚴的形相。大乘佛教將佛神化，主要體現在它強調佛具有法力無邊的報身，中國寺院中塑造的佛像也多是他們的報身形相，按照佛經的描述，報身佛有三十二相、八十種好等種種微妙形相。

盧舍那大佛

化（應）身佛才是釋迦牟尼佛。在大乘佛教觀念中，釋迦牟尼是根據眾生的根機和緣分而變化出的一個身體形相，他是專門到這個世界來度化眾生的，當度化眾生的任務完成或者與某地眾生的緣分盡了，化身也就隨之消失，這就是我們看到的佛的涅槃，但佛的法身和報身卻是永恆存在的。

佛的法身只有一個，但化身卻可以有無數個，故大乘佛教有「清淨法身毘盧遮那佛，圓滿報身盧舍那佛，千百億化身釋迦牟尼佛」的說法。也就是說，當年在印度示現為王子的這位佛陀並非佛的真身，因為真身是不會死亡的，釋迦牟尼只是佛的化（應）身。

佛教將我們所處的這個世界稱之為「娑婆世界」，「娑婆」也是梵語sahā的音譯，意思是「堪忍」，就是說，我們這個世界充滿苦難，是一個濁惡的世界，但這裡的眾生卻能夠忍耐，不思出離，剛強難化。釋迦牟尼就是為了度化這樣一些眾生來到這裡的，所以又被稱為「娑婆教主釋迦牟尼」。

宇宙中存在著無窮無盡的世界，每一個世界都有佛陀教化眾生，因此化身佛是無數的。

由此可見，小乘佛教只視釋迦牟尼為唯一教主，大乘佛教則認為三世十方有無數佛。佛不僅是一個現實的人，更是永恆真理的化身。

所謂三世佛，是說我們這個世界在過去世、現在世

知識連結

龍門石窟盧舍那佛像應是中國最有名的盧舍那大佛。它通高一七．一四公尺，螺形髮髻，豐頤秀目，身披袈裟，結跏趺坐於束腰須彌座上，嘴角稍翹，做神秘微笑狀；頭部稍低，略做俯視狀，其視線與虔誠的信徒和禮佛者仰視時的目光交會在一起，耐人尋味、扣人心弦。據說這尊佛像是以當時的女皇武則天為模型雕塑的。按照佛教的教義，報身佛並不是一般人能夠見到的，只有菩薩的慧眼才能見到，塑造出報身佛乃至法身佛的「形相」也只是一種方便之計。

承德普樂寺三世佛像

和未來世都有佛出現於世。

過去佛，最有名的有「過去七佛」，即毘婆尸佛、尸棄佛、毘舍浮佛、拘留孫佛、拘那含牟尼佛、迦葉佛和燃燈佛。

釋迦牟尼佛應該稱為「現在佛」，也就是說我們這個世界在釋迦牟尼佛前面已經有七尊「古佛」出世。

對於未來，佛教也早就計畫好了，緊接著釋迦牟尼之後成佛的就是大名鼎鼎的彌勒佛。

所謂十方佛，佛教將東、西、南、北、東南、西南、東北、西北和上、下，稱為「十方」，統指一切空間。大乘佛教說十方有無數世界，但有些世界和我們這個世界關係不大，我們也無從得知，名氣最大、在中國影響也最大的他方世界首推阿彌陀佛建立的西方極樂世界，也稱為西方淨土。此外，東方有淨琉璃世界，那裡的佛名叫「藥師佛」，能拔苦濟難，在中國影響也很大。

其次，大乘佛教發展了自度度人的菩薩思想，與以自我解脫為目

知識連結

彌勒在歷史上實有其人，出身於印度的婆羅門家庭，本來也是釋迦牟尼的弟子，因為被預言將繼釋迦牟尼後成佛，因此早於釋迦牟尼佛圓寂，生到兜率天的彌勒內院中，在那裡等待著將來下生到人間成佛。所以嚴格地說彌勒現在還不能稱為佛，應該叫做「彌勒菩薩」。彌勒在中國有很高的知名度，形成彌勒信仰，影響很大。

菩薩像

標的小乘不同。

菩薩全稱「菩提薩埵」（bodhisattva），意譯為「覺有情」。「有情」是指一切眾生，「覺有情」就是使一切眾生覺悟的意思。

菩薩這個詞，部派佛教用來稱呼釋迦成佛以前的狀態，後來更用以指稱一切以成佛為理想而精進努力的人。大乘佛教把菩薩當成修證目標，使這一概念有了全新的意義。

小乘佛教修習有四種果位，最高的稱之為阿羅漢果（簡稱羅漢），認為到了羅漢便達到了自我解脫的聖境。

但大乘佛教認為羅漢還沒有到頭，菩薩的含義是上求菩提、下化眾生，即不但要「自覺」，還要「覺他」，最後達到「覺行圓滿」，即一切功德都修行圓滿了，才叫成佛。菩薩是通往成佛的必經之路。

菩薩要「不捨道法而現凡夫事」，「不斷煩惱而入涅槃」。也就是說，菩薩可能並不以一個聖者的面目出現，而表現為如同一個普通人（凡夫），在眾生沒得到救度之前，菩薩不求自身超脫。

這樣一來，在小乘佛教中嚴格區分開來的此岸世界與彼岸世界，在大乘佛教中的界限就不那麼清楚了。不是超脫現實而進入彼岸世界，而是在世俗世界中行菩薩道，菩薩度化眾生，也就是同時在積累自己的功德，最終成佛。離開了世俗世界，菩薩也就失去了意義。

因此，按大乘教法，一切過正常生活的人都能成為菩薩。佛教中的菩薩也多是以在家人的形相出現的，與以出家人面目出現的羅漢有明顯不同。

在《華嚴經》裡，描述了菩薩修行的十個階位，稱為「十地」，其主要內容是以覺悟的程度來區分的。菩薩思想擴展了佛法的普遍性，使佛法與一般人的現實生活更密切地聯繫起來，從而發展出「人人可以成佛」乃至「肉身即可成佛」等觀念。

大乘佛教認為，釋迦牟尼在成佛之前，在這個世間示現過無數次，做過無數次菩薩，而現在我們知道的那些菩薩，在未來也都會成佛。相應的，在小乘佛教中備受尊崇的阿羅漢，在大乘佛教中退到次要地位，或者說，大乘佛教

知識連結

小乘佛教的修行階位稱為「四向四果」，即須陀洹向、須陀洹果、斯陀含向、斯陀含果、阿那含向、阿那含果、阿羅漢向、阿羅漢果。這裡「向」代表起步，「果」則表示結果，因此小乘修行一共有八個等級，稱之為「八輩」。

知識連結

「十地」的名稱分別為：「歡喜地、離垢地、發光地、焰慧地、難勝地、現前地、遠行地、不動地、善慧地、法雲地。」對於每一地的解說非常複雜，這裡僅引佛教經典對第七地「遠行地」的一段描述，以窺一斑：「如是菩薩住此七地，乘諸波羅蜜船，能行實際，而不證實際。菩薩如是以大願力故，得智慧力故，從禪定智慧生大方便力故，雖深愛涅槃，而現身生死。雖眷屬圍繞，而心常遠離。以願力故，受生三界，不為世法之所污染，心常善寂，以方便力故，而還熾然隨行佛智。」（《大方廣佛華嚴經》卷二十五）

羅漢像

對於羅漢做出了重新解釋，在中國佛教中也形成了有趣的羅漢信仰。

在修習目標上，小乘佛教對於證得涅槃後，法身常住還是不常住的問題不加討論，認為佛涅槃了以後就是斷了生死之流，也可以說是斷了生命之流；大乘佛教則認為，佛的法身是常住的。小乘佛教證的是「有餘涅槃」，即尚有殘餘依身的涅槃；大乘佛教要證的是「無住涅槃」，即獲得了涅槃境界卻不住在這個境界裡。

那麼不住涅槃住什麼呢？佛有千百億化身，化身是為了度眾生，所以大乘佛教處處以眾生為念，所謂佛以一大事因緣出現於世，是為令一切眾生開示悟入佛之知見。

第三，在修習方式上，小乘佛教重視出家修習，認為出家高於在家。修習的主要內容是「三十七道品」：「四念處」、「四正勤」等，重點在於個人倫理和心性修養上。

大乘佛教主要修習「六波羅蜜」，也稱為「六度」。梵語「波羅蜜」是「到彼岸」（度）的意思，「六波羅蜜」即通往成佛之路的六種途徑，分別是布施、忍辱、持戒、精進、智慧、禪定。

波羅蜜思想有三個特徵：

一個是強調行願，即重視主觀的求道願望，稱之為「發阿耨多羅

知識連結

「四念處」是原始佛教的重要教義之一，具體內容是：「觀身不淨，觀受是苦，觀心生滅，觀法無我」。在大乘佛教中，「四念處」的修法同樣具有重要地位。

三藐三菩提心」，簡稱為「發菩提心」。「阿耨多羅三藐三菩提心」也來自於梵語，意思是「無上正等正覺」，也就是獲得最終極覺悟的意思，這被認為是菩薩修行最重要的一點。

二是不僅重視個人修養，還強調人際關係。「六波羅蜜」中，布施、忍辱都屬於人際方面的問題。

第三是強調菩薩行，即利他的實踐。大乘的修習特別重視慈悲。慈是給予眾生快樂，悲是救濟眾生痛苦，對大眾廣行慈悲是菩薩修行的核心。特別是在中國的大乘佛教裡，觀世音菩薩「尋聲救苦」的慈悲願力、地藏菩薩「我不入地獄，誰入地獄」，願代一切眾生受苦的情懷，都是菩薩修習的楷模。

在大乘佛教中，特別是大乘佛教的後期，在家修行者（居士）的地位和作用逐漸上升，甚至形成所謂「居士佛教」，佛法的修習與世俗社會的關係更為接近。

總之，大乘佛教體現出可貴的拯救精神、奉獻精神，這是其生命力之所在。

乾隆御筆《般若波羅蜜多心經》

與小乘佛教相比，大乘佛教當然也有其先天的不足。佛教本來認為佛陀並非神，而是一個覺悟的人的觀念，這種思想應該說是非常有進步意義的，也是佛教區別於其他一切宗教的根本所在。但大乘佛教又將佛陀神化了，在中國民間，更發展到與傳統的鬼神信仰混同，佛陀被視為一個神通廣大、主宰一切的神靈，造成新的偶像崇拜。（有關這一點，本書第六章也會做出分析和闡述。）

佛教中還有「三乘佛法」的說法，「三乘」分別是指下乘的「聲聞乘」、中乘的「緣覺乘」與上乘的「菩薩乘」，也可以分別說成小乘、中乘和大乘。這是大乘佛教用來表示由於眾生有三種不同的根機而形成的三種法門。

「聲聞乘」即聽聞佛陀教誨而修行的意思，專指小乘佛教，其根本教法，是以自我完成為目標的「四諦」、「八正道」。

「緣覺乘」又稱為辟支佛乘，辟支佛是緣覺的音譯。與「聲聞乘」不同的是，緣覺根機的人不依據別人的教法，而是由於自己觀察緣起的道理而開悟的。由於是自己開悟，因此其根機高於「聲聞」，但是他們只是以自己的開悟為目的，隱居山林，脫離世俗，是一個獨善者。緣覺修習的主要教法叫做「十二緣起」。總之，「聲聞」和「緣覺」都是以自我解脫為宗旨，沒有救度眾生的願望，因此又都可歸為小乘佛教。

「菩薩乘」即是大乘佛教，「菩薩乘」主要修習「六波羅蜜」。

從時間上看，大乘佛教經典的出現是在釋迦牟尼圓寂後五百年左右，即西元紀年開始前後。大乘佛教的真正發展，則是得力於一位著名人物：龍樹。佛教內部將龍樹視為一位菩薩，而學術界有人認為龍樹才是大乘佛教的真正創始人，稱他為「顯密八宗之祖師」，也就是說，大乘佛教的很多宗派，根源都可以追尋到龍樹那裡。

龍樹的生平富有濃郁的傳奇色彩，生卒年不詳，一般認為他是西元二世紀或者三世紀人。龍樹生平最有名的事蹟就是所謂「入龍宮齎《華嚴經》」。

據說龍樹出家後，有一次到靈山去，山中有塔，塔中有一個老比丘，他教授大乘經典給龍樹，龍樹非常喜歡，誦讀不息，明白了大概意思，但沒有通達無礙。

後來他周遊列國，尋找其他大乘經典，卻一無所獲。他就經常一人獨自坐在水晶房中，閉門靜思。

大龍菩薩見了，對他很是喜愛，就把他接到海裡，打開宮中的「七寶華函」，取出許多方等經典和無量妙法讓他看。龍樹這一看就是九十天，覺得非常過癮。

大龍菩薩問：「看完沒有？」

龍樹說：「貴處七寶華函中經典無量，我所讀的已經十倍於閻浮提（人間）了。」

龍樹離開龍宮的時候，從龍宮中帶出了《華嚴經》的下部，在人間大力弘揚。據說還有很多其他經典，但太多太妙了，人類暫時還看不懂，就留在龍宮裡了。這個傳說或許可以解釋為什麼很多大乘佛教經典會突然出現於世的疑惑：原來它們是釋迦牟尼佛在天堂、龍宮等處說的，本不屬於人間之物，是龍樹菩薩將這些經典從那些地方取來的。

龍樹像

馬鳴像

此外，龍樹的老師馬鳴、弟子提婆等，對於大乘佛教的發展都做了很大貢獻，但最重要的還是龍樹。龍樹著有《中論》和《十二門論》，提婆則寫了《百論》，這三部論是大乘佛教空宗（中觀學派）的重要經典，在中國還形成了專門研究和弘揚這三部論典的「三論宗」。

化行人間：本生故事

釋迦牟尼在世的時候，弟子們是把他當作榜樣、導師，作為現實的人看待的，有關釋迦牟尼生平的記載被稱為佛傳故事，儘管裡面有很多神奇的傳說，但基本上接近於史實。

到了部派佛教時期，已經出現不少有關釋迦牟尼前世修行的故事，他們認為佛之所以成為佛，是他累世修習的結果，這種有關前世的故事稱為「本生」或者「本緣」。

到了大乘佛教時期，對於釋迦牟尼更做出了重新解釋，佛陀被神化了，人們傳說他在過去世曾經受生為各種不同的身形和身分而行菩薩道，從而突出體現大乘佛教慈悲為懷、自利利他、普度眾生等精神。由於過去世是無限長的，釋迦牟尼一個人可以變化出各種各樣的形相，因此本生故事越來越豐富，本生經也成為佛教中最富有文學色彩的經典。

許多本生故事頌揚了菩薩的善行，具有寶貴的倫理內容。其中捨己救人是本生故事裡常見的主題。著名的如尸毘王以身代鴿故事，見於《雜寶藏經》、《菩薩本生鬘論》、《大莊嚴經論》等多部經典中。

知識連結

比較集中地保存本生故事的漢譯佛典有十幾部，其他經、律、論裡也散見不少。其中吳．康僧會所出《六度集經》（包含八十二經）、西晉．竺法護所出《生經》（包含三十一經）、東晉．失譯《菩薩本行經》（包含二十四經）等都是集中存錄本生故事的經典；此外各種不同類型的譬喻類經典如《百喻經》、《賢愚經》、《雜寶藏經》等也包含有不少屬於本生故事的部分。

故事是說曾有大國王名叫尸毘，生性仁慈，愛民如子。其時帝釋天即將命終，世間佛法已滅，諸大菩薩不復出世，大臣毘首告以閻浮提今有尸毘王，志固精進，樂求佛道，當往投歸。

帝釋天聽了，決定加以考驗。他讓毘首變成鴿子，自己變成鷹，鷹追逐鴿子到國王面前，鴿子驚恐地躲藏到國王腋下。鷹作人語要求國王以鴿救饑，結果國王決定以身代鴿，自割股肉。鷹要求分量一定要與鴿身相等，但兩相稱量，股肉以至臂、肋、身肉割盡，輕猶未等。最後國王奮力置身秤盤上，心生喜足，並發誓說：「我從舉心，迄至於此，無有少悔如毛髮許。若我所求，決定成佛，真實不虛。得如願者，令吾肢體，當即平復。」當他發這一誓願時，身體恢復如初。

這時候天神、世人都讚揚為稀有之事，歡喜踴躍。

尸毘王以身代鴿

薩埵太子捨身飼虎本生

故事的最後，佛陀告訴大眾：「那個尸毘王就是我的前身。」

這個故事立意在讚頌菩薩的犧牲精神，結尾有教義的說明，但客觀上卻把捨己救人的高貴品德表現得淋漓盡致。另有薩埵太子捨身飼虎、鹿王本生等故事，都表現了同樣的主題。

見於《大涅槃經》的「雪山童子捨身求偈」故事是本生經裡含義非常深刻的故事之一。故事說釋迦牟尼前世曾是一個婆羅門，在雪山苦行，叫做「雪山大士」或「雪山童子」。帝釋天為試驗他的誠心，變作羅剎，向他說過去佛所說半偈：「諸行無常，是生滅法。」童子聽了，心生歡喜，四面觀望，只見羅剎，就對他說：「你如果能把全部的偈子告訴我，我願意做你的弟子。」

羅剎說：「我現在非常饑渴，不能說。」

童子說：「你如果說出後面的一半，我就將用我的身體供養你。」

羅剎於是說出後半偈：「生滅滅已，寂滅為樂。」

童子聽了，就在石頭上、牆壁上、樹木上、道路上書寫這個偈，然後爬到一棵大樹上，投身於地下。

這時羅剎現帝釋天形，接取其身。

這裡所說的偈名叫「無常偈」，是表現佛教基本教義的偈頌。

這個故事歌頌了雪山童子捨身求法的大無畏品格。

在菩薩的「六波羅蜜」中，布施處於第一位，這說明布施是菩薩行的基礎，具有重要的地位。在大乘佛教看來，布施是培養一個人慈悲善心的行為，同時也是消除慳貪心和「我執」的一種訓練，因為布施無非就是把自己的東西給予別人，一個人能夠做到這一點，他的「自我」意識就會慢慢削弱，最終體認到「眾生都是一體的」這一大乘佛教的真理。

布施也有很多種，包括財布施、法布施、無畏布施等，而「以身代鴿」、「捨身求法」這些故事說的是無畏布施，即把自己的生命都布施出去。

知識連結

漢譯本生經有一種固定的結構，一個故事大體分為三部分。第一部分是佛陀現世的狀況，這一部分比較簡單。另一部分是他過去世的所為，例如曾示現為鹿、猴、兔、鴿等動物或者國王、貴族、商人、平民、窮人、婆羅門等，描述他精勤修道的善行。最後是關聯語，由現世佛陀說明過去世與現在世的關聯：當初行善的某某就是佛陀自己，作惡的某某就是現在加害或反對他的人，從而說明因果報應之理，警示人們行善去惡等。

下面我們再介紹一篇較長篇幅的本生故事：《太子須大拏經》。這個故事一方面極力宣揚了大乘佛教的布施、慈悲等精神，同時也可以看到本生故事情節上的豐富、曲折，描寫上的細膩、生動，與後世的小說相比是毫不遜色的。

釋迦牟尼前世曾經做過一個非常富足的國家葉波國的太子，名叫須大拏。須大拏太子性情仁慈博愛、發菩薩心，廣修布施波羅蜜。有一次他看到國內還有很多窮苦人，便請求父王把國庫裡的一部分金銀財寶拿出來，布施給全國人民。

國王只有這個兒子，對須大拏愛若掌上明珠，所以就答應了他的要求，滿足他的心願，舉行了七天規模盛大的無遮大會。國王派人到處張貼告示，人們紛紛來求太子布施，太子對所有來求布施的人都是有求必應。人們得到太子布施的深恩厚德，皆大歡喜。

這個國家有一頭白象，力大善戰，天下無敵，屬於鎮國之寶，沒有國王命令，誰都不許帶出宮門。太子廣行布施的消息，風聞天下，輾轉傳到一個敵對的鄰國，鄰國國王就別有用心地派人前來求太子布施白象。

太子說：「白象是我國的鎮國之寶，我無權答應，不能布施給你。」

來人說：「太子發菩提心，滿眾生願，不違人意。如果不肯把白象王寶布施給我，你的布施功德不能圓滿，無遮大會名不副實。」

太子想到發菩薩心要難行能行，不分一切對象廣行布施，為了完成功德，當下就答應了。太子親自把白象牽來，交給鄰國派來的使者。大臣們得知後，紛紛報告國王。國王十分憤怒，就把須大拏太子充軍到離城六千里之外的檀特

知識連結

印度佛教中的「無遮大會」通常指由帝王施設的一種大齋會，一切階層的人都可以參加，由於聖凡、上下、賢愚相聚一起，沒有任何界限，因此叫「無遮大會」。據說印度每五年舉行一次這樣的大會。在中國古代也模仿此舉，作為供養僧俗的一種形式。比如梁武帝、唐懿宗等崇佛帝王，都舉辦過類似的法會。

山中。

太子滿足了他布施的願行，所以身心安樂，自在無礙。太子的妻子名叫曼坻，生有一子名耶利，一女名罽羅延，他們三人對這樣一位仁賢慈悲的親人萬分崇敬，於是都一心一意要跟隨太子去檀特山。太子就對妻子和子女說：「你們願意跟我同去，不但要吃苦，我為了發菩提心，行菩薩道，還有可能繼續廣行布施，你們能答應嗎？」曼坻和子女都異口同聲地答應了。

祇園布施

太子帶領妻子和子女前往檀特山，一路上除了許多受布施的人誠敬送行外，還有許多人來求太子布施，太子又將自己和妻子兒女四人隨身所帶的金銀財寶、車乘衣服等都布施得乾乾淨淨。他們四人步行到檀特山時，真是兩手空空、一無所有了，就靠著妻子曼坻去採野果維持生活。

檀特山山勢巍峨，樹木繁茂，流水淙淙，野果甘美，奇禽異獸嬉戲林間。太子高興地對曼坻說：「讓我們安心地住在這裡，好好修行吧！」他給自己搭了一座小草屋，又給曼坻和兩個孩子各搭了一座小草屋，就在山裡定居下來。一家人餓了吃林中的野果，渴了喝山間的清泉，生活雖然貧窮卻很快樂。森林中的小獸與太子一家人成了親密的朋友，經常到小草屋附近遊玩，甚至一些食肉的猛獸都改邪歸正，再也不去傷害其他動物，改為食草。山林中呈現一派和平寧靜的氣象。

這時又有一婆羅門上門要求布施，太子已沒有別的東西可以布施，就將兒女布施給他了。曼坻當時正在外面採集野果，突然心跳意慌，就趕快回來，只見太子一人獨坐無言，兩個子女不見了。在妻子一再追問下，太子說：「他們兄妹二人被我布施給人當奴僕了。」曼坻聞後大哭，痛不欲生。

須大拏太子把親生子女布施給人為奴，這偉大的布施行為感動了忉利天主釋提桓因，他就化身為一個醜陋難看的中年婆羅門，來求太子布施。

太子說：「你來遲了，我現在什麼都沒有了。」

婆羅門說：「只要太子能答應，還有可以布施的。」

太子說：「你要求什麼呢？」

婆羅門答曰：「我年長成人，無力婚娶，請求太子把你的妻子布施給我。」

太子眼睛看著曼坻，難以開口。曼坻在旁見此情景，更加悲哀痛哭。

婆羅門又對太子說：「你若不把妻子布施給我，就不能圓滿你的布施功德。」

須大拏太子為了要圓滿布施的大願大行，於是把曼坻夫人交給婆羅門帶走。忽然天搖地動，眾鳥飛鳴。這位相貌醜惡的婆羅門，握了曼坻夫人的手，一直往前走了七步，恢復了相貌莊嚴的帝釋天形相，回過身來，把曼坻夫人交還給太子，讚歎說：「善哉善哉，太子善行菩薩之道，真心修行布施波羅蜜。」

帝釋天又對曼坻夫人說：「您有什麼願望嗎？」

曼坻夫人曰：「我有三個願望。一、願父王回心轉意，派人來接太子回宮。二、願一對子女能夠早日回到宮中，受諸福樂。三、願鄰國送還白象王寶。」

帝釋天都答應了。

且說那個婆羅門又把太子的一對子女轉賣到葉波國。國王知道後，就將孫兒孫女叫來問：「要多少錢才能把你們兄妹二人贖回？」

孫兒說：「以一百兩銀子贖我的身，以兩百兩銀子贖妹妹的身。」

國王說：「自古以來，都是男貴女賤，為什麼今日是女貴男賤呢？」

知識連結

釋提桓因是佛教所說欲界第二層天忉利天的天主，也稱為「帝釋天」，一些中國人把他附會為道教的「玉皇大帝」。據說忉利天的眾生壽命很長，享受很大的福報，釋迦牟尼的母親生完他之後七天後便去世，轉生到這層天上。天主釋提桓因對佛教非常欣賞和擁護，是天界神靈中一位著名的護法者，很多本生故事都與他有關。

孫兒說：「我父是男兒，今日還充軍在檀特山受諸苦惱。宮娥采女是女人，今日都在皇宮中享受福樂，豈不是女貴男賤嗎？」

國王聽了孫子這幾句動人心弦的話，心裡十分難過，對太子的骨肉之情，頓時湧現心頭，馬上下令派人去檀特山，迎接須大拏太子與曼坻夫人回宮。

帝釋天

鄰國國王得知須大拏太子為布施白象給他，被充軍到檀特山受苦，現在才回到葉波國，心生大慚愧，馬上派人把白象送回葉波國。從此以後，兩國頓釋前嫌，變冤家為親友。這樣，不但曼坻夫人的三個願心都得滿足，須大拏太子的布施波羅蜜功德也得到圓滿成就。

表面上看，故事中的須大拏太子的所作所為似乎有些過分，甚至顯得很愚笨。但是透過這樣一個故事，是要說明菩薩視任何眾生如同己身的偉大情懷，對於一個徹底體悟到「無我」的人而言，當他把所有的東西都布施出去以後，他並不是一無所有了，而是同時獲得了全部。這個故事很能體現佛教獨特的世界觀、人生觀，那種對精神富足的追求，那種以慈悲感化眾人包括自己的敵人的精神。

今日人們多將「本生經」視為佛教為了宣揚其教義而創作的一類文學作品。本生故事中記有一些著名的民間傳說，這些傳說流布於東西方各國，見諸於各大宗教的經籍文獻，已成為全人類的共同文化遺產。

比如「二母爭子」的故事，說一個母夜叉搶得一男孩，強辯說是自己的兒子，與孩子的母親爭吵起來。菩薩為斷明此案，在地上劃出一條線，將孩子置於線上，命雙方拉拽孩子，規定誰能把孩子拉向自己的一方，孩子便歸屬於誰。孩子在拉拽下大哭起來，生母心疼，鬆開了手。菩薩斷定「心痛孩子者必為其母親，而只顧拉拽、無動於衷者必為假冒」。

「兔本生」故事講的是一隻兔子，牠行無畏布施，躍入大火中，要把自己的肉烤熟給人吃，帝釋天感其志誠信篤，把牠的形相畫在月亮上，以使光照人間。「月中有兔」的傳說流傳於世界各地，已成為全人類的「信仰」。

道燈法鼓：中觀學派、瑜伽行派和密教

印度大乘佛教的發展分為三個階段，也可以說分為三大思想流派。這就是以龍樹為始祖的中觀學派，也稱為大乘空宗，約產生於西元二至三世紀；以無著、世親為始祖的瑜伽行派，也稱為大乘有宗，約產生於西元四至六世紀；以大日如來信仰為特徵的密教，約產生於西元七至八世紀。在這數百年時間裡，大乘佛教在印度由極度興盛而走向衰落，乃至無法與由婆羅門教演變而來的印度教抗衡。而西元十一世紀以來，信奉伊斯蘭教的阿拉伯人入侵，佛教在印度本土基本上被消滅，世界佛教的中心轉移到中國。

當然，中國的大乘佛教也是來源於印度，儘管中國佛教對印度佛教做出了很多新的發揮，但是基本教義是一脈相承的，所以要了解中國大乘佛學，還要從印度說起。

提婆像

龍樹和他的學生提婆因提出「中道」、「實相」等重要大乘佛教觀念，大力宣揚佛教的「空觀」思想，他們建立的學說被稱為「中觀學派」。

中觀學派所依據的佛教經典主要有《大般若經》、《維摩詰經》、《華嚴經》、《妙法蓮華經》等，這些經典後來對中國佛教都產生了深刻影響。但他們最重要的經典其實是龍樹的《中論》、《十二門論》、《大智度論》和提婆的《百論》等，這幾部論典對「中觀」思想做出了全面的闡述。

中觀學派認為，人們對於世間一切現象，如果沒有真正智慧，就不會得其實相，由此產生顛倒分別，生起執著，而招致人生的無窮痛苦。但這種迷執可以從根本上解除，最重要的是體會到一切事物現象的「實際」，認清一切事物並無實體，本體上是空的，這就是空觀。不過，如果只認識到「空」

是不夠的，還應明白諸法是一種「假名」概念。如果光說空，不就徹底否定整個世界了嗎？因此，儘管諸法本質上是空的，但不妨礙它有一個「假名」。既看到空，同時又承認其「假名」，用這種不落一邊的方法來觀察世間一切現象，這就叫「中道觀」。「中觀學派」的名稱也就是這樣來的。

中觀學派在解釋「空」時，又提出了他們的真理觀——二諦說，二諦即真諦和俗諦。他們認為諸法實相是空，是無法用人類的語言來表達的，這個「實相」稱為「真諦」，也叫「勝義諦」或者「第一義諦」等。但是佛為了說法的方便，又必須用世俗的「假名」概念來描述這個「真諦」，這個假名就稱為「俗諦」。「若不依俗諦，不得第一義諦」，也就是說，如果沒有言說施設等俗諦，就無法使人們了解真諦。能夠不偏於俗，也不偏於真，這才是中道。

這麼說也許太抽象，不妨舉一個例子。比如說一張桌子，我們一般人會認為，這個桌子擺在那裡是一個真實的存在。中觀學派則說：錯了！首先要看到這個桌子是由眾緣構成的，比如木頭、釘子、油漆，以及製作這個桌子的工匠等，如果沒有這些緣就不會有這個桌子。一切因緣而起的東西都不是實有，當緣不存在的時候，它就會歸於寂滅。比如桌子可以被拆掉、燒掉，那時也就沒有這個桌子了；另外，在這個桌子還沒有製作出來之前，它又在哪裡呢？所以從本質上看，這個桌子本體是空的，所謂桌子只是一個「假名」；如果我們此刻是坐在桌子上，那麼這個桌子也不妨稱之為「凳子」。然而，認識到它本體的空性，並不妨礙我們此時此刻使用這個桌子，只是要時刻記住：我們僅僅是在使用它的「假名」而已。一方面，認識到桌子本體是空，另一方面，也承認在某個特定時空條件下某個桌子是存在的，可以使用它。這個存在並非真實的存在，而是「虛幻的存在」，這樣的認識就叫做「中觀」。

知識連結

當年，中國華嚴宗的創始人、僧人法藏曾經指著宮廷裡一個金獅子向武則天講解「中觀」的思想，並寫出一本《華嚴金師子章》。這裡引述其中一段，看看法藏是怎樣論述的：「金無自性，隨工巧匠緣，遂有師子相起。起但是緣，故名緣起。師子相虛，唯是真金。師子不有，金體不無，故名色空。又復空無自相，約色以名，不礙幻有，名為色空。」

彌勒

當然，這裡說的「桌子」只是一個例子，中觀學派認為，世界一切現象都可作如是觀，如果我們把這裡的「桌子」替換成「人類」或者「世界」，那麼它所表達的一種世界觀、人生觀就是非常驚人的：這個世界並非真實存在的，它僅僅是一種緣起，一個假名。

「中觀學派」的思想對後來的中國佛教產生了深遠影響，中國佛教最主要接受的就是中觀思想，弘揚的是大乘空宗。雖然在「空宗」之後又產生了「有宗」和「密教」，從時間上看，它們都出現在中觀學派之後，但在中國，後兩者的影響遠遠不如空宗大。

另一大乘教派——瑜伽行派，號稱是從彌勒菩薩那裡傳下來的，我們前面介紹過，彌勒是將在釋迦牟尼之後，在我們這個世界成佛的未來佛，而目前他住在兜率天上。據說彌勒在那裡創造了一套邏輯嚴密、條分縷析、相當精緻的佛教學說，後來傳布到人間。這一派以彌勒所著《瑜伽師地論》為主要經典，並由此而得名。瑜伽行派的許多著名人物都是彌勒的信仰者，比如著名的玄奘法師，據說死後就是往生到彌勒淨土的。

學術界認為，瑜伽行派的實際創始人是無著和世親兩兄弟。無著和世親是兄弟，為北天竺犍陀羅國布魯沙城人，出生在國師婆羅門家庭。據說無著經常在入定狀態中，以神通力在夜間升上兜率天，在那裡聽彌勒菩薩講大乘經典《瑜伽師地論》，然後白天下來就在寺院裡給大眾講解，人們很詫異他那些深密、精湛的思想是怎麼來的，豈不知他原來是「現躉現賣」。彌勒的教義就是透過無著這個媒介傳播到人間的。

瑜伽行派產生於中觀學派之後，是有一定歷史原因的。他們認為，「一切皆空」的說法會導致否定「三寶」，如果按照龍樹那個公式去套用，連佛也是空的，連成佛的理想境界也是虛幻的，這樣的觀點會危及佛教自身的存在，於是提出眾生的「識」是變現萬法的根源，由於萬法「唯識所變」，因此萬法之境是空的，但能變萬法的這個「識」是實有的。此派主張境無識存，所以又稱「大乘有宗」，後來在中國形成「唯識宗」，其名稱也是這樣來的。

在印度大乘佛教思想發展過程中，還出現了一種「如來藏」思想或稱「涅槃佛性」說，其中最重要的經典是《大般涅槃經》。《大般涅槃經》宣稱如來法身常住不變和一切眾生悉有佛性，皆可成佛，佛性的存在才使作為果的菩提成為可能；一切眾生皆有此心，故皆可能成佛，但因為眾生被煩惱所障蔽，不能察覺自身的佛性，也就是所謂「心性本淨，客塵所染」，只要轉染成淨，恢復本心，便能成佛。這些思想也都對中國佛教產生了很大影響。

印度的瑜伽行派還發展出一套精細的邏輯學。佛教中的邏輯學稱之為「因明」，其主要代表人物是世親晚年的弟子陳那，主要著作為《因明入正理論》、《集量論》等。陳那是南印度案達羅國人，住在都城瓶耆羅西南二十餘里的孤山，深受當地國王的尊崇。印度自古就有因明學，但陳那結合佛教的思想，將因明學發展到一個新的階段，他在因明學上的貢獻，是印度邏輯史上的一大里程碑。

印度的因明與西方的形式邏輯，有很大的互補性和對稱性，一方有點兒像是另一方的倒推。比如因明這樣論證一個論題：

宗（論題）：聲是非永恆的；
因（理由）：因為聲是生成的；
喻（例證）：同喻：如果是生成的，人們見到它們都非永恆，猶如瓶子等；
異喻：如果是永恆的，人們看到它們都不是生成的，猶如虛空等。

西方的形式邏輯，推導這個問題則是用三段論：

大前提：凡生成的都是非永恆的；
小前提：聲音是生成的；
結論：所以聲音是非永恆的。

這兩種方式究竟哪個更好，也是公說公有理，婆說婆有理。近代高僧太虛法師在其《因明概論》一書中對兩者做了比較，當然是更推崇因明。他指出：「邏輯僅考理之法式，因明兼立言之規則」，「邏輯用假擬演繹斷案，因明用實證解決問題」，「邏輯非如因明已含有歸納方法」，「邏輯非如因明之注重立論過失」等等。總的來看，西方學術中，形式邏輯和辯證邏輯是分開的，而在因明中，這兩者是結合在一起的，在形式推論中即已包含辯證的觀點，也許這也是佛教富有辯證思維的證明吧。

大乘有宗另一重要成就是在心理學方面。唯識學為了建立其理論體系，對人的心識做出細密的分析，達到了很高水準。他們對世俗世界（有為法）、彼岸世界（無為法）進行了分類歸納，總結出「五位百法」的理論，即八種心法、五十一種心所有法、十一種色法、二十四種心不相應行法及六種無為法。在百法中，心最殊勝，稱之為「心王」，「色法」（物質世界）是由「心法」變化而來的。除六識外，特別提出了「末那識」（第七識）與「阿賴耶識」（第八識）。末那是梵語，意思是「染污」，這一識與我癡、我見、我慢、我愛四惑相應，是形成「自我」觀念的根本。阿賴耶識又叫「藏識」或「種子識」，此識為宇宙萬有之本，含藏萬有，使之存而不失，即所做的一切皆儲存於此識之中，也是生死輪迴的根本。

唯識的特色，在於對百法彼此間的組合與關係做出歸納，說明心的活動與現象，具體把握精神現象的多樣性與複雜性。具體可以列成這樣一個表。（如頁63）

這樣，一共用一百個概念形成一個相當龐大的體系，而且又對其中的每一種現象和概念都做出精細的分析，應該說是對人類心理現象研究做出的很大貢獻。因為人類只有明瞭自己的心，才能最終降伏自己的心，超越自己的心。

在唯識學中，心其實是被分成兩部分的，打個比方，就像一所兩層結構的房子。地上是起居室，叫做「意識」；下面是地下室，叫做「藏識」。藏識中，我們曾做過、經歷過或察覺到的所有事情，都以「種子」或「膠片」的形式儲存起來了。我們的地下室是一個檔案館，人們能夠想像得到的每一種「電影」，都被裝到錄影帶裡，儲存起來。當它們從地下室被翻上來的時候，我們就坐在樓上起居室裡的一把椅子上，觀看著這些「電影」。實際上，我們的每一個心理活動和現實行為，都是過去種子萌發的結果，一顆種子在我們的意識中每出現一次，它返回「儲藏室」的時候，力量就增強一次，我們的生活質量就取決於我們藏識中種子的質量。

唯識學就是用這樣一種方式解釋人類各種意識形成的根源。近代西方心理分析學說提出「潛意識」等概念，可以說佛教中早就有，而且佛教的認識較之心理分析學說更為深刻。

五位百法

- 無為法：虛空無為、擇滅無為、非擇滅無為、不動滅無為、想受滅無為、真如無為
- 有為法
  - 心法：眼識、耳識、鼻識、舌識、身識、意識、末那識、阿賴耶識
  - 心所有法
    - 遍行：作意、觸、受、想、思
    - 別境：欲、勝解、念、定、慧
    - 善：信、慚、愧、無貪、無瞋、無癡、精進、輕安、不放逸、行捨、不害
    - 煩惱：貪、瞋、癡（無明）、慢、疑、不正見（惡見）
    - 隨煩惱：忿、恨、覆、惱、嫉、慳、誑、諂、害、憍、無慚、無愧、掉舉、惛沉、不信、懈怠、放逸、失念、散亂、不正知
    - 不定：惡作（悔）、睡眠、尋、伺
  - 色法：眼、耳、鼻、舌、身、意、色、聲、香、味、觸、法處所攝色
  - 心不相應行法：得、命根、眾同分、異生性、無想定、滅盡定、無想報、名身、句身、文身、生、老、住、無常、流轉、定異、相應、勢速、次第、方、時、數、和合性、不和合性

西元七世紀左右，印度又出現了密教，這是大乘佛教發展的最後一個階段。密教產生之後，又將此前的佛教稱之為「顯教」，以示區別。學術界一般認為，密教是佛教與印度傳統宗教婆羅門教結合的產物，以高度組織化的咒術、壇場、儀軌，和各種神格信仰為其特徵。儀軌極為複雜，對設壇、供養、誦咒、灌頂等都有嚴格規定，主張修「三密」，即手結印契（身密）、口誦陀羅尼（語密）和心作觀想（意密）。三密相應，即身成佛。

知識連結

陀羅尼，梵語dhāranī的音譯，意譯為「總持」，是集種種善法、滅除眾罪、趨吉避凶、消災免難等，通常稱之為「咒語」或者「真言」，它是佛、菩薩、諸天等所說的具有不可思議力量的神秘性語言，代表了佛教教義的真髓，它的意義不是一般眾生所能理解的，因此陀羅尼不可以翻譯，或者說只能音譯，人們只要誦讀出它的聲音即可。因此密教在中國也稱之為「真言宗」。

大日如來

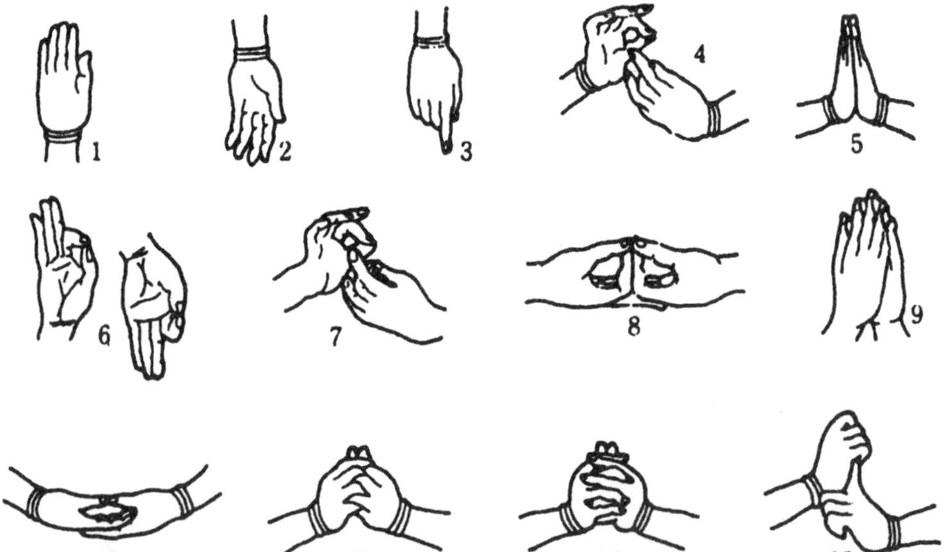

1.施無畏印　2.與願印　3.觸地印　4.說法印　5.合掌印　6.安慰印　7.轉法輪印（即說法印）
8.彌陀定印　9.金剛合掌印　10.法界定印　11.內縛拳印　12.外縛拳印　13.智拳（智慧）印

知識連結

佛教特別是密宗的修持，主張以「三密相應」為主，用某種特殊的方式淨化身、口、意三業。其中結手印代表身密，誦咒語代表語密，冥思觀想代表意密。「手印」即是配合所修的本尊佛而做出的各種手形，也叫「印契」、「密印」等。據說結手印比較容易感受佛、菩薩的力量而使修行者與本尊成為一體，從而有助於修法的成功。不同的手印有不同的內涵，不同的佛菩薩通常也有各自獨特的手印。現代有人用電視機天線的原理來解釋手印，不失為一種形象有趣的說法。

密教也將此前的大乘中觀學派和瑜伽行派的理論觀點融入其教義中，作為其儀式等的理論依據，所以龍樹等人也被視為密教的祖師。釋迦牟尼佛以及大乘佛教的文殊菩薩、普賢菩薩、觀音菩薩等仍然是其最高祖師，不過大多有了新的名稱，比如釋迦牟尼被稱為「大日如來」，普賢菩薩被稱為「金剛薩埵」等等。

陀羅尼早就流行於大乘佛教中，在大乘顯教經典中，也多有密咒出現，比如《般若心經》中的「大明咒」、《首楞嚴經》中的「楞嚴咒」等。但是，這些咒語只是顯教理論的一種輔助，並非全經的主幹，但由此可見顯、密兩派的血緣關係。四至五世紀，出現了新的密教經典——《持明咒藏》。它以手印和陀羅尼相配，將陀羅尼密典和大乘經典中的陀羅尼品改造成一種新的東西。

佛圖澄像

據說龍樹的弟子難陀在西印度專心持咒十二年，得到很大感應，每到吃飯的時候，食物自動從空而下。後來他又念咒求得一個如意瓶，並於瓶中得到持明咒的經典。這些傳說就相當神秘了。

其後，密教又增加了供養法、像法、曼荼羅法等內容，發展成一個完備的體系，形成金剛乘這一密教最重要的派系。

密教時期僧團日益衰敗，內部派系紛爭不已，從而日漸衰微，分裂局面從七世紀中葉延續到十一世紀，期間穆斯林不斷侵入印度，僅從西元一○○一年起的二十六年中，就入侵印度十七次。穆斯林的入侵，給佛教以沉重的打擊。特別是西元一二〇三年，伊斯蘭教軍隊焚毀孟加拉地區的超戒大寺，以此為標誌，佛教在印度本土基本上消亡了。

印度密教的思想和實踐傳入中國，始於三國時代。自二世紀中期至八世紀中期的六百年間，漢譯佛經中約有一百多部陀羅尼經和咒經，在此期間，印度、西域來華的譯師和高僧也多精於咒術和密儀。

據佛書記載，西晉永嘉四年（三一〇）來洛陽的佛圖澄「善誦神咒，能役使鬼物」。約於北涼玄始十年（四二一）至姑臧的曇無讖明解咒術，善於預測，號為「大神咒師」。北魏永平初來洛陽的菩提流支也「兼工咒術」，「莫測其神」。

但在中國弘傳純粹密教並正式形成宗派的，實始於善無畏、金剛智、不空等。當時這幾位從印度、西域來的僧人主持翻譯了大量密宗的經典，其中最重要的典籍有《大日經》、《金剛頂經》等，密宗在唐代中期有很大發展。

進入宋代之後，密宗的教義遭到儒家士大夫階層的普遍質疑，宋朝廷公開下令禁止密宗的傳播，這樣，漢譯密宗經典雖然沒有被禁毀，卻束之高閣，密宗在漢族地區的傳承基本上中斷了。但是密宗在中國西藏地區卻

知識連結

曼荼羅，梵語mandala的音譯，又作曼陀羅。其含義是「獲得本質」，在形式上，是指將佛菩薩等尊像，或種子字、三昧耶形等，依一定方式加以配列的圖樣。由於曼荼羅被認為是真理之表徵，猶如圓輪一般圓滿無缺，因此或有譯之為「圓輪具足」的。又由於曼荼羅被認為有「證悟的場所」、「道場」的意思，而道場是設壇以供如來、菩薩聚集的場所，因此，曼荼羅又有「壇」、「集合」的意義。

善無畏像

得到很大發展，並與當地的傳統宗教——苯教相結合，形成藏傳佛教，是佛教中的一個重要分支。

從密宗流傳的地域和過程看，也頗符合佛教所謂「緣起」的觀點，或許可以這樣說：宗教的傳播也是需要緣分的，當印度眾生已與佛教無緣之時，佛教的中心就轉移到中國；密教與中原地區傳統文化隔膜太大，也屬無緣，密教的傳承便主要在與其緣相近的西藏地區開展。佛教宣稱：將來終有一天，這個世界的所有眾生與佛教的緣分已盡，那麼佛教在這個世界上自然會消滅。佛教絲毫不忌諱這一點，這也是它與其他宗教很大的不同之處吧。

第三章

佛教東漸：佛教在中國的傳播

貝葉經

震旦因緣：佛教東傳及其中國化

佛教究竟是什麼時候傳入中國的，已經很難確切考知了。

佛教內部獲得認可的佛教傳入中國的時間為東漢漢明帝永平年中。有一次漢明帝夜裡做了一個夢，夢見有一個神人，全身閃閃發光，在殿前飛行。第二天他把這個夢告訴大臣。學識淵博的大臣傅毅說：「我聽說天竺有佛，能發光，能在空中飛行，陛下夢見的也許就是他。」永平十年（六七），漢明帝正式派出使者蔡愔、秦景等十二人，赴天竺求取佛法。在西域大月氏遇到月氏僧人迦葉摩騰、竺法蘭，於是將二人迎入中國，同時帶回一些佛經和佛像。迦葉摩騰、竺法蘭來到洛陽後，在城西修了一座佛寺，並在那裡開始翻譯佛經。由於迦葉摩騰等人是乘騎白馬抵達洛陽的，所以就把這座佛寺叫做「白馬寺」，白馬寺也成為中國的第一座佛寺。

這個說法，最早見於《四十二章經．序》，這部經也一直被認為是迦葉摩騰等翻譯的漢譯第一部佛經。但近代有學者考證，認為《四十二章經》並非出現那麼早，應該是東漢末年的作品，「永明求法」的記載是否可信也要存疑。

目前比較可靠的資料應屬《三國志》注引《魏略》的記載：「昔漢哀帝元壽元年，博士弟子景盧受大月氏王使伊存口授浮屠經。」元壽元年是西元前二年，「浮屠經」即佛經，這裡也是說的從大月氏取得佛法，而大月氏的使臣向

知識連結

月氏為秦漢時代活躍於中亞的民族，原本居住敦煌、祁連山之間，擁有今甘肅省中部西境及青海東境地方，漢代時轉移到今新疆伊犁一帶，稱為大月氏。月氏接觸佛教很早，特別是大乘佛教非常興盛，早期傳入中國的很多佛教經典以及很多高僧都是來自大月氏。此外，今日新疆的龜茲、于闐等地都是大乘佛教傳播的中心區域。

白馬寺

老子騎牛圖

中國博士弟子傳授佛經是完全可能的，且時間上比「永明求法」還要早半個多世紀。

總起來說，佛教是在兩漢之交即西元前後傳入中國的，這是比較可信的。

傳說唐太宗作過一首〈白馬寺〉詩（也有的題為「焚經臺」詩）：

門徑蕭蕭長綠苔，一回登此一徘徊。
青牛漫說函關去，白馬親從印土來。
確實是非憑烈焰，要分真偽築高臺。
春風也解嫌狼藉，吹盡當年道教灰。

寫的是剛剛傳入中國不久的佛教與本土的道教相互「鬥法」的故事。

據說在漢明帝永平十四年，最早的佛教經典翻譯出來後，當時中國本土宗教道教對於朝廷如此禮遇兩個「胡僧」以及如此尊重外來的佛教經典頗為不滿，於是一些道士聯合上書，請求將佛道兩教經典焚燒，以驗證真偽。漢明帝於是下令建了個焚經臺，正月十五這一天，彙集大眾觀看驗燒兩教經典，結果是，道教書全部燒成灰燼，而佛經絲毫無損，這樣一來，道士們無話可說，佛法才在中國流傳開來。

詩中的「青牛漫說函關去」一句是說：道教中有一種說法，說老子晚年騎了一頭青牛，出了函谷關，來到西域、天竺國去度化那裡的人，這種傳說在道教中稱為「老子化胡說」，無非是說佛教也不過來自於道教。而佛教則以其人之道還治其人之身，認為老子出了函谷關沒有錯，不過他的化身是摩訶迦葉，最後還是做了佛的弟子，沒有「化」成胡，最後反而被胡所「化」。「青牛漫說函關去，白馬親從印土來」一句是說：「不要講什麼老子騎著青牛到印度去了，其真假很難說；但佛教是從印度傳來的，這件事確實是真的。」

當然，對於兩教中的這種種傳說，我們不必信以為真，即使是上面這首詩，也可以認為是後人偽託。不過，透過這些傳說，我們還是可以從中看到：佛教傳入中國之初，確實與中國固有的本土文化發生過很多摩擦、碰撞和衝突，經過漫長時間的磨合，最終走向融合。佛教中國化了，而中國文化也真正接納了這個外來的文化因子，兩者相當圓融地結合在一起，這不能不說是世界文化交流史上的一段佳話。

佛教傳入時期的中國已經是一個文化相當成熟的國家。雖然中國自古宗教觀念比較淡薄，缺少佛教這樣成系統的宗教體系，儒教和道教也還沒有真正形成，但是中國人固有的宗教意識、文化觀念等已根深柢固。這與外來的佛教既有相適應的一面，也有相矛盾、衝突的一面。佛教中國化的過程和儒、釋、道「三教合一」的局面是在激烈的、反覆的鬥爭中逐漸形成的。

早在東漢末年，一個叫牟子的人作了《理惑論》，裡面就指出：「堯、舜、周、孔，修世事也；佛與老子，無為志也」，並比喻「五經則五味，佛、道則五穀」，各適其用。東晉的孫綽強調「周、孔救極弊，佛教明其本」，認為儒與佛有「治外」與「治內」的區別。

道教是中國本土宗教，它產生在佛教傳入中國之後，但中國自古就有道家學說和神仙思想，佛、道之間有相似之處，也有很大不同。早在東漢時期，即有老子西入夷狄為浮屠之說，這種說法後來在道教中形成老子西遊成仙，化佛陀為其弟子的故事，形成所謂《老子化胡經》。當然，佛教對此也有自己的解釋。三教之中，主要由於佛教具有的調和性、中道性，最終造成了三教並存的局面。

佛教與中國文化形成比較明顯衝突的事件，在歷史上主要有以下幾件：

因果報應之爭

東晉末年，戴逵作《釋疑論》，認為「賢愚善惡，修短窮達，各有分命，非積行之所能至」。這是用中國傳統的命定論來反對佛教的業報思想。周續之曾著論反對。

其後高僧慧遠作了《三報論》，首次從理論上闡發了佛教的因果報應思想，也是對戴逵那些疑惑的解釋：文中提出「業有三報」，一種叫現報，一種叫生報，一種叫後報。現報就是所做善惡在今生今世就受到報應；生報則是來生才受報應；後報則是多生之後乃至百生千生之後受報。處在六道輪迴中的眾生，生生死死，都是依業受報，所謂「善有善報，惡有惡報」，這是必然之理，絲毫不會有差錯的。但「報」又不是馬上能夠體現的，如同一顆種子種在地下，要經過一段時間才能發芽、結果。人既造了「業」（善行或惡行），就不會消失，逐漸積累就導致報應。今生的報往往是前世造業的結果，福禍倚伏，所以世間就會有善人得惡報、惡人得善報的現象，對於這些人來說，現世的行為應得的報應還未顯現，將來會有後報，所謂「不是不報，時候未到」。

慧遠的這套看法，與原始佛教關於「業」的思想已經有很大不同，他是利用中國傳統的靈魂不死說與報應思想來改造佛教的業報理論，這種思想對後世中國人影響很大，它既是佛教的，也是中國化了的。

沙門禮敬王者之爭

東晉成帝時，大臣庾冰提出「沙門應盡敬王者」，也就是出家人要禮拜帝王。這一點與印度佛教的傳統有很大不同，在印度佛教興盛時期，帝王與沙門相見，帝王要禮敬沙門而不是相反。是否「禮敬王者」，涉及佛家與世俗政權

知識連結

在中國，常稱僧人為「方外之士」，這裡的「方」是指世俗秩序或國家律法。一般人都在世俗秩序及國家律法的規約內，故稱為「方內之人」。在這種世俗價值體系規範之外的，稱為「方外之人」，如慧遠《沙門不敬王者論》：「出家則是方外之賓，跡絕於物」，一般用來指佛教和道教的出家者。

地位、關係、權力等方面的矛盾，因此是個非常敏感的問題。

慧遠寫了《沙門不敬王者論》，他認為出家人要「抗禮萬乘，高尚其事，不爵王侯，而沾其惠」，也就是出家者要遠離世俗，顯示自己高尚脫俗的品格，不必禮拜君王。

但慧遠的這種主張沒有得到認可。南朝宋孝武帝時，下令沙門必須跪拜皇帝。後來直到唐朝，僧侶方面仍不斷為「不拜」的主張進行申辯，但最終以世俗政權的勝利而結束。

從中唐開始，出家人見到皇帝要跪拜，已為中國佛教普遍接受，乃至後來寺院中作法事活動、課誦等儀式之前，要先為當朝君王祝壽、為國家祈禱等等，這也是很典型中國化的表現，反映了中國佛教與封建政權的基本關係。

到了宋代，君主不但見了僧人不拜，甚至見到佛像也可以不拜，而且得到一些僧人的贊同。傳說宋太祖趙匡胤有一次進入一個寺院，問：「我拜不拜佛？」在旁邊陪同的高僧贊寧說：「不必拜，現在佛不拜過去佛。」這個回答確實機警，既沒有否定佛教的權威，又給了皇帝面子，稱皇帝為「現在佛」，所以很得太祖皇帝的歡心。當然，一個崇佛的皇帝，他願意拜佛就拜，但那是個人信仰，與國家政權的禮法無關。

道安法師故事版畫

知識連結

在佛教史上，道安為中國僧徒制定了最初的佛教戒規，其中規定，出家者既然名為「出家」，就要放棄原來的「俗姓」，但同時也不能沒有姓，因出家者皆以釋迦牟尼為導師，因此一律以「釋」為姓。由此成為定規，稱呼出家者一般在其法號前加一個「釋」字，如「道安」應稱為「釋道安」。從此，「釋」與中國其他姓氏具有了等同意義，後來「釋氏」成為佛教及其教徒的泛稱。

在中國，佛教一直是自覺地從屬於世俗政權之下的，從來沒有像某些國家或地區那樣，形成「政教合一」的局面和至高無上的神學權威。對此，釋道安曾有一個很好的概括：「不依國主，則法事難立」，認為佛教如果沒有君王、大臣們的支持，是很難發展的。

形神之爭

這是中國佛教史上理論價值最高的一次爭論，它與前面介紹的因果報應之爭是有關聯的，因為如果人死神滅，因果報應和三世輪迴就失掉了根據，沒有了承受者，所以形神之爭可以視為比因果報應之爭更深一層的理論爭鳴。

挑起這一爭論的是南齊時的一位思想家范縝。范縝（四五〇？—五一〇？），字子真，舞陽人（河南汝陽）。他曾在南齊竟陵王蕭子良西邸發表言論，反對佛教因果報應之說，其後寫成長篇論文《神滅論》，引起一場軒然大波。

佛教證明神不滅，常以形神相離為依據，並以薪盡火存來比附。而范縝則堅持「形神相即」，反對離開物質而存在精神實體的主張，認為肉體（形）是生命（神）的主體，肉體死亡，精神也就隨之滅亡，而不會轉世，所謂：「未聞刃沒而利存，豈容形亡而神在？」這種主張的矛頭直指佛教的哲學根基——神不滅論，因而當時崇奉佛教的梁武帝組織了一批人，寫了很多文章與范縝爭論。

現代一些人認為范縝的「神滅論」即是無神論，卻屬誤解。「無神論」的「神」是鬼神的神，「神滅論」的「神」是精神的神，二者含義完全不同。范縝並非不相信有鬼神存在，如《神滅論》中寫道：「妖怪茫茫，或存或亡，……有人焉，有鬼焉，幽明之別也。人滅而為鬼，鬼滅而為人，則未之知也。」很明顯，范縝只是否定人和鬼之間互相轉化的說法，並不否定世界上有鬼的存在。這種鬼神觀即是中國固有的鬼神觀：人是人，鬼是鬼，它們之間有「幽明」之別，但不可能互相「輪迴」。所以確切地說，范縝只是以中國固有的鬼神觀來反對外來的佛教思想，神滅與否的爭論是兩種文化觀相衝突的表現。

范縝另一個重要觀點就是否定因果報應。世間的善惡貧賤等現象是客觀存在的，佛教用因果來解釋，認為一切都是必然的，范縝對此也提出了自己的解釋，《梁書．儒林傳》記載，范縝回答竟陵王說：「人之生譬如一樹花，同發一枝，俱開一蒂，隨風而墮，自有拂簾幌墜於茵席之上，自有關籬牆落於溷糞之側。」

在范縝看來，既然沒有前世來生，人生的一切都是偶然的，人生在何處，如同樹葉隨風而墜，完全沒有自主性，也沒有必然的規律可循。

這種觀念進一步引申，就必然會得出如西方存在主義所講的「人有如被拋擲於世界之上」的思想。既是被拋擲，則人生的價值和意義都值得懷疑，因此對人生不但悲觀，而且絕望。

比較而言，佛教則在看似悲觀的前提下，給人以樂觀的希望，這一點也不能不注意到。

從歷史來看，「神滅論」在中國並未獲勝，佛教的因果報應思想在其後一千餘年的時間裡，占據了很重要的位置，古代很多中國人是相信這一點的。

佛教與中國固有文化的衝突，並非都以佛教的讓步來達成妥協，好比兩個談判的人，要達成一個協定，必定是雙方都要做出某些讓步，才能成功的。總的來看，在純粹的思想領域，佛教以其深刻的義理征服了很多中國人；而在社會制度層面，佛教則更多地服從中國固有傳統。同是慧遠的主張，他的「三世果報論」得到很多中國人的擁護，但他的「沙門不敬王者論」則沒有被普遍接受。這也許很能說明問題。

佛教傳入中國後，中國僧尼雖然基本遵守印度佛教的戒律和教儀，但為了適應中國的國情，在若干方面也相繼產生了變化。比如僧官制度的設立，即由朝廷任命僧人管理全國佛教僧尼事務。這一點從東漢即開始，一直延續下來。

知識連結

唐代思想家韓愈曾說：「舜禹在位百年，此時中國無佛；漢明帝時始有佛法，在位才十八年。」對此，元人劉謐在《三教平心論》中反駁：「壽命的長短與善惡有關係，而善惡的報應通於過去、現在、未來三世，因此說：『欲知前世因，今生享者是。欲知後世果，今生作者是。』由此可知這一生壽命的長短，是由前世的善惡決定的，而今世的善惡，又是後世壽命長短的根源。統治國家長久的，那是前世積累了善的緣故，統治時間短的，那是前世的惡所造成的，怎麼可以僅從眼下的情形來論呢？……」在佛教看來，顏回仁慈卻短命，盜跖兇殘卻反而長壽，這樣的事例只有用三世因果才能解釋清楚。

玄中寺外景

此外，國家政權牢固地掌握著僧尼名籍簿冊、寺院僧尼數目以及僧尼行為模式和活動內容。這應是中國佛教的一大特色。

另外一個很重要的特點是：與印度僧人托缽為生（乞食）不同，中國僧人雖然也可以遊化托缽，可以到其他寺院去參訪、修學，但是在其定居時，必須依照中國的習俗定居於某寺院，這樣寺院就必然自籌資糧，自辦飲食，集財蓄物，乃至經營田地山林、治理產業等，形成中國古代獨特的寺院制度和寺院經濟，伴隨而來的是佛教一步一步走向世俗化。

功標青史：取經與翻譯

晉宋齊梁唐代間，高僧求法離長安。
去人成百歸無十，後者安知前者難。
路遠碧天唯冷結，沙河遮日力疲殫。
後賢如未諳斯旨，往往將經容易看。

這首〈取經詩〉出自唐代高僧義淨，歌頌了從晉朝到唐朝的數百年間，很多前往印度求取佛經的人不辭辛勞、為法捐軀的精神。正是這無數堅定的信仰者們，將印度的佛經取到中國（當然，也包括很多從印度、西域將經典帶到中國的「梵僧」），並翻譯出來，這才留下寶貴的漢傳大藏經，成為中華傳統文化的重要組成部分。

中國人的西行求法，可以說是中外文化交流史上的壯麗詩篇。求法行動不僅僅是一種宗教行為，也是文化交流的重要形式，至於求法的人表現出的為追求真理而鍥而不捨、不畏犧牲的精神，更是令人敬佩。

我們現在所知的第一位自中原西行求法的人，是三國時期魏國潁川的朱士行（約西元三世紀）。他也是見於記載

知識連結

沙門為梵語śramana的音譯，後來正譯為「室囉末拏」，是出家修道者的通稱。出家後要舉行受戒儀式，表示接受佛所制定的戒法，受戒之後才能稱之為「沙門」。佛教戒律有很多層次，包括沙彌戒（沙彌尼戒）、式叉摩那戒、比丘戒（比丘尼戒）、菩薩戒等。在二十歲後受的比丘戒、比丘尼戒最為正規，稱之為「具足戒」。

的第一個受戒為沙門的中國人。

他出家後，專心研讀佛經，當時譯本最流行的是《道行般若經》，他在洛陽經常閱讀，但是由於這部經早期的翻譯者理解不深，很多地方翻譯得不準確，還有很多矛盾的地方。他感嘆這樣重要的大乘經典竟翻譯得這樣不好，於是萌發了去西方尋找原本來彌補這一缺憾的志願。

甘露五年（二六〇），他從長安西行出關，越過沙漠，輾轉到了大乘經典集中地的于闐。在那裡，他果然得著《道行般若經》的梵本。但是，當地的僧人卻阻止他將這部經帶回去，直到太康三年（二八二）才由他的一個弟子帶回洛陽；又經過十年，才由兩位來到漢地的西域僧人翻譯出這個經本。朱士行本人則終身留在西域，八十歲時圓寂在那裡。

由此開端，見於記載的西行求法者，約有一百人。正像義淨所說，「去人成百歸無十」，由於取經道路非常艱難，可謂九死一生，困頓、客死於中途的人很多。在這些取經者中，最幸運也最傑出的應推法顯、玄奘和義淨三人。

法顯俗姓龔，平陽武陽（今山西臨汾）人。他三歲就出家，在寺院中長大，二十歲時受具足戒。當時雖然已經譯出不少佛經，但戒律卻很殘缺。這是他產生向天竺求法願望的重要原因。晉隆安三年（三九九），他和慧景、道整、慧應、慧達等人，從長安偕伴出發，到了張掖（今甘肅張掖縣），又遇到智嚴等五位僧人，一同西行。但是這些僧人，有的中途改道，有的中途病死，真正到達天竺的只有法顯、道整二人。由此可以想見西行道路的艱難，需有堅定的信心、意志和耐力才能征服。

當時正是印度佛教相當興盛的時期，法顯和道整一起遊歷了北天竺和中天竺。在那裡，他們獲得許多佛教經、

知識連結

《摩訶僧祇律》是印度佛教小乘大眾部所傳的一部戒律，由法顯翻譯為漢文。律中含有一些大乘佛教的思想，對於研究佛教思想的發展很有價值。這部律典的翻譯對於中國佛教戒律學的發展有重要影響。

律、論，如著名的《摩訶僧祇律》、《方等般泥洹經》（即《大般涅槃經》）等。

法顯決心將這些經典帶回國，但道整不願意回國，留在印度。法顯一人南下，到達南天竺和師子國（今斯里蘭卡），在那裡住了兩年，又獲得一些佛經，後來搭乘商船東歸。這隻商船在海上剛走兩天，就遇到大風，船漏水，商人們把販來的財貨都拋到水中，但這些佛經總算保留了下來。在海上漂泊了十三天，到了一個小島上，把船補好，又繼續前進。就這樣走了一程又一程，在暴雨狂風、驚濤駭浪的海面上，漂泊了將近一年時間才到達青州長廣郡（今山東嶗山）。第二年夏天，才到達首都建康（今南京）。

法顯著書圖

法顯從長安出發，經過六年到印度，遊歷六年後，又經過三年回歸，前後共用了十五年時間。後來，他把自己這些神奇的旅程記錄下來，撰成《歷遊天竺記傳》（又名《法顯傳》或《佛國記》）一書。他還和當時著名的天竺僧人佛馱跋陀羅（又作「佛陀跋陀羅」）一起翻譯他取回的經、律，八十二歲時逝世。在古代中國，法顯的西行是足以和後來玄奘的西行相媲美的，在時間上，他還比玄奘早了兩個多世紀。

玄奘的「知名度」比他的前輩法顯要大得多。以至於「唐僧」或「三藏法師」這些本來是泛指的稱號，都讓給

知識連結

「度僧」是中國從南北朝時開始施行的佛教出家制度，它不同於印度人出家是一種比較自由的選擇，而是由國家組織考試，欲出家者必須通過考試後，才被准許出家，稱為「試經度僧」。隋唐之後成為中國佛教的一種基本制度，日本也有類似的「度僧」制度。

了他一個人。歷史上的玄奘也確實稱得上是一位英雄。玄奘（六〇〇—六六四），俗姓陳，名禕，生於洛州緱氏縣(今河南省偃師縣)。十三歲時，趕上隋煬帝敕令在洛陽度僧，得以在淨土寺出家。

出家後，他主要學習《涅槃經》。大乘、小乘佛教都有《涅槃經》，大乘《涅槃經》又分為北本和南本兩種，玄奘學習的是大乘《涅槃經》。當時佛教各派對「涅槃」、「佛性」等重要佛教理論問題，各有說法，糾纏不清。同時，玄奘聽說在印度又有很多新的佛教經典，即大乘瑜伽行派的學說，但這最新的學說究竟是怎麼回事，當時中國僧人都不很清楚。這使年輕的玄奘萌發了西行求法的志願，但一開始並沒有被允許。

那爛陀寺

唐太宗貞觀三年（六二九），玄奘二十八歲，長安鬧饑荒，朝廷令百姓可自行求生，他趁此機會，獨自一人西行，經涼州（今甘肅武威），違反當時的出關禁令，偷越玉門關，以後又沿著絲綢之路，歷盡艱險，輾轉到達中印度摩揭陀國王舍城，這是釋迦牟尼長期說法的地方，也是佛教「第二次結集」的聖地。後來玄奘進入當時的佛教中心那爛陀寺，向戒賢法師學習佛教大乘經典，主要便是學習瑜伽行派的經典《瑜伽師地論》等。

玄奘

玄奘在那爛陀寺學習五年後，又遍訪印度。那時，摩揭陀國王尸羅逸多在曲女城舉行無遮大會，邀請他參加。他在會上做「論主」（主講者），講演的題目是《會宗論》和《制惡見論》，博得極高榮譽，被稱為「大乘天」。

貞觀十九年（六四五），玄奘攜帶大量梵文佛經和佛像等返國，此時他才開始引人注目。

唐太宗晚年感到佛教的許多教理確實很玄妙，對維護統治有利，所以逐漸改變早期對佛教的壓制政策；這時聽說玄奘歸來，命令宰相率領群臣遠出迎接，並在洛陽親自接見玄奘。

據說唐太宗曾勸說玄奘還俗，以共謀朝政，他大概覺得玄奘這樣的人做和尚太「屈才」了。但玄奘謝絕了唐太宗的要求，表示終生要從事譯經事業。唐太宗於是將玄奘安置在長安城南的慈恩寺，並命令在全國選取、調集碩學高僧，組成規模宏大的譯場，協助玄奘翻譯佛經。

在以後多年的時間裡，玄奘和他的助手們共譯出佛經七十四部，一千三百三十五卷，在數量上約占八百餘年全部譯經總量的四分之一，特別是大乘瑜伽行派的主要經典，幾乎全部是玄奘翻譯出來的。

玄奘西行

玄奘西行求法，往返十七年，旅程五萬里，是一位真正虔誠、博學、勇敢的人。在古代僧人中，他是兼取經、譯經、開宗立派於一人的。玄奘和他的弟子窺基開創的佛教宗派是以弘揚大乘瑜伽行派為主的法相宗；因該宗主張「萬法唯識」，因此也叫「唯識宗」；因玄奘主要住在慈恩寺，所以也稱「慈恩宗」。中國諸多的佛教宗派，大多屬於大乘空宗一系，而真正精通大乘有宗學說的只有玄奘和他建立的法相宗。

玄奘曾經把一些中國經典如《老子》翻譯成梵文，介紹到印度等國家，促進了兩國的文化交流。玄奘還將他的西行歷程記錄為《大唐西域記》一書。從這部著作中，我們可以了解到有關古代印度、西域諸國和西南亞一些國家的宗教情況、歷史文化乃至風土人情。玄奘去印度的時候，印度的佛教已經處於衰落時期，當年法顯去的時候還很興盛的地方，到玄奘再去的時候已經面目全非了，許多佛教聖地已破落不堪。比如釋迦牟尼曾在那裡說法長達二十五年的舍衛國祇樹給孤獨園，已是「都城荒頹」、「祀壞良多」。這常常讓玄奘感嘆不已，頗有到鄰居家串門的人看到主人自毀寶物的那種感覺。也許真的是佛菩薩在冥冥之中保佑著玄奘，讓他在印度佛教即將滅亡的前夕，將這些經典取回到中國來的吧！

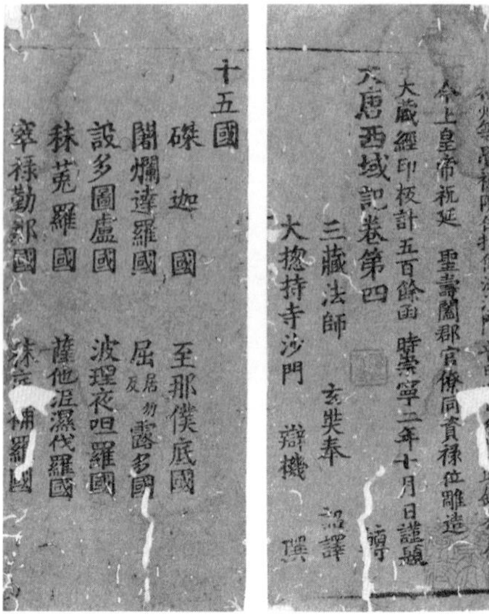
今上皇帝祝延 聖壽闔郡官僚同資祿位雕造
大藏經印板計五百餘函 時崇寧二年十月日謹題
大唐西域記卷第四
三藏法師 玄奘奉 詔譯
大總持寺沙門 辯機 撰
十五國
磔迦國 至那僕底國
闍爛達羅國 屈露多國
設多圖盧國 波理夜呾羅國
秣菟羅國 薩他泥濕伐羅國
窣祿勤那國 秣底補羅國

《大唐西域記》書影

義淨（六三五—七一三），俗姓張，齊州（山東濟南）人。他少年出家，仰慕法顯、玄奘的高風，於唐高宗咸亨二年（六七一）在廣州搭波斯商船泛海南行，經室利佛逝（今蘇門答臘），於咸亨四年到達東印度。他到各地參學，遊歷了三十餘國，在那爛陀寺住了十一年，學習佛學，兼習醫方、因明。

武則天垂拱三年（六八七），他重到室利佛逝，停留兩年，從事譯述。天授二年（六九一），他派弟子回國，帶來所譯經、論和所著的《南海寄歸內法傳》，書中有很多當時印度佛教的寶貴資料。

證聖元年（六九五），他回到洛陽，受到熱烈歡迎。他在印度旅行二十五年，往來都走海路，回國後翻譯的主要是律儀方面的經典。他寫的《大唐西域求法高僧傳》，記載了自玄奘西行回國後，到該書寫出為止的四十六年中，中國僧人西行求法的事蹟。他還編有《梵語千字文》，是中國第一部梵文字書。

義淨以後，仍有一些人到印度取經。天寶十載（七五一）有一位悟空法師，到印度犍陀羅國出家，於貞元六年（七九〇）返回長安，這是有記載的唐代西行的最後一人。

到宋代初期，朝廷派遣行勤等一百五十七人赴印求法，但並沒有大的收穫，因為此時印度佛教已經極度衰微，佛教中心早已轉移到中國了。到十二世紀伊斯蘭教勢力侵入西北印度，西行求法運動便完全終止了。

佛經是佛教教理的重要依據，從佛教傳入那時起，中國本土就興起了佛經的翻譯事業。從東漢中期佛教經典開始翻譯，直到北宋景祐四年（一〇三七）譯場正式關閉，中國的佛經翻譯事業經歷了八百餘年。這期間，翻譯經典一千三百餘部，五千餘卷，印度佛教大小乘的經、律、論三藏幾乎全部被譯成漢文，漢譯佛典成為迄今保存最完整的佛教經典系統，這也是中國人對世界文化做出的一大貢獻。

中國確切可考的第一部翻譯佛典當為東漢桓帝時期安世高翻譯的《明度五十校計經》。安世高是西域安息國太

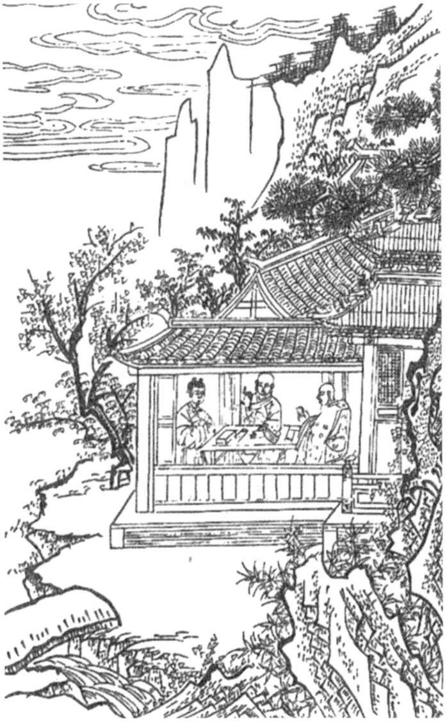
義淨譯經故事版畫

子，後來出家修行。漢桓帝建和初年（一四七）來到中國洛陽，不久即通曉漢語。當時中國雖有一批佛教信徒，但主要是奉行祭祀、祈求福德等，並不明佛法。於是安世高便開始把印度佛經譯成漢文。在二十餘年時間裡，他先後譯出《安般守意經》等三十五部經。安世高所譯的主要是小乘佛教經典，特別注重傳譯禪數之學。他的翻譯力求保存原來面貌，不喜修飾，但過於質直，有些術語也含混不清。這也是早期佛經翻譯的共同特點。

和安世高差不多同時到達洛陽譯經的月支人支讖也是中國佛經翻譯事業的先驅者，他先後譯出《道行經》、《般舟三昧經》等十四部佛經，基本上屬於大乘經典，對於大乘般若理論在漢地的傳播有開創性的貢獻。

再往後一點，最有成就的翻譯家是支謙。他的祖先也是東漢靈帝時移居中國的月氏人，但他自幼受到漢族文化影響。他在東吳黃武元年（二二二）到建興中（二五三）約三十年間，先後譯出《維摩詰經》、《大般泥洹經》、《法句經》、《阿彌陀經》、《瑞應本起經》等四十九部佛經。他的翻譯文辭比較優美，已改變此前偏於直譯的傾向，開創了中國佛經意譯的先河。

此外，三國時期的康僧鎧、康僧會等人也翻譯了不少有影響的佛經。

西晉時期的譯家則以竺法護最為有名。他是世居敦煌的月氏僑民，據說通曉西域十六種文字，曾搜集大批經典原本帶到長安。從晉武帝泰始二年（二六六）開始，先後譯出經、論一百五十九部，三百零九卷，是中國早期佛教史上譯經數量最多的人。所譯經典包括《般若》、《華嚴》、《寶積》、《法華》、《大集》等大乘經，種類繁多，為其後大乘佛教在中國的弘揚開闢了道路。

知識連結

安般守意也稱為禪數，是禪定的一種修持方法，指計算出息（呼氣）或入息（吸氣）的次數，令心攝於一境，以對治散亂，屬於小乘禪法。

東晉以後，佛教翻譯事業更是獲得很大發展，進入興盛時期。自東晉至隋代約有譯家近百人，譯出佛典千餘部，而且許多中國佛教徒也積極地加入到譯經事業中。同時，譯經的規模也越來越大。早期的翻譯，多是個人進行，最多是一兩個人合作，此後轉為多人的集體合作。這方面的首創之功當推東晉高僧道安。

道安，永嘉六年（三一二）生於常山扶柳縣，十八歲出家，長期在鄴都、襄陽一帶居住。他學識淵博，對很多大乘經典都有研究，成為一代佛學大師。在道安主持的譯場裡，出現了較周密的分工，設置了對校、正義、考正、潤文等環節，為後來國立譯場的建立奠定了基礎。道安還總結出「五失三不易」等翻譯理論，為後來的譯經工作指出了正確的道路。

康僧會求舍利版畫

此後不久，北朝姚秦時期，中國佛教史上第一位大師級翻譯家出現了，他就是鳩摩羅什。北朝苻堅建立的前秦和姚萇建立的後秦政權都崇尚佛教，他們用武力搶奪並扣留了來自西域的高僧鳩摩羅什，後來姚萇之子姚興在長安建立了譯經道場，請鳩摩羅什主持，並選出名僧慧慕、僧遷、僧睿、僧肇等五百餘人共助譯事，這是第一個國立譯場，其規模之巨大，堪稱空前絕後。這種大規模的國立譯場成為中國古代高水準翻譯事業的根本保證。

鳩摩羅什的譯經標誌著中國的譯經事業進入一個

知識連結

道安概括的翻譯「五失三不易」指出了梵文（胡）譯為漢文（秦）應特別注意的事項，主要內容為：「譯胡為秦，有五失本也。一者，胡語盡倒而使從秦，一失本也。二者，胡經尚質，秦人好文，傳可眾心，非文不合，斯二失本也。三者，胡經委悉至於歎詠，叮嚀反覆，或三或四，不嫌其煩，而今裁斥，三失本也。四者，胡有義記，正似亂辭，尋說句語，文無以異，或千五百，刈而不存，四失本也。五者，事已全成，將更傍及，反騰前辭已，乃後說而悉除，此五失本也。然般若經，三達之心覆面所演，聖必因時俗有易，而刪雅古以適今時，一不易也。愚智天隔，聖人叵階，乃欲以千歲之上微言，傳使合百王之下末俗，二不易也。阿難出經，去佛未久，尊者大迦葉令五百六通迭察迭書，今離千年而以近意量截；彼阿羅漢乃兢兢若此，此生死人而平平若此，豈將不知法者勇呼？斯三不易也。」

新的發展階段。鳩摩羅什，生於晉康帝建元元年（三四三），祖籍印度，其父移居西域的龜茲，他七歲隨母出家，兼通大小乘佛教，因學識淵博、辯才無礙而聲譽日隆。前秦建元十五年（三七九），中國僧人僧純、曇玄等遊學龜茲歸來，讚揚其地佛教的盛況，當時道安正在長安主持譯經事業，對鳩摩羅什非常仰慕，一再勸苻堅迎請這位高僧東來。建元十八年（三八二），苻堅派大將呂光領兵七萬攻打龜茲，叮囑他攻下龜茲時，將鳩摩羅什帶回國。後來呂光攻破龜茲，帶著鳩摩羅什歸來途中，在涼州傳來苻堅被姚萇殺死的消息，於是就在涼州自立為帝，並扣留鳩摩羅什不放。直到十七年之後，姚興出兵攻下涼州，又得到鳩摩羅什，此時他已五十八歲。鳩摩羅什的事蹟頗能說明，當時一些崇奉佛教者，為了獲得鳩摩羅什這樣的高級人才，竟然不惜興兵討伐，這也是早期佛教史上一段有意思的往事。

姚興對鳩摩羅什十分敬重，奉為國師，請住長安逍遙園的西明閣，開始譯經。在眾多僧人的參與下，用了八年的時間，譯出《大品般若經》、《法華經》、《維摩詰經》、《阿彌陀經》、《金剛經》等大乘經典，又譯出《中論》、《百論》、《十二門論》、《大智度論》、《成實論》等論典，共九十八部，四百二十五卷，這些經典系統地介紹了大乘中觀學派（空宗）的學說。大乘空宗是中國佛教影響最大的一系，因此鳩摩羅什翻譯的經典對中國佛教各

鳩摩羅什

知識連結

早期的佛經翻譯，有一個很重要的現象，稱為「格義」，即借用一些中國已有的術語來翻譯佛教概念，比如用「無」翻譯「空」，用「無為」翻譯「涅槃」等。從翻譯角度看，這樣的翻譯可能不那麼準確，容易造成對佛教教義的歪曲。後來的佛經翻譯逐漸改變了這種現象。

宗派的影響也很大，至今人們讀誦最多的，可能就是鳩摩羅什翻譯的經典。

鳩摩羅什在翻譯文體上改變了過去樸拙的譯風，主要採用意譯的方法，使中國的誦習者易於接受和理解。他的譯籍在力求不失原意的前提下，更注意保存原本的語趣。他兼擅梵語、華語兩種語言，同時對文學還有高度的欣賞力和表達力，因而他的譯經華美流暢，讀起來有一種特殊的美感。以鳩摩羅什譯經為代表的這種華梵結合、韻散結合、雅俗共賞的文體，稱之為「譯經體」，它對其後中國語文的發展產生了一定影響，是文體史上的一個成就。

南北朝時期，除鳩摩羅什之外，還有一批成就較高的翻譯家，如曇無讖、佛馱跋陀羅、真諦、彥琮等等。這一時期的特點是，翻譯者以外來僧人居多。

中國佛經翻譯事業真正成熟起來是進入唐朝後，其標誌是由精通教義、通曉梵漢語言的中國僧人擔任主譯。同時，翻譯制度也更為完善。這裡具體介紹一下玄奘的譯經。

玄奘翻譯的主要是大乘瑜伽行派的經典，這些經典為中國唯識宗的建立奠定了基礎。但是他也翻譯了大乘中觀學派的經典，這就是中觀學派最重要的《大般若經》，此經一共六百卷，是所有佛教經典中部頭最大的一部，玄奘在其生命的最後四年全力翻譯出這部經典。此外，中觀學派有一部號稱最小的經典《般若波羅蜜多心經》，只有兩百六十個字。此經有多種譯本，但是最流行的也是玄奘的譯本。由此可見，玄奘在佛學上並不偏頗，他是以很嚴格的學術眼光看待佛經，力求將瑜伽行派與中觀學派結合起來，調和大乘佛教的「空」、「有」之爭。他在譯經時特別注意各家

大智度論

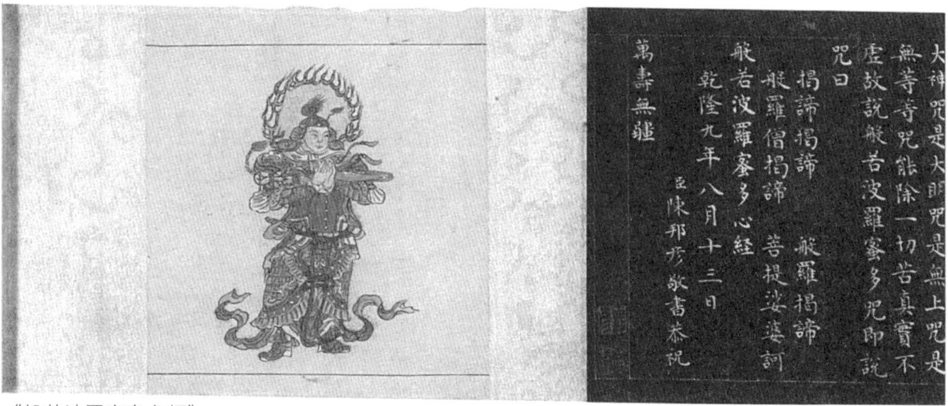

《般若波羅蜜多心經》

知識連結

人們一般將中國佛教翻譯史分為三個階段，以兩個人物為標誌。將鳩摩羅什之前的翻譯稱為「古譯」，將鳩摩羅什至玄奘之間的翻譯稱為「舊譯」，將玄奘及其後的翻譯稱為「新譯」。

學說的來龍去脈，力求做出完整介紹，人們可以從他的譯籍裡了解到當時印度佛學的全貌。玄奘譯經態度謹嚴，著筆審慎，以精覈著稱，這一點不同於鳩摩羅什的翻譯。正如現代學者所評價的：玄奘的翻譯對原文忠實，讀起來又不彆扭，兩者兼顧，達到了登峰造極的地步，開創了中國佛教翻譯史上被稱為「新譯」的一個新階段。

唐代重要的翻譯家除玄奘之外，不空、實叉難陀、菩提流支、義淨等人的影響也很大，其中，實叉難陀新譯出的八十卷本《大方廣佛華嚴經》成為開創中國華嚴宗的主要經典。不空翻譯的主要是《金剛頂經》等密教經典。菩提流支翻譯的《大寶積經》一百二十卷，也是一部部頭相當大的經典。義淨則主要翻譯了律藏的幾部重要

玄奘譯經圖

經典，為中國僧團戒律的實行和律宗的建立提供了依據。

鳩摩羅什之後的佛經翻譯，在組織機構上相當嚴格，特別到了唐代，可以說已經非常科學，現代的翻譯恐怕都難以做到這個程度。

根據一些佛教史書記載，當時的翻譯程序包括：

一、譯主，即譯場主持人，在譯經時手執梵本，坐於譯場的中間正位，面朝外，口宣梵語，大聲宣讀。

二、證義，又稱證梵義，譯經時坐在譯主的左面，與譯主評量已譯出的梵文意義與梵文經卷原文有何不同，以便酌量修正，不使發生理解上的錯誤。

三、證文，亦稱證梵本，譯經時坐在譯主的右面，聽譯主高聲誦讀梵文，以檢驗誦讀時是否有差錯。

四、書字，又稱度語，係根據梵文原本寫成漢文，但仍是梵音。

五、筆受，又稱執筆，即翻譯梵音為漢語。

六、綴文，又稱次文，負責調理文辭，把梵文的倒裝句等重新組織成符合漢語習慣的句子，使成句義。

七、參譯，又稱證譯，參核漢梵兩種文字，使之完全相合，不出語意上的錯誤。

八、刊定，又叫校勘、銓定等，刊削冗長、重複的句子使之簡練等等。

九、潤文，又名潤色，位於譯主的對面，負責潤色文辭。

十、梵唄，用高聲念經的調子將新譯的經唱誦一遍，以檢驗是否順口順耳、美妙動聽。

由此可見，當時的佛典翻譯是多麼認真！一部經典的翻譯成功是多人合作的結果，其「譯主」僅僅是一個組織者而已，相當於現在的「主編」。特別值得一提的是，第五道程序「筆受」是將梵語翻譯成漢語，這是相當關鍵的一個環節，其承擔者往往由一些漢語水準較高的文人擔當，比如謝靈運就擔任過《大般涅槃經》翻譯時的「筆受」，另一部被公認為文辭優美的經典《首楞嚴經》的「筆受」者為唐初著名文人房融。應該說，這些文人的加入，使得佛經的翻譯更為準確和生動了。

不空和尚碑

知識連結

《首楞嚴經》全稱《大佛頂如來蜜因修證了義諸菩薩萬行首楞嚴經》，主要講述的是如何獲得「首楞嚴三昧」的種種途徑，後人稱它是「宗教司南，性相總要，一代法門之精髓，成佛作祖之正印」，對中國禪宗發展的影響非常深遠。它文辭優美典雅，義理深邃，通常認為，這是翻譯這部經典時「筆受」者乃唐代著名崇佛文人房融的緣故。宋代之後，它也成為士大夫學佛者最喜歡讀的佛經之一。

無盡妙藏：大藏經與佛教文獻

佛教在傳入中國前，在印度有過四次三藏的結集，但內容都屬於小乘佛教。在大乘佛教產生後，主要經典都傳入中國並譯為漢文，總數達五千餘卷。如此龐大的經典集合，如果沒有一定的分類和整理，是很難閱讀和保存的。

在南北朝時期，中國的佛教界即開始為已經翻譯過來的佛教編輯目錄，並將這些集合在一起的佛教經典稱為「大藏經」，又稱「一切經」，也就是全部的佛經。從西元十世紀開始，佛教在印度開始衰落，到十二世紀基本消亡。佛教的原始經典，即所謂梵文經典，大部分都滅絕了。而佛教大部分典籍被翻譯成漢文，而且保存完好，同時，又從中國傳入日本、韓國等國家，形成佛教經典中最有系統、完整的一支，即漢傳佛教經典。

大藏經不僅僅是佛教的主要經典，同時在哲學、天文、醫學、雕刻、藝術、翻譯、旅遊等方面，保存有豐富的資料，是一份寶貴的文化遺產。現存最古的三藏目錄和譯經文獻是梁朝時釋僧祐（四四五—五一八）所撰《出三藏記集》十五卷，除保留當時翻譯的佛經目錄外，還保存了很多原始史料，如經典的序文、跋、記等等，有些文獻相當珍貴。

對後代影響最大的佛典目錄是唐代釋智升於開元十八年（七三一）撰寫的《開元釋教錄》二十卷，這部目錄補充了《出三藏記集》之後新譯出的大量佛典，同時提出了一種佛典分類方法，一直為後世所採用，直到日本人編撰《大正藏》才改變了這種分類方式。《開元釋教錄》共著錄一〇七六部、五〇四八卷經典。我們知道，中國佛教經典的漢譯，到唐代中期之後，已經很少了，因此《開元釋教錄》開列的這個目錄基本上囊括了中國翻譯經典的大部分內容，為其後編刻大藏經提供了依據，打下了基礎。

當時除了這些目錄之外，也有手寫本的大藏經，但都沒有保存下來。另外，從北魏起開始在石頭上刻經，稱為「石經」，這些「石經」更容易保存下來，其中以隋代開始刻的房山石經最為完整和寶貴。

木版刻經，也是從唐代就開始了，但當時尚不具備將大藏經全部刊刻的條件。首次刊刻全部大藏經，開始於北宋

知識連結

世界上現存最早的雕版印刷書籍，是唐代咸通年間（八六〇—八七三）所刻的一部《金剛經》，現藏於大英博物館。從目前發現的早期雕版印刷品看，大多是佛經，從某種意義上說，中國人發明雕版印刷術，最初的目的就是為了適應佛教典籍流傳的需要。

開寶年間，這部大藏經被稱為《開寶藏》。它正是以《開元釋教錄》的經目為依據，刊刻了五〇四八卷三藏經典。可惜的是，這第一部木版雕刻的大藏經沒能流傳下來，目前只有少量的殘卷、殘頁可以讓我們一窺它的面貌。

其後，經過金、元、明、清幾個朝代，在一千多年的時間中，先後共有二十二個刻本大藏經誕生。如此眾多的大藏經的刊刻，充分說明中國人對於佛教經典的重視，這些佛經也成為中國文化的重要典籍之一。

特別要關注的是，中國佛教徒不僅僅是翻譯經典，他們還對這些佛教經典做出各種注釋、疏解等等，目錄的編輯也不只是列一個書單，而是盡量匯集大量相關資料，並加以解說，這一點對中國目錄學的發展也有促進意義。

可以說，中國古典文獻學、訓詁學所具有的各種形式，在佛教中幾乎都有，其中有些最早的來源還是佛教，其後才應用到其他學術領域中的，比如「正義」這種形式，主要不是對經典注解字句，而是闡發其義理，同時將已有的各

知識連結

房山石經是中國現存規模最大的石刻佛經，存於北京房山雲居寺石經山。由隋代僧人靜琬發起刻造，歷經隋、唐、遼、金、明五個朝代，前後達千餘年才完成。據挖掘統計，房山石經計有大小經版一萬五千餘塊，所刻佛經約一千餘部，三千四百多卷。這些石經保留了早期佛經的面貌，絕大部分石經鏤刻技術精湛，書法秀麗，不僅是有價值的佛教文物，也是中國書法與雕刻的精品，具有極為珍貴的史料價值。目前房山石經已整理成冊，出版發行。

房山石經

家學說進行會通，這是起源於佛教的。唐代孔穎達主編了《五經正義》，對儒家經典也採用「正義」的方式，這便是儒家對佛教的借鑑。

又如，佛教理論家特別重視對經典題目的解釋，往往一個題目就用動輒上萬字的篇幅進行闡發，借此概括全經義理，這種方式稱為「開題」。今日博士論文、碩士論文，在正式寫作前也有一個「開題」的過程，這種方式也與佛教經典解釋的傳統有關。

可見，佛學的研究確實對中國學術、思想文化的發展起到很大的作用。在後代編輯的大藏經中，也收錄了很多中國佛教人士撰寫的著作，他們對於研究中國人的佛教思想、觀念具有重要的價值。

以下對現存的主要大藏經做一些介紹：

我國現存最早的基本完整的一部大藏經是《趙城金藏》，是一九三三年首次在山西趙城縣霍山廣勝寺發現的。它是金朝佛教信徒私人募捐雕刻的一部藏經，大約從金皇統九年（一一四九）在山西解州（今山西運城）天寧寺開始雕刻，到金大定十三年（一一七三）完工。它是北宋《開寶藏》的複刻本，因此在《開寶藏》已失傳的情況下，《趙城金藏》是最能代表我國早期刻本大藏經的風貌的。但現存的《趙城金藏》並非金代刻本，而是元代中統二年（一二六一）的補雕印本，共計四九五七卷，以後又陸續發現一些殘卷，合計有五一〇〇餘卷。抗日戰爭期間，日本侵略軍曾向廣勝寺發動進攻，企圖劫走這部《趙城金藏》。當時駐在山西的八路軍派出部隊進行保護，並將藏經轉移到一個山洞中保存。由於洞內潮濕，不少卷冊遭到毀損。建國後經過十多年的細心修補，終於恢復了原貌。

二十世紀八〇年代開始，我國開始編輯出版最新版的大藏經——《中華大藏經》，其主要底本就是《趙城金藏》，此外，還參考了房山石經等古代珍貴文獻，基本上彙集了我國佛教藏經中的一些寶貴版本。

此外，宋代著名的藏經還有在福建刊刻的開元寺版、在平江刊刻的磧砂藏版，元代則有普寧寺藏等。

明代永樂年間刻印了兩部大藏經，分為《南藏》和《北藏》。其中《南藏》是永樂初年在南京開始刊刻的，經卷增加到一六一〇部、六三三一卷。明朝首都遷到北京以後，永樂十九年（一四二一）又在北京雕造了《永樂北藏》，到正統五年（一四四〇）才完成，收錄經卷為一六二一部、六三六一卷。《永樂北藏》是由國家組織刊刻的，稱為「官刻本」，不同於《趙城金藏》那樣的「私刻本」。《永樂北藏》保存得非常完好，近年出版了影印本。

到了明朝嘉靖、萬曆年間，又出了一種著名的私刻版大藏經，稱之為《嘉興藏》。《嘉興藏》是由明代後期一批著名的佛教人士集資刊刻的，萬曆十七年（一五九〇）開始在山西五臺山雕版，後來又轉移到南方的嘉興、吳江等地，最後在嘉興的楞嚴寺完成，分《正藏》、《續藏》和《又續藏》三個部分。到清代後又繼續修訂，共計收錄二〇九〇部、一二六〇〇餘卷，是古代編輯的大藏經中數量最多的一部，主要是加入了中國佛教界的很多新著述以及禪宗語錄等。《嘉興藏》另一個重要的特點是使用了線裝書冊式，如同我們今天看到的那些線裝書一樣，這樣更方便閱讀，也更符合中國人的閱讀習慣，而此前的佛教大藏經多是採用摺裝式的制式。

清代也編撰了一部有名的大藏經，叫《乾隆藏》，也簡稱《龍藏》。這個大藏經是雍正十三年（一七三六）開始編輯的，到乾隆三年（一七三九）時完成。它是以明代的《永樂北藏》為底本，有所增減，共收錄一六六二部、七一六八卷。

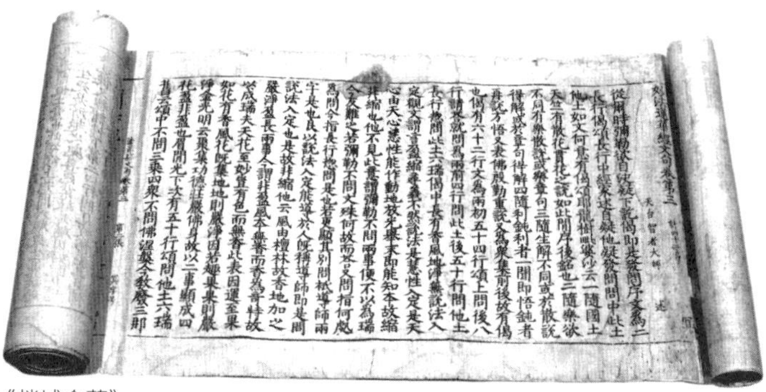

《趙城金藏》

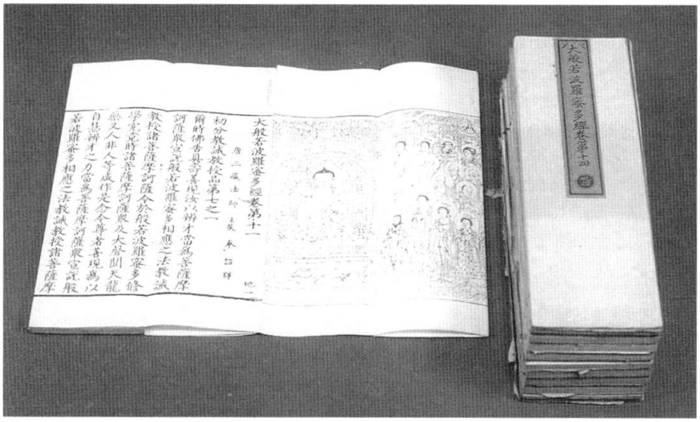

《北藏》

《嘉興藏》

《龍藏》

除中國刊刻的這些大藏經外，日本、韓國等漢傳佛教國家也刊刻了一些重要的藏經，其中韓國的《高麗藏》尤其珍貴。它也是根據北宋的《開寶藏》複刻的，於一〇二五年完工，稱為《高麗藏初雕本》。一〇九〇年又根據一些新出的目錄進行校勘，雕刻了《高麗續藏經》四千餘卷。《續藏經》和《初雕本》一同藏於高麗的符仁寺，可惜的是，一二三二年全部毀於蒙古入侵高麗的戰火。到了一二三六年，又開始重新雕刻，目前流傳

知識連結

摺裝式是一種書籍裝訂形式，又叫貝葉裝或梵夾裝。因印度自古不使用紙張，其經典是抄寫在樹葉上的，寫好後，在樹葉中間燙一個孔洞，用繩穿好訂成一冊，稱為「貝多羅」，簡稱「貝葉裝」。中國佛教印製佛經開始也採用這種形式，紙張是摺疊串連在一起的，稱為「梵夾」，故在一般文獻中提到「貝葉」、「梵夾」，都是指佛經，如唐代戎昱〈送僧法和〉詩：「問經翻貝葉，論法指蓮花。」歐陽炯《貫休應夢羅漢畫歌》：「繩開梵夾兩三片，線補衲衣千萬行。」

下來的《高麗藏》就是這次雕刻的版本。《高麗藏》的校對很精細，錯誤很少，應該說是在所有流傳下來的大藏經中版本最好的一部。

後來，日本人在大正年間（一九一二—一九二五）以《高麗藏》為主要底本，重新編輯了一部大藏經，叫做《大正藏》。這部經收錄了中國著述和日本著述，其中中國著述為二二六七部、九〇四一卷。這部藏經因為編輯得較晚，總結了此前各種大藏經編輯的得失，並且採用了新的佛經分類法，比較方便現代人使用，因而是目前大家使用得最廣泛的一部大藏經。這些大藏經收錄的著作大部分是中文，其基礎都來自宋代編輯的《開寶藏》。

就佛經來說，大約可以分為八大類經典，每一類經典都有其重點所在，在整個佛教體系中都有其地位，形成一個完整的系統。這八類分別是：

1. 阿含經典：了解佛教的基本教義；
2. 般若經典：了解佛教談空說妙、破迷斥妄之玄義；
3. 法華經典：了解佛教度生方便及眾生成佛之玄義；
4. 華嚴經典：了解佛的宏大境界與宇宙圓滿的實相；
5. 涅槃經典：了解佛教不生不滅的涅槃思想和修禪境界；
6. 唯識經典：了解佛教轉識成智、萬法唯心之玄義；
7. 淨土經典：了解佛教淨土之意，生起捨去穢土、求取淨土的信念；
8. 密宗經典：了解佛教的儀規、陀羅尼等。

道宣像

在中國佛教的諸多著述中，有幾類作品很重要，應該有所了解。

首先是論辯性文集。代表性著作是梁朝僧祐編的《弘明集》十四卷，選錄了漢末至梁代共一百二十餘人的佛教論著一八三篇。唐代道宣編了《廣弘明集》三十卷，是《弘明集》的續編，收錄《弘明集》之後出現的佛教論著兩百餘篇。有意思的是，這兩部書除了收入佛教的「護法」作品外，也收錄了不少反對佛教的論著，比如范縝的《神滅論》等也收錄在內，從中可以看到當時雙方論戰的真實情況，也反映了佛教思想上比較開放的論辯觀念。

其次是傳記作品。其中最重要的是僧人傳記，代表作有梁朝慧皎編撰的《高僧傳》十四卷，採用中國傳統的傳記體形式，記載了從東漢至梁代共二五七人的事蹟。唐代道宣編撰了《續高僧傳》三十卷，是繼慧皎的《高僧傳》而作的，收入梁末至唐初共四九八人的事蹟。宋代贊寧編撰了《宋高僧傳》三十卷，收錄自唐高宗時至宋初共五三一人的事蹟。這三部《高僧傳》基本囊括了我國佛教最興盛時期的眾多僧人傳記，從中可以看到這一時期佛教史發展的概況。梁代寶唱編撰的《比丘尼傳》，記載了一些中國出家女尼的事蹟。唐宋之後，佛門居士的地位上升，出現了很多著名居士，清代彭紹升編撰的《居士傳》五十六卷，記錄了歷史上一些著名居士的言行。彭際清還編撰了一本《善女人傳》，專門收錄信仰佛教的在家女性事蹟，共計五十八人。這些傳記作品，基本上將佛教的「四眾」事蹟收羅全面了。

另外還有一種專門記述禪宗師弟子傳法事蹟的傳記，稱為《傳燈錄》，其含義是借燈的火種相傳來表示禪宗法脈的流傳，可以視為禪宗宗派史。早期禪宗燈錄作品流傳下來的是《祖堂集》十五卷，五代時期靜、筠二禪師編撰，保存了禪宗史一些最早的完整文獻。此書在中國一直失傳，直到近代才在韓國發現，重新引起佛教界的重視。歷史上最有名的燈錄作品是宋代道原編撰的《景德傳燈錄》三十卷，記載了一七〇一名禪師的事蹟，裡面多是有關這些禪師的語錄、公案、讚頌、詩文等，這部燈錄在後代影響很大，成為文人士大夫階層最喜愛閱讀的著作之一。《景德傳燈錄》之後，宋人又編撰了《天聖廣燈錄》、《建中靖國續燈錄》、《聯燈會要》、《嘉泰普燈錄》等禪宗燈錄，其中內容多有重複之處。南宋時釋普濟將上述五部燈錄作品刪繁就簡，合五燈為一，編成一本《五燈會元》，因簡明扼要，所以流通很廣。

第三是佛教史書和類書。著名的佛教史書有南宋釋志磐編撰的《佛祖統紀》四十五卷，這是一部以天臺宗為中心的佛教史書，仿照中國正史的體例，分為本紀、世家、列傳、表、志等，書中採集了很多史料，可以視為一部資料翔實的佛家《史記》。編年的體裁也應用到佛教史書中，元代釋念常編撰了一部《佛祖歷代通載》二十二卷，以禪宗為正統，用編年的形式記載自佛教傳入至元代元統元年的史實。此外，元代釋覺岸的《釋氏稽古略》四卷，明代幻輪的

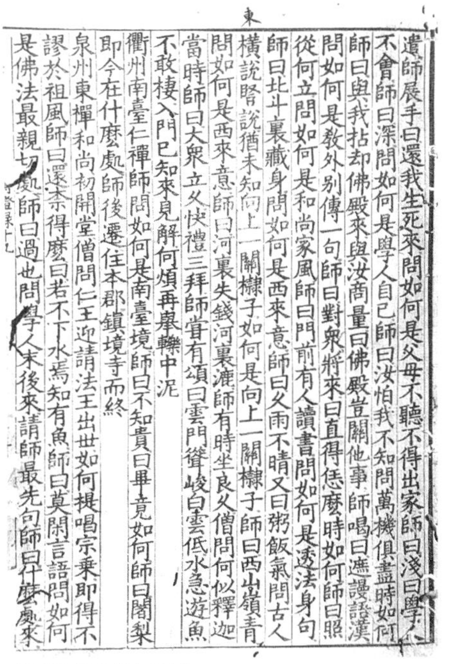
遺師展手曰還我生死來問如何是父母不聽不得出家師曰淺曰學人
不會師曰深問如何是學人自己師曰汝怕我不知問萬機俱盡時如何
師曰與我拈却佛殿來與汝商量曰佛殿豈關他事師喝曰這謾語漢
問如何是教外別傳一句師曰對衆將來曰直得恁麼時如何師曰照
從何立問如何是和尚家風師曰門前有人讀書問如何是透法身句
師曰北斗裏藏身問如何是西來意師曰久雨不晴又曰粥飯氣問古人
橫說豎說猶未知向上一關棙子如何是向上一關棙子師曰西山嶺青
問如何是西來意師曰河裏失錢河裏漉師有時坐良久僧問何似釋迦
當時師曰大衆立久快禮三拜師嘗有頌曰雲門聳峻白雲低水急遊魚
不敢棲入門已知來見解何煩再舉轢中泥
衢州南臺仁禪師問如何是南臺境師曰不知貴曰畢竟如何師曰闍梨
即今在什麼處師後遷住本郡鎮境寺而終
泉州東禪和尚初開堂僧問仁王迎請法王出世如何提唱宗乘即得不
謬於祖風師曰還奈得麼曰若不下水焉知有魚師曰莫閑言語問如何
是佛法最親切處師曰過也問學人末後來請師最先句師曰什麼處來

《景德傳燈錄》書影

《稽古略續集》三卷等都是比較有名的佛教史書。如果說《佛祖歷代通載》類似於《資治通鑑》的話，後面兩部史書則類似於朱熹的《綱鑑易知錄》，可見中國傳統史傳著作的幾種主要形式都運用到佛教中了。這些佛教內部編撰的史書，彙集了很多中國佛教史的原始資料，從一個個側面反映了中國佛教發展的歷程。

佛教類書，顧名思義是分門別類地採集佛教原典，編排在一起，以利於初學者閱讀或者查閱某些專題。最有名的佛教類書是唐代釋道世編撰的《法苑珠林》一百卷。此書廣採佛家故實，分門別類，資料相當豐富，讀此一書，相當於讀了一部縮編的大藏經。這部類書還引用了很多感應故事，其中一些被後代視為小說，並成為其最原始的出處，有較高史料價值。

第四章

宗派繁盛：中國佛教的主要宗派和思想

藥師佛

開宗立派：從學派到宗派

南北朝時期，隨著大乘佛典大量輸入中國，出現了以譯經集團為核心而形成的佛教「義學」學派，這些學派通常以研究某一部經典著名，對佛教義理有其獨特的理解與發揮，形成「問學有多門，是處聞師說」的繁榮局面。這些學者被稱為「師」，他們的學問被稱為「師說」，主要有三論學、涅槃學、成實學、攝論學、毘曇學、地論學、律學和禪學等。這些學派是隋唐之後佛教宗派的濫觴，他們探討的很多佛學問題為其後佛教的發展做了比較充分的思想準備。

三論學的開創者是鳩摩羅什，其所依據的經典就是他主持翻譯的《中論》、《百論》和《十二門論》。當時的佛教譯場，同時還是一個教學機構、研究機構，主譯者就是導師，其門下有幾百名甚至上千名學徒，逐漸形成某個學派。鳩摩羅什的弟子僧肇、僧睿等都是三論學的大師，僧肇所作的《肇論》四篇，是中國三論學的重要著作，文筆優

知識連結

僧肇所著《肇論》共由四篇構成，分別為：〈宗本義〉：闡述本無、實相、法性、性空、緣會等佛教概念，認為只有把「性空」看作是「諸法實相」，才是「正觀」。〈物不遷論〉：此論主要針對「生死交謝，寒暑迭遷，有物流動」的「常情」，即常人將萬物看作是遷徙變易，不斷變化的樸素觀點而作，認為：事物本無「來」，亦無「去」，表面上看事物在運動，實際上並沒有運動。〈不真空論〉：指出「萬物之自虛，不假虛而虛物」，並非離開具體的事物，另有一個無、一個空，然後憑藉這個無、空去否定萬物。〈般若無知論〉：認為般若所要認識的是反映事物本體、實質的「真諦」，「真諦自無相」，也就不可能產生「知」。只有無所知，才能無所不知。

鳩摩羅什像

美，結構嚴整，深寓哲理，具有很強的思辨性，代表了當時中國大乘空宗的最高哲學論辯水準。

此外，僧朗、僧詮、法朗等都是這一學派的重要人物。由於對真諦、俗諦和中道的解釋不同，他們的看法各有差別，最後到隋代吉藏（五四九—六二三）那裡，將二諦、中道和涅槃佛性相結合，歸為一統，創立了三論宗。

涅槃學也是此時影響很大的學派，他們所推崇的是大乘佛教的《涅槃經》。《涅槃經》論述的核心問題是佛身常住不滅，涅槃常樂我淨，一切眾生悉有佛性、一闡提人可以成佛等大乘佛教的重要思想。

「一闡提」是梵語icchantika的音譯，意思是「斷善根」，也就是沒有一點善根，如不信因果、不信業報、無有慚愧等皆屬於一闡提的表現。按照小乘佛教某些派別的觀點，一闡提人是永遠也成不了佛的。據說晉宋之交時有一位道生法師，他根據自己的理解，堅決主張

知識連結

《大般涅槃經》是對中國佛教影響很大的一部經典。其中四十卷本為北涼曇無讖譯，共有十七品。這部經傳到南方劉宋後，由慧嚴、慧觀、謝靈運等人參考了法顯所譯的六卷本《大般泥洹經》，重新修訂而成為三十六卷二十五品的《大般涅槃經》，稱之為「南本涅槃經」，曇無讖翻譯的那個經本則稱為「北本涅槃經」。此外，法顯還翻譯過一種三卷本的《方等泥洹經》，佛陀耶舍、竺佛念翻譯的《長阿含經》中的第二經《遊行經》等屬於小乘佛教的《涅槃經》。大乘《涅槃經》和小乘《涅槃經》內容上有很大不同。

虎丘生公說法臺

「一闡提可以成佛」，當時引起很大轟動，很多人認為道生的說法違背了佛教。傳說當時無人聽道生說法，道生只好一個人對著石頭講說佛法，說得石頭都點頭，成語「頑石點頭」就是這麼來的。今日南京虎丘山尚有「生公說法臺」和「點頭石」的遺跡。後來曇無讖翻譯的《大般涅槃經》傳到南方，裡面果然明確地說「一闡提可以成佛」，大家這才相信道生的說法。道生並沒有讀過《涅槃經》，但他的思想卻與佛經不謀而合，這成為佛性平等的生動例子。這種人人有佛性、個個能成佛的主張，非常適合中國人的口味，中國人所謂的「大乘氣象」，在這裡充分表現出來。

宋人成實論冊

成實學推崇中印度訶梨跋摩所著的《成實論》，這部論也是鳩摩羅什翻譯的。此論特別否定「心性本淨」的大乘觀點，而主張善性惡性都是後天形成的，有人認為這種觀點屬於「小乘佛教」，但它與三論學一樣，也崇尚二諦和中道思想，因此很多三論師如曇影、僧睿、僧導等都研究《成實論》。成實學主張法無自性說，比如木頭沒有火性，要因緣和合才能生出火來；一般人認為木中既然沒有火性，火必定是從外而來了，三論學認為這種看法也不對，指出火不在木內，不在木外，也不在中間；不從內出，不從外來，也不從中間出，總之，任何法的「自性」都是找不到的。宗派佛教產生後，成實學或者歸入了三論宗，或者歸入了唯識宗一系。

攝論學以傳習、弘揚《攝大乘論》（簡稱《攝論》）而得名，其學者稱攝論師，代表人物是梁朝的真諦。在唐代唯識宗形成後，攝論學被納入唯識學。

毘曇即梵文「論」的意思，但南北朝時期的毘曇學特指小乘論典，「三論」等大乘論典是不包括在內的。當時，除了弘揚大乘佛教之外，道安等人也組織譯出大量小乘論典，慧遠在廬山請僧伽提婆重譯了《阿毘曇心論》和《三法度論》等，毘曇學開始在南北流傳開來。《阿毘曇心論》屬於小乘「說一切有部」經典，主張「諸法離他性，各自住己性，故說一切法，自性之所攝」。意思是萬物自性不變而現象虛妄。

當時，慧遠和鳩摩羅什互相通信討論佛法，他們之間的分歧就在於此。鳩摩羅什主張不但現象，連自性也是虛妄的，一切皆空。慧遠卻抓住自性不放，認為自性不空，比如說木有火性、水有濕性、地有堅性，物種不滅，三世實有，不可更改，隨緣而現；所以身死神不滅，因果輪迴，業報不失，命有定數。鳩摩羅什的看法屬於「正宗」的大乘空宗，其思想多為後來的知識階層——士大夫所欣賞。慧遠的看法更多地融入了中國人的某些觀念，其思想更容易被老百姓所接受。早期的這些佛學問題的討論，對後來中國佛教的發展是有著很大影響的。

所謂「地論」是指《十地經論》，由北魏時僧人菩提流支譯出，據說是印度瑜伽行派宗師世親對《十地經》的解釋。《十地經》即是後來流行的《華嚴經》的一部分，相當於《華嚴經》的〈十地品〉，當時《華嚴經》還沒有全部翻譯出來，但有關「十地」的內容已流傳到中國。「十地」講的是菩薩修行要經過的十個等級，最後達到佛位，也就是成佛，地論學也是中國早期對瑜伽行派接受的成果。

地論學又分為南北兩派，主要圍繞著成佛而引出的一系列問題爭論不休，思想分歧很大。比如：人本來有佛性嗎？心性本淨嗎？人人的佛性都完全一樣嗎？眾生的佛性和如來的佛性是一樣的嗎？等等。我們前面介紹過，唐代時玄奘之所以下決心去印度取經，就是感到中國人沒能看到瑜伽行派的主要經典，往往疑惑不定、爭論不休。此外，這一時期形成的攝論學是以印度無著的《攝大乘論》為主要經典，也屬於瑜伽行派學說在中國的早期弘傳。宗派佛教建立後，地論學和攝論學或歸入華嚴宗，或歸入唯識宗。但早期中國僧人們的那些探討並非沒有意義，他們表現出中國

知識連結

寒山詩：「常聞釋迦佛，先受然燈記。然燈與釋迦，只論前後智。前後體非殊，異中無有異。一佛一切佛，心是如來地。」

《十誦律》書影

僧人對佛法探求的精神以及佛教如何適應中國文化的背景等，都是很有價值的。

律學，顧名思義是研究經、律、論三藏中的戒律的。戒律也分為大、小乘。釋迦牟尼在印度時，根據當時具體情況隨時制定和修訂戒律。臨涅槃時，囑咐弟子們今後以戒為師，等於佛陀在世，可見戒律在佛門中是非常重要的。北魏的慧光（四六八—五三七）是北朝律學大師，被後人奉為律宗的先祖，但在南北朝時期還只有律學，沒有形成律宗。流行我國的小乘戒律有《十誦律》、《四分律》、《摩訶僧祇律》等；大乘戒律則有《梵網經》、《菩薩戒本》、《優婆塞經》等。小乘律有戒殺、盜、淫、妄語、酒等最重要的戒律，其他如行、住、坐、臥，乃至上廁所、吐痰等日常生活，皆有戒律，無所不備，這一點與儒家完備的禮法禮儀相映成趣，且更為嚴格。大乘戒律更強調動機的純正和願望的宏大，認為心的約束比形的約束更為重要，也更為艱難。在教義上堅持大乘佛教思想，但在戒律上卻基本執行小乘戒律，這是中國佛教一個很重要的特點，顯示了中國佛教特有的靈活性和包容性。

梵語dhyāna的漢語音譯為「禪那」，簡稱為「禪」，意譯為「靜慮」，是「繫心於一境，正審思慮」的意思。它本是印度宗教中非常重要的一種修煉方式，也就是瑜伽，一般稱之為「禪定」，是很恰當的。禪在佛教產生之前就有，佛教產生後將其納入自己的理論體系，成為「戒、定、慧」三學中「定學」的基礎。早期傳入中國的禪法多屬於小乘禪，如東漢時安世高翻譯的《大安般守意經》、《禪行法想經》、《大十二門經》、《小十二門經》、《禪法經》、《禪定方便次第法經》、《禪行三十七品經》；支謙譯出的《修行方便經》、《禪秘要經》；三國時康僧會譯出的《坐禪經》；西晉時竺法護譯出的《法觀經》、《修行道地經》等，都屬於這種禪法，這是當時習禪的主流。

從鳩摩羅什開始翻譯大乘禪學經典，其中以求那跋陀羅最為突出。他在寶雲、慧觀兩位中國僧人的幫助下，在劉宋元嘉二十年（四四四）左右譯出四卷本《楞伽經》，這部經典受到從印度來到中國的菩提達摩（又稱「菩提達磨」）的推崇，將它作為禪修的重要經典，對後來中國禪宗的建立影響很大。

《楞伽經》其實不是專講禪法的書，但是涉及禪法的一些問題。在四卷本的卷二中，將禪分為四種：第一叫「愚夫所行」，指的是小乘禪法，它的修法是「觀人無我」，也就是將「我」觀空；第二叫「觀察義」，指的是大乘禪，修法是「觀法無我」，也就是將「法」也觀空；第三叫「攀緣如」，指的是突破前兩種禪只觀「我」、「法」為空的消極方式，從積極方面來觀「諸法實相」；第四種叫「如來禪」，意思是「自覺智境」，透過禪修獲得佛的內證境界。

《楞伽經變》局部

《楞伽經》所講的這種禪法，與此前在中國傳播的小乘禪確實有很大區別，在大乘禪看來，小乘禪只是禪修最初級的階段，而且稱之為「愚夫所行」。達摩所傳的這種大乘禪法後來就被稱為「如來禪」。不過，這時禪宗並沒有真正形成，還屬於「禪學」階段；禪宗真正形成後的禪被稱為「祖師

知識連結

中國宗法制度中有所謂「五宗」，是指始祖為大宗，高祖、曾祖、祖、父為小宗，大宗一、小宗四，合稱為五宗。中國佛教宗派也基本採用這樣一種制度而形成其傳承譜系，宗師之間的代際關係有如父子相傳。

禪」，也就是禪宗六祖慧能（惠能）所開創的禪法。

以上介紹的這些佛教學派在中國佛教的發展上有著重要意義，它們為後來佛教宗派的形成奠定了思想基礎，很多宗派就是由某些學派演變而來的。但這一時期的佛教學派還不能稱為「宗派」，因為二者有著本質的不同。

首先，佛教宗派的形成與寺院經濟的發展有密切關係。隋唐時期寺院經濟有很大發展，僧侶地主階層逐漸形成。大的寺院構成了佛教的經濟中心，經濟利益的傳承是佛教宗派建立宗法式傳承關係的重要原因。例如第一個佛教宗派天臺宗的活動中心在天臺山國清寺，那裡有朝廷所賜的以及施主貢獻的大量土地。有的宗派傳承短暫，如唯識宗，這與它主要活躍在長安寺廟中、經濟基礎薄弱有關，用今天的話說就是缺少發展的經濟基礎。隋唐之前的佛教，雖然也有很大發展，但也沒有形成這種經濟基礎。

慧能大師像（丁雲鵬繪）

其次，在傳法觀念和傳法系統上更加中國化。一個佛教宗派，都有其「祖統」，也就是「初祖」、「二祖」往下傳承，這是很道地的中國宗法觀念的表現，是將中國傳統的宗法制度移植到佛教中的產物，在印度並沒有這種觀念，所以早期的學派中是沒有這種「祖宗」觀念的。

有一點很值得注意，即宗派形成後，

白瓷達摩立像

早期佛教學派中的一些人物被尊為「祖」，乃至一般人會誤解以為這個宗派真是由那個「祖」開創的，其實，「祖」往往是後人的追認，並沒有多少真正的歷史依據。典型的如菩提達摩被尊為中國禪宗的「初祖」，龍樹被天臺宗尊為「初祖」等等。

第三是佛教各宗派不但在學理觀點上有所不同，而且從根本教義和修持方法上都有很大差異。這一點集中表現在各宗派的「判教」上。「判教」是中國佛教史上的一個重要概念，是指各宗派根據佛教義理的深淺、說法時間的先後等方面，將後世所傳的各種佛教思想，加以剖析類別，分出層次，形成一個完整的體系。幾乎每個宗派都有自己推崇的經典作為「判教」的主要依據，並由此形成不同的修持方式。

佛教宗派的建立是中國佛教發展到成熟階段，理論水準達到巔峰的象徵。但同時也要看到，佛教宗派也具有一定

知識連結

中國歷史上，主要有北魏太武帝拓跋燾、北周武帝宇文邕、唐武宗李炎、後周世宗柴榮主導的著名「滅佛」事件，史稱「三武一宗法難」，其中又以唐武宗的「會昌法難」影響最大。

唐武宗在一些道士的支持下，於會昌四年（八四四）下令禁止民間舉行佛教儀式，廢除各類小佛寺，這些小佛寺中的僧尼全部還俗；會昌五年（八四五）敕令淘汰佛教，除長安、洛陽保留四座寺院，地方各州只保留一座寺院之外，其他的一律拆毀。「會昌法難」總共廢除四萬四千餘座佛寺，被迫還俗的僧尼二十六萬餘人，對佛教的發展是一次沉重打擊，禪宗之外的很多宗派的傳承從此中斷，經典被毀滅。

的封閉性和排他性，各宗派之間往往互相貶低，甚至互相攻擊，這又是它走向衰落的因素之一。加上唐代中期之後「安史之亂」的影響、「會昌法難」的重創，中國佛教宗派在經歷隋朝、初唐、盛唐時期的繁榮後，走向衰落，只有少數宗派如禪宗、淨土宗、天臺宗等繼續有所發展，各宗派之間出現重新融合的趨勢，中國佛教進入了一個新的歷史發展時期。

中國佛教宗派眾多，隋唐之後，至少形成了八大宗派，分別為：律宗、三論宗、天臺宗、華嚴宗、法相宗、禪宗、淨土宗、密宗。還有的學者將六朝時期的俱舍宗和成實宗加上，稱為十宗。下面重點介紹在中國影響最大的四個宗派。

會三歸一：天臺宗

天臺宗是中國佛教最早確立的宗派，其名稱是因為它的實際創始人、隋朝的智顗禪師長期住浙江天臺山而來。又因為該宗的教義主要依據《妙法蓮華經》（簡稱《法華經》），所以又稱為「法華宗」。

不過，在天臺宗的祖統譜系中，智顗並非「初祖」，而已經是「四祖」。在他之前，有龍樹、慧文、慧思三位祖師。慧文禪師生活於南北朝的北齊年間，他是因為讀了龍樹的《中論》而開悟的，這樣的開悟屬於「無師自悟」，因此後來天臺宗就將自己的淵源推溯到龍樹那裡。

慧文禪師所悟的是什麼呢？那就是根據《中論》裡「眾因緣生法，我說即是空，亦為是假名，亦是中道義」這個偈子，而悟出了「一心三觀」的觀行方法，也就是說，在一心之中，同時具備了「空、假、中」這三種觀，其中「空觀」是出世法，稱為「真諦」，「假觀」是世間法，稱為「俗諦」，「中觀」是真俗圓融的第一義諦。

《中論》中的那個偈是龍樹開創的大乘空宗的核心思想，說的是一切諸法皆是從因（根據）和緣（條件）的結合產生的，離開了因緣之外，別無實體可得，完全是隨緣而生，緣散自滅，本性是空的。但雖說諸法皆空，而假名是有，這個「名」是人們主觀上妄執客觀實有而安立的，雖然沒有實體，但有假相。從假名來說而非全無，從性空來說

知識連結

天臺宗、華嚴宗等宗派的僧人一般也稱為「禪師」，也修禪觀，但每個宗派的禪修方式都有些不同。古代很多文獻中常提到某某禪師，我們不能一看到「禪師」二字就想當然地認為他屬於禪宗，其實更多時候，特別是在唐代，「禪師」多是屬於天臺宗或是華嚴宗的。

天臺山國清寺

而非全有，非有非空，這就是中道。由此可見，天臺宗可以說是充分發揮了大乘空宗的學說而成立的，這是它的根本所在。

其後，慧文將此法傳授給弟子慧思禪師。慧思俗姓李，豫州汝陽郡武津（今河南上蔡）人。十五歲出家，二十歲受具足戒。他出家後每天讀誦《法華經》，數年之間讀誦了不下數千遍。據說他學習了慧文禪師「一心三觀」的禪法後，結合《法華經》的讀誦，悟得了「法華三昧」，一時間名聲遠播，著述有《諸法無諍三昧法門》、《立誓願文》、《隨自意三昧》、《法華安樂行義》、《大乘止觀法門》等。因為他主要居住在南嶽衡山，因此有「南嶽尊者」的稱號。他的弟子很多，智顗就是其中之一。

智顗（五三八—五九七）俗姓陳，祖籍穎川（今河南許昌）。十八歲時出家，二十歲受具足戒，後來主要跟慧思禪師學法，也是因為讀《法華經》而悟得「法華三昧」。智顗開悟後，到各地弘法，主要住在浙江天臺山，在山的北面山峰創立寺院，栽松引泉，行頭陀行，晝夜禪觀。智顗曾經為隋煬帝楊廣授菩薩戒，被楊廣尊稱為「智者」，所以後人也稱他為「智者大師」。智顗一生著作豐富，最主要的有《法華玄義》、《法華文句》、《摩訶止觀》、《維摩詰經玄疏》、《金剛經疏》等，他的著作系統地提出了天臺宗的綱領和理論，他的幾部著作是天臺宗的根本典籍，所以他才是天臺宗的真正創立者。

在中國佛教史上，智顗也是首先提出「判教」觀念的人，此後，判教被各個佛教宗派採用，儘管具體的判教內容都不相同。

智顗把佛陀一代教法判為五時八教。

五時即「華嚴」時、「阿含」時、「方廣」時、「般若」時、「法華涅槃」時。這是根據《大般涅槃經》中從牛出乳，從乳出酪，次第而成生酥、熟酥、醍醐五味的譬喻而建立的理論。乳比喻一時的「華嚴」，酪比喻二時的「阿

天臺山國清寺智者塔院

含」，生酥比喻三時的「方廣」，熟酥比喻四時的「般若」，醍醐比喻五時的「法華涅槃」。智顗認為這是佛陀在不同時期對不同聽眾分五個階段說出的五類教法，叫做「五時談教」。

從佛陀說教的方式來判為「化儀」四教，從內容方面來判為「化法」四教，合稱八教。「化儀」的四教是「頓、漸、秘密、不定」，智顗認為「華嚴」屬頓教，「阿含、方廣、般若」屬漸教，但在頓漸中都有「秘密」和「不定」二教。「化法」四教是「藏、通、別、圓」，「藏教」是指釋迦牟尼最初在鹿野苑談的「阿含三藏」，屬小乘典籍，是專對小乘根機人而說；「通教」指方廣類大乘經典，古人解釋說「理正為方，文富為廣」，是說這類經典道理很正，內容也很豐富，其中有頓、有漸、有權、有實；「別教」是般若類經典，專為捨棄小乘轉向大乘的人而說；「圓教」是指《法華》、《涅槃》等佛陀晚期的教法，達到了最純粹、最圓滿的程度，高於其他一切諸教，是佛教的根本教義。

智顗的這種「判教」方式將佛教的不同學說組織成一個完整的嚴密的系統，在分析方法上相當細密，對後世影響很大。

天臺宗最推崇的印度佛教經典是鳩摩羅什翻譯的《妙法蓮華經》，這部經由於天臺宗的巨大影響，是隋唐時期人們讀誦最多、最廣的經典之一，在佛教界是大名鼎鼎的。鳩摩羅什翻譯的這部經典行文流暢，辭藻華美，在佛教思想史、文學史上具有重要的地位和價值。

這部經指出：「三乘」的說法是權宜之計，一乘才是佛的本意。之所以有前面的兩乘，是佛考慮到眾生的心量不夠大，開始無法接受大乘觀點，佛就指導他們先修行自我解脫的方法，最後等眾生根機成熟了，再「會三歸一」，演說最真最高的無上妙法，這就是《妙法蓮華經》。經典所涉及的「權法」、「實法」、「了義經」、「不了義經」等，是大乘佛教中相當重要的觀念，天臺宗的「判教」思想顯然是發揮了這部經典的觀點而提出的。

智顗還融合了南北朝時期地論師和攝論師兩個學派的觀點，做出新的發揮，提出了「性具」學說，這也是天臺宗

知識連結

目前流行的漢譯本《妙法蓮華經》共七卷二十八品。不過這已非鳩摩羅什的原譯本。根據學者的研究，鳩摩羅什譯本原是七卷二十七品，並且其中的〈普門品〉中無重誦偈。後人將南齊時法獻和達摩摩提譯的《妙法蓮華經．提婆達多品》第十二品和北周時闍那崛多譯的〈普門品偈〉收入羅什的譯本，構成七卷二十八品。其後又將玄奘譯的〈藥王菩薩咒〉編入，而成為現在流通本的內容。

的重要理論。這是針對「本有佛性是清淨的還是染污的」這個佛教重要理論問題做出的一種解釋。智顗所說的「性具」，就是一切法都是自然存在的，既不是自生的，也不是他生的，同時這種存在不是單一的存在，而是互相聯繫作為全體而存在的。我們每個人當下的一心就具有三千大千世界的全體，這叫做「一念三千」。

「一念三千」的含義是：凡夫的境界可以分為六道（天、人、阿修羅、畜生、餓鬼、地獄），聖人的境界可以分為四道（聲聞、緣覺、菩薩、佛），合在一起稱為「十法界」，每一類的眾生所看到的法界（即宇宙）各不相同，人所見不同於畜類，畜類又不同佛、菩薩所見，等等。再用「十如」來配合十法界，每一法界都有十如，十法界就有百如。再從十法界本身看，它們之間又可以互相轉化，因此，每一法界就蘊含有其他九種法界在內，譬如人類中有些人生活如在天堂，有些人生活如同地獄等等，這樣，就由百數達到了千數，就有千如，再配以「過去」、「現在」、「未來」三世，就變成「三千如」了，但這「三千如」並不在外面，而是在每個眾生的心念之中，所以叫做「一念三千」。外在的三千大千世界也是這個內在的「三千如」的顯現而已。

每一個眾生在其一念之中都存在三千種境界，只是由於業感緣起的不同而顯現出差別，最高的是佛境界，最低的是地獄境界，兩者雖有天淵之別，但也都是心的顯現。智顗又依據《法華經》中「諸佛世尊唯以一大事因緣故，出現於世」的說法，認為釋迦牟尼之所以示現「八相成道」的應化之身，其目的是為了開示佛之知見，令眾生悟入佛之知見，也就是體悟自己本來具有的佛性，最終獲得圓滿。這樣，就明確地將學佛的根本目的確定為「成佛」。

天臺宗的具體修行方式，最主要的叫做「止觀法門」。「止」是梵語śamatha（奢摩他）的意譯，指專注於特

知識連結

「十如」也叫「十如是」，是天臺宗的重要概念，是指相、性、體、力、作、因、緣、果、報、本末究竟等十種範疇，這是對佛教所謂「實相」的一種分析。「實相」本來是無相的，是無法用語言來描述的，但為了使一般人了解「實相」的內涵，可以從十個方面來分析，它實際上是對世界存在形態的一種描述。

天臺山國清寺

定的對象以消除一切妄念，也就是所謂「定學」；「觀」是梵語vipaśyanā（毘婆舍那）的意譯，指由專注觀想的對象而生起正智，也就是所謂「慧學」。天臺宗將這二者結合起來，提出「止觀雙修」的概念，也就是兩者不可偏廢，互相輔助。

總之，天臺宗的這些思想都是對大乘佛教非常重要的發揮和總結，很多思想是相當卓越的，它的建立標誌著中國佛教哲學的成熟。智顗在世的時候，隋煬帝楊廣便要為他建立一座寺院，但還沒有建成，智顗便去世了。此後，在天臺山佛隴峰南麓建了一座規模宏大的國清寺，此寺幾經變革重建，沿革至今，被視為天臺宗的根本道場。

智顗的主要著作都是由其弟子灌頂（五六一—六三二）集錄成書的，灌頂還作有《智者大師別傳》、《國清百錄》等宣傳天臺宗的著作，為智顗學說的普及做出了很大貢獻。

進入唐代之後，天臺宗的發展一度不如後起的華嚴宗。在中唐時期，天臺宗又出現一位著名宗師湛然（七一一—七八二），他「中興臺教」，使天臺宗重新出現繁榮局面，被列為天臺宗的九祖。

湛然俗姓戚，常州荊溪（今江蘇宜興）人，世稱荊溪大師，他的著作主要有《法華玄義釋籤》、《法華文句記》、《摩訶止觀輔行傳弘決》等，對智顗的幾部著作做出闡解，借鑑了唐代興起的華嚴宗、唯識宗等宗派的學說，對天臺教義重新加以解釋，顯示了宗派間在相互爭論中又相互融合的趨勢。此外，湛然的俗家弟子梁肅是中唐時期著名的崇佛士大夫，他主張儒佛會通，對天臺宗教義也做出了一些新的發揮。

中國天臺宗還直接影響了日本天臺宗的建立。日本僧人最澄於西元八〇五年來到中國，向湛然的弟子道邃和行滿學習，回國後，在比睿山開創了日本佛教的天臺宗，日本後來的日蓮宗乃至現代的創價學會等都是由天臺宗演變而來。

「會昌法難」之後，加上五代時期的戰亂，天臺宗的主要典籍幾乎全部湮滅。北宋初期，僧人義寂勸說信奉佛教的吳越王錢俶遣使到高麗和日本，覓求抄寫天臺宗經典，高麗國僧人諦觀送來了流傳到那裡的天臺宗的主要典籍，天臺宗才重新得以復興。此後，天臺宗內部圍繞著爭論智顗所撰《金光明玄義》廣本的真偽問題而分裂為山家、山外兩

知識連結

智顗的《摩訶止觀》、《修習止觀坐禪法要》等書介紹了修習止觀的方法，茲舉幾例：1.繫心臍中像豆子那麼大，能治諸病，也能發生諸禪，因為息從臍出，還入至臍。又人托胎之時，帶繫在臍，是腸胃的根源。2.諸如上氣、胸滿、兩脅痛、背膂急、肩井痛、心熱煩悶、煩不能食、臍下冷、上熱下冷、陰陽不和以及咳嗽等，可以用意守丹田的方法治療。如果止心丹田仍覺痛切，可以移心於足三里穴。若還不能止，則可以移心兩腳大拇趾指甲的橫紋上，以癒為度。3.心緣兩腳之間可以治癒頭痛、眼睛赤疼、唇口熱、疱疹、腹絞痛、兩耳聾、頸項強等病。4.經常止心在足，能治一切病。因為我們平常用腦的時候多，氣強衝腑臟，反而成病，心如緣下，則五臟順而清化力增強，眾病自癒。

派。通常認為山家派為正統派，以四明知禮禪師為代表；山外派為非正統支派，以慶昭、智圓禪師等為代表，兩派之間的爭論內容和過程非常複雜。

宋代之後的天臺宗雖然仍有發展，每個朝代也有一些傑出的僧人出現，但總的來說不如隋唐時期興盛了。

知識連結

天臺宗自古也有「九祖傳承」的說法，這九祖分別是：第一祖龍樹，第二祖北齊慧文，第三祖南嶽慧思，第四祖天臺智顗，第五祖章安灌頂，第六祖法華智威，第七祖天宮慧威，第八祖左溪玄朗，第九祖荊溪湛然。這個「祖統」到湛然為止，這也說明天臺「祖統」的建立是在中唐時期完成的。

萬法圓通：華嚴宗

華嚴宗是另一在中國佛教史上占有重要地位的宗派。顧名思義，它是因為推崇和發揮大乘佛教經典《華嚴經》而得名的，又因為它的實際創始人法藏世稱「賢首大師」，所以也稱為「賢首宗」。

不過如同天臺宗一樣，華嚴宗的祖統也不是從法藏開始的，在法藏之前還有兩位祖師——杜順和智儼，法藏被列為三祖。

杜順（五五七—六四〇），法名法順，雍州萬年縣（今陝西臨潼）人，出家後主要住在終南山，宣揚《華嚴經》，相傳著有《華嚴法界觀門》、《華嚴五教止觀》，不過都沒有流傳下來。傳說唐貞觀十四年（六四〇）十一月十五日，杜順法師示寂於南郊義善寺，世壽八十四。他圓寂前，有一位僧人赴五臺山禮拜文殊菩薩，剛走到山麓，碰到一老人說：「文殊菩薩已到長安教化眾生去了。」僧人問：「是誰？」老人說：「他化身為杜順和尚。」僧人聽了立即前往長安，可是在他到達的前一日，杜順和尚已寂化離開了人間。因此，後來人們傳說杜順和尚就是文殊菩薩的化身，並推他為華嚴宗初祖。

智儼（六〇二—六六八），天水人，是杜順的弟子，隨師研究《華嚴經》、《十地經論》等著作，著有《華嚴經搜玄記》、《華嚴一乘十玄門》、《華嚴五十要問答》、《華嚴經內章門等雜孔目章》等。智儼的弟子也很多，其中有新羅國的義湘（他回國後，開創了新羅國的華嚴宗），但最有名的弟子要算是賢首法藏了。

法藏（六四三—七一二）的祖先是康居國人，他本人生於長安，十七歲時，師從智儼學習《華嚴經》，深通玄旨。二十八歲時，武則天讓他在太原寺講《華嚴經》，並參與當時對《華嚴經》的重新翻譯。新譯《華嚴經》完成後，他又在洛陽佛授記寺等地開講這部經典。

傳說他為武則天講經，講到天帝網義十重玄門、海印三昧門、六相和合義門、普眼境界門時，武則天感到過於抽象，有些茫然不解。法藏於是指著殿上金獅子做譬喻，講到一一毛頭各有金獅子，一一毛頭獅子同時頓入一毛中，

華嚴寺全景

華嚴初祖法順靈骨塔

一一毛中皆有無邊獅子，重重無盡。同時，他又取來兩面鏡子，將兩面鏡子互相對著，這樣就可以看到一個鏡子中有對面的鏡子，對面的鏡子裡又有自身，一層一層的，也是重重無盡。武則天於是豁然領悟，因而把當時所說集錄成文，叫做《華嚴金師子章》。武則天非常欣賞法藏的講經，下旨將《華嚴經》中賢首菩薩的名字賜給他作稱號，從此法藏也被稱為賢首和尚。

《華嚴經》全稱為《大方廣佛華嚴經》，據說是釋迦牟尼成道後不久，在菩提樹下為文殊、普賢等大菩薩所宣說的自內證法門，當時小乘根機的人完全聽不懂，如聾如盲，於是釋迦牟尼才不得不開始說小乘經典。

《華嚴經》部頭結構非常宏大，展現了萬德圓滿、妙寶莊嚴、無限華麗神秘的諸佛境界，以至於後來有人把它比作一部規模宏大的神魔小說，所以自古被尊稱為「大經」，有「不讀《華嚴》，不知佛家富貴」的說法。

按照華嚴宗的解釋，這部經說的全部是佛的微妙的覺悟之境，是佛教的根本法門，叫做「稱性本教」。這部經由龍樹從龍宮中帶到人間，才開始流傳。

漢譯本總共有三種，第一種是東晉時佛陀跋陀羅所譯，六十卷三十四品，稱為「舊譯華嚴」或「六十華嚴」。第二種是唐代實叉難陀等譯，八十卷三十九品，稱為「新譯華嚴」或「八十華嚴」。第三種是唐代般若翻譯的四十卷本，全稱《大方廣佛華嚴經入不思議解脫境界普賢行願品》，稱為「四十華嚴」。實際上「四十華嚴」也就是對前面兩種譯本《華嚴經・入法界品》的詳譯，並不是全經。

在上面三種譯本中，以「八十華嚴」最完備，也是華嚴宗建立時所依據的主要經典，它翻譯的年代就是武則天當政的時候。當然，在《華嚴經》全部翻譯之前，它的部分內容早就被介紹到中國，主要有《十地經論》等，這些都為華嚴宗的建立奠定了基礎。

與天臺宗一樣，華嚴宗也對整個佛教做出「判教」，也是分為五教，不過具體的分法與天臺宗有區別。華嚴宗的五教分別是：

1.小教：為小根鈍機不能接受大法的小乘學者說四諦、十二緣起等法，使二乘之人破除我執、斷煩惱，從而證得阿羅漢和辟支佛果。

2.大乘始教：這是為由小乘轉大乘者所說的教法，其中又分為「空始教」和「相始教」兩類，空始教指的是般若類經典，表明一切皆空而破除法執；相始教指瑜伽行派諸經，表明萬法唯識而融通心境。

3.大乘終教：又稱為實教，指《楞伽經》、《法華經》等經典，表明「如來藏心」、諸法實相，認為二乘之人甚至一闡提眾生皆能成佛。

4.大乘頓教：指頓悟頓修的教法，如《維摩詰經》等，主要指當時已經興起的禪宗法門。

《華嚴經》

5.大乘圓教：即圓融無礙的教法，也就是《華嚴經》。由此可見，各個宗派判教時，都是將自己最推崇的經典作為最高的門類。

華嚴宗最重要的思想是有關法界緣起的理論，也就是關於世界生成和真實狀貌的理論。它用緣起因分、性海果分二門闡明宇宙萬法的實相。性海果分就是諸佛的境界；緣起因分就是法界緣起，它的相狀是無盡圓融的。宇宙間的萬法，無論是有為、無為，色、心、依、正，過去、現在、未來等法，都是互為因果，或者一法為因，萬法為果，或者萬法為因，一法為果。自他之間互為緣起，相互依存，圓融無礙，所謂一即一切，一切即一，舉一盡收，以一塵為主，諸法盡攝，相即相入，重重無盡。

具體來說，又分為四法界。第一叫事法界，它指的是宇宙萬有一切色心諸法都各自具有一定的特性，彼此之間各有分別，互不混淆。第二叫理法界，是說一切色心諸法雖有千差萬別，但彼此之間都無實體，真如實性畢竟平等，周遍圓滿。第三叫理事無礙法界，是說差別的事相和平等的理性交融無礙，所謂理由事顯，事攬理成，理事不二，相即相入。第四叫事事無礙法界，是說一切色心諸法都屬於緣生，沒有實體，如夢如幻，大能容小，小能容大，稱性融通，重重無盡。

在此基礎上，還有「十玄門」等理論，非常繁複。總的來說，就是要人打破宇宙時空的種種界限，悟到「萬法唯心所造」的佛教真理。

華嚴法門的這套非常精妙的哲學因法藏等人的發揮和弘揚，在唐代廣為流行。

唐代有一位名叫李渤的士大夫，他聽歸宗禪師講說華嚴宗的理論後說：「須彌納芥子，我不懷疑，但說芥子藏須彌，恐怕沒有這個道理吧？」

歸宗禪師說：「人們都說學士你讀書破萬卷，是不是啊？」

李渤說：「當然。」

歸宗說：「你的心如椰子大小，腹也不過如桶那麼大，請問那萬卷書都放在哪裡了？」

李渤聽後恍然大悟。

由這個例子可以看到，華嚴宗所看到的圓融無礙的法界是將一般人以為有實體的東西抽象為一種精神體，正如現代物理學認為的，任何可見的物質最終都可以轉化為無形的能量，世界上千變萬化的現象無非是能量的轉化而已，而無論怎麼轉換，能量都是守恆的。這大概就接近所謂「華嚴境界」吧。

中唐時期，華嚴宗又出了一位大師級人物，這就是被尊為華嚴四祖的清涼國師澄觀。

澄觀（七三八－八三九）字太休，俗姓夏侯，越州山陰（今浙江紹興）人。他出家後，曾遊歷五臺山、峨嵋山等佛教名山，後來住在五臺山的大華嚴寺，在那裡講授《華嚴經》，並為八十卷本《華嚴經》做疏解。從唐德宗興元元年（七八四）正月開始，到貞元三年（七八七）十二月，歷時四年，撰成一部二十卷的《大方廣佛華嚴經疏》。後來他又多次演說《華嚴經》，並將這些演說的內容彙集成一部長達九十卷的《大方廣佛華嚴經隨疏演義鈔》。這兩部大部頭的書都流傳至今，是中國華嚴宗的重要著作。不久，般若開始翻譯南印度烏茶國新送來的《華嚴經》後半部分的梵本，也由他進行審定，這就是前面介紹過的「四十華嚴」。他還入皇宮為唐德宗講解《華嚴經》，被授以「清涼國師」的稱號。他又號稱「華嚴疏主」，一生的著作多達四百餘卷，數量是相當驚人的。唐文宗開成四年（八三九）他以一百零二歲高齡圓寂。

知識連結

十玄門包括：一、同時具足相應門；二、廣狹自在無礙門；三、一多相容不同門；四、諸法相即自在門；五、秘密隱顯俱成門；六、微細相容安立門；七、因陀羅網境界門；八、托事顯法生解門；九、十世隔法異成門；十、主伴圓融具德門。

華嚴宗的五祖宗密（七八〇—八四一）也是中國佛教史上一位重要人物。

宗密，俗姓何，果州（今四川西充）人，出家後拜澄觀為師，因長期住在終南山草堂寺南的圭峰蘭若，誦經修禪，從事著述，因此人稱「圭峰禪師」。宗密除了學習《華嚴經》外，還特別弘揚另一部大乘佛教經典《圓覺經》，將此經納入華嚴宗的教義。他剛出家時因讀《圓覺經》而心開悟解，後來疏釋了此經，有《圓覺經大疏》十二卷、《圓覺經大疏釋義鈔》十三卷、《圓覺經大疏鈔科》二卷、《圓覺經略疏》四卷、《圓覺經道場修證儀》十八卷等。《圓覺經》義理深邃，文辭優美，篇幅又不是很大，得到中國士大夫學佛者的推崇，成為他們常讀的佛經。

宗密生活的時代，禪宗開始興盛，宗密早年也學習過南宗禪荷澤系的禪法，對禪學有很深的研究，他把禪門各家闡述自己宗旨的文字句偈集錄成書，稱為《禪源諸詮集》，這部書已經失傳，只流傳下宗密為此書作的《都序》，從中可以看到早期禪宗的很多思想以及宗密的評判，非常有價值。這些情況也顯示出當時禪教融合的發展趨勢。

「會昌法難」之後，華嚴宗也走向衰落，但並沒有完全中斷，華嚴宗的很多思想融入了禪宗、淨土宗等其他宗派，每個朝代都有一些以研讀華嚴著稱的高僧。比如宋代的子璿禪師，特別推崇宗密，講授《普賢行願品疏鈔》及《華嚴法界觀門》等，並用華嚴宗的義旨疏釋《首楞嚴經》。其後淨源法師為澄觀的《華嚴疏鈔》做過注，叫做《華嚴疏鈔注》，部頭很大，只流傳下來一部分；元朝的普瑞法師著有《華嚴懸談會玄記》，清朝的續法法師著《賢首五教儀》等，不過總的來說，在思想的創造方面已遠不如唐代了。

拈花微笑：禪宗

《馬鳴菩薩傳》

在所有佛教宗派中，禪宗可能是對中國社會、思想和文化影響最深廣的一個宗派。它也是中國化最徹底的一個佛教宗派，它的出現代表中國佛教發生了根本性變革。前面介紹過，印度也有禪，是思維修、靜慮的意思，主要是指戒、定、慧三學中的「定學」，透過數息、調息等方法使心安住於靜慮。但中國禪宗卻更加強調「慧學」即禪的智慧，將禪宗視為破迷開悟、解脫生死的最高途徑，所以中國禪宗特別強調「心印」，禪宗在中國也被稱為「佛心宗」。

按照後來禪宗的說法，禪宗是從佛陀曾在靈山會上拈花示眾、迦葉尊者默識心通、破顏微笑、得佛當下印可並親傳衣鉢開始的，摩訶迦葉被推為印度禪宗的「初祖」。中國禪宗的創始人傳說是印度來華的高僧菩提達摩，在印度他已經是第二十八祖。在他之前很多印度佛教的著名人物被列入禪宗祖統的名單，比如前面介紹過的馬鳴、龍樹，分別是禪宗的第十三祖和十四祖。這也說明禪宗主要繼承的是大乘空宗一系。

據說達摩的師父二十七祖般若多羅對他說：你的緣分是在中國，等我圓寂之後，你可以到那裡去傳播禪法。

達摩遵從師囑，於梁武帝普通七年（五二六）乘船來到中國。他先到達廣州，然後到達梁朝首都建康，見到了以崇佛聞名的梁武帝。當時他們之間有一段對話：

梁武帝問：「朕即位以來，造寺寫經，度僧不可勝數，有什麼功德？」

達摩答：「並無功德。」

梁武帝又問：「為什麼沒有功德？」
達摩答：「這只是人天小果，有漏之因，好比影子跟著東西走，並沒有實際效果。」
梁武帝問：「那麼，什麼是真功德？」
達摩答：「淨智妙圓，體自空寂。這種功德，不從世俗求得。」
梁武帝問：「如何是聖諦第一義？」
達摩答：「空洞洞的，沒有聖諦。」
梁武帝問：「那麼朕對面的又是誰呢？」
達摩答：「不認識。」

兩人之間的對話很不投機，達摩便離開南朝，渡江北上，來到洛陽。

不過這個故事出現得很晚，不但一般正史、野史都沒有記載，就是禪宗文獻，也是直到西元七七四年左右編撰的《歷代法寶記》一書才有了這種記載，後來更晚出現的《六祖壇經》、《祖堂集》、《景德傳燈錄》等著名禪書都引述過這個故事，因此影響非常大。達摩會見梁武帝的故事其實表明了禪宗要求遠離世俗、不追求世俗的「福德」等重要的宗旨，這與後人認為禪宗非常世俗化的看法正好相反。

達摩到洛陽後，止於嵩山少林寺，據說曾面壁禪坐九年，一言不發，人莫能測。今日少林寺附近五乳峰上有一幽邃的石洞，人稱「達摩洞」，據說就是他當年面壁的地方。傳說因為他禪定功夫好，他的精靈進入石壁，在石壁上留

知識連結

禪宗中還流傳著達摩「一葦渡江」的故事：達摩離開皇宮後，梁武帝把他與達摩的問答告訴了他的師父誌公禪師，誌公聽後說：「達摩的開示好極了，他便是觀世音菩薩乘願來傳佛心印啊。」梁武帝非常懊悔，當下派人追趕達摩。達摩正走到長江邊，忽見一隊人馬趕來，於是隨手折一枝蘆葦，擲於江中，腳踏蘆葦，悠然渡江北去。這些故事都將達摩塑造成一個神妙莫測的神僧。

達摩「一葦渡江」

下了他的整個人影像，成為一段佛門佳話。

達摩傳法給弟子慧可的傳說也相當有名。

在達摩面壁打坐的時候，一位名叫神光的僧人一心要拜達摩為師。一開始，達摩沒有收留他，只是時常面壁端坐，並不加以教誨。

一個寒冬大雪之際，神光徹夜立正，侍候在達摩大師身旁，直到天明，地下積雪已經過膝，可是他侍立愈加恭敬，最後竟然砍掉了自己的一隻手臂，來表示求道的決心。

達摩問神光：「你到底要求什麼？」

神光說：「我心不得安寧，請大師為我說安心法門。」

達摩便說：「你把心找出來，我便為你安心。」

神光聽了這話，當時便怔住了，良久方說：「我找我的心在哪裡，了不可得啊！」

達摩又說：「對啊！這便是你安心的法門啊！」

神光言下大悟。達摩便將大法傳與他，並為他改名慧可。

達摩所傳的禪法主要以四卷本《楞伽經》為依據，這部經典主張

知識連結

達摩傳授給弟子神光的「坐禪偈」非常簡單：「外息諸緣，內心無喘，心如牆壁，可以入道」，是說心要如牆壁那樣凝定在內外隔絕的境界之上，從而消除妄想，達到空寂靈知，湛然圓寂，朗照明淨，心境一如，言語道斷，心行處滅。

達摩面壁

離名絕相，所以達摩特別囑咐修禪者不可執著於語言文字，而要在諸法實相上離言現觀，親證真如，所以有人總結說：「達摩西來無一字，全憑心地用功夫」，確實概括出達摩禪法的主要特徵。

菩提達摩圓寂之後也有一段富有傳奇色彩的「隻履西歸」故事。據說達摩圓寂三年之後，北魏人宋雲奉命出使西域，在回國途中，走到蔥嶺時遇見達摩。只見他手裡拿著一隻鞋，翩翩獨行。宋雲問：「師父往哪裡去？」達摩答：「回西天去！」宋雲歸國後，將此事稟報朝廷，北魏孝宗皇帝命人開啟墓穴，打開棺材一看，發現棺內只有一隻鞋。可知達摩真的「西歸」印度了。

後代兩位禪師，對此事做過一次頗為有趣的討論。景祥禪師問：「達摩西歸，手攜隻履，當時何不兩隻都將去？」僧答：「此土也要留個消息。」

菩提達摩之後，禪宗蔚為勃興，成為中國佛教的主流，它不但廣泛地影響了中國佛學的發展，同時，也深刻地影響了整個中國文化的發展。

按照禪宗傳法譜系，二祖慧可傳三祖僧璨，僧璨傳四祖道信，道信又傳五祖弘忍。到弘忍時期，禪宗的教義才真正明確起來。現代一些學者研究認為，從菩提達摩到僧璨的禪史屬於傳說時期，很多傳說尚難以找到歷史根據。中國禪宗的實際創始人應從道信、弘忍、神秀算起，到六祖慧能及其弟子神會時最終完成；從馬祖道一和石頭希遷開始，禪宗進入了興盛階段；晚唐之後禪宗以「五家七宗」的成立為標誌，進入了一個新的發展時期。根據這些觀點，可以將禪宗史概括為傳說階段、創始階段、完成階段、興盛階段，和發展階段。每個階段都以幾位代表性人物的出現為標誌。

道信禪師是蘄州（湖北廣濟縣）人，俗姓司馬。他天生聰明，據說幼年即遍覽佛教大小乘諸經。隋開皇十二年（五九二），他年僅十四歲，以沙彌身分參見三祖僧璨，說：「求和尚慈悲，乞與解脫法門！」

僧璨問：「誰縛你了？」

道信回答：「沒有人縛。」

師曰：「那還求什麼解脫？」

道信言下大悟。

道信在唐武德七年（六二四）回到蘄州，住在破頭山（後名雙峰山），大振法道，學侶雲集。貞觀十七年

（六四三），唐太宗聽說道信禪師的名氣很大，多次下詔徵他入京，道信都上表辭謝不就。唐太宗有點惱怒，第四度遣使，並且下令說：「如果再不從命，就將他的首級取來。」使者來到道信之處傳達聖旨，道信就伸出脖子等待刀刃，神色儼然。使者不得已，回京稟奏，唐太宗對他更加仰慕。從這個傳說可以看出，道信堅持了自達摩以來不參與世俗政治的禪修風格。他留下的著作有《入道安心要方便門》等，對禪修宗旨的闡述很詳盡。

五祖弘忍（六〇一—六七四），俗姓周，湖北黃梅人。

據說一日道信禪師前往黃梅去，路上遇見一個小孩，骨相奇秀，異於常童。

道信問：「你姓什麼？」

小孩回答：「性是有，不是常性。」

又問：「是何姓？」

回答說：「是佛性。」

道信說：「你沒有姓嗎？」

回答說：「性空故。」

五祖弘忍

在這段公案裡，道信問的是「姓」，而小孩答的是「性」，用諧音雙關方式打著機鋒。道信覺得這個小孩的根器很難得，就到他家裡，乞求他的父母讓這個小孩隨自己出家，這小孩就是後來的五祖弘忍禪師。在四祖圓寂後，弘忍從破頭山遷至黃梅東山，定居二十餘年，門徒眾多，當時稱他的禪學為「東山法門」。

弘忍禪學的一個新發展是：他除了堅持菩提達摩以來「依《楞伽經》以心法為宗」的傳統，還常告誡學人「受持讀誦《金剛經》可以見性成佛」。一般認為，自弘忍開始，禪宗的經典依據由《楞伽經》改變為《金剛經》了。不過在當時，兩部經的地位應該是相等的。

六祖慧能

弘忍之後，禪宗出現分化，他的弟子慧能、神秀分別被推為南宗和北宗的「六祖」，這是禪宗發展史上一個很重要的事件，禪宗真正中國化也是在這時完成的。

慧能（六三八—七一三）是廣東嶺南新州人，俗姓盧，其祖先可能是北方的一個大家族，因故被貶謫到嶺南的。慧能的父親逝世很早，家境貧寒，慧能早年以打柴為生，奉養老母。

傳說有一天慧能在街上賣柴，剛出客店，忽聞隔壁有一客人正在誦經。慧能一聽，當即覺得內心非常歡喜，智慧頓生，於是走上前問道：「客人所念是什麼經？」

那人回答：「《金剛經》。」

又問：「此經從何而來？」

答曰：「從東山黃梅弘忍大師處得來。」

慧能聽了，下定決心，安置好母親，便從廣東嶺南至湖北東山參見弘忍大師。途經數月，甚是艱辛，到時正遇弘忍升座說法，慧能便上前參禮。

知識連結

早期的禪宗被稱為「楞伽宗」，禪師被稱為「楞伽師」，表明他們是以《楞伽經》為修行的根本依據。中唐時禪僧淨覺所作的《楞伽師資記》一書是對這種禪法的一個總結，也就是人們後來所說的「北宗」。這部書以《楞伽經》的翻譯者求那跋陀羅為首，其下收入菩提達摩、慧可、僧璨、道信、弘忍、神秀、普寂等人的事蹟。胡適先生曾作《楞伽宗考》，認為從達摩到神秀，都是楞伽宗系統。至於慧能、神會一系，則以《金剛經》取代了《楞伽經》。

五祖見是一位粗皮大漢的樵夫，就問道：「哪裡來？」
答曰：「嶺南來。」
五祖大聲說：「南蠻獦獠也來聽佛法麼？」
慧能說：「人有南北，佛性豈有南北？和尚您的身與獦獠不同，佛性豈也有異？」
五祖又問：「你來做什麼？」
答曰：「不求別的，只求作佛。」
弘忍聽後，知道慧能根機大利，是真正能夠成佛作祖的人才，就不再多說，讓他到米房舂米。
一天，弘忍向大眾說：「我已經老朽，欲傳衣缽，眾位弟子對佛法大意領悟如何，各作一偈，如果能明佛法大意，即付衣缽，為六代祖師。」
當時他的大弟子神秀威望很高，被很多人認為一定會成為弘忍接班人的，他在南廊壁上作偈一首：「身是菩提樹，心如明鏡臺。時時勤拂拭，勿使惹塵埃。」
弘忍看到後，也沒有多說，就讓大家諷誦此偈。
一天，一個童子口中誦著神秀的偈語，從慧能的舂米房門前走過，慧能一聽，知道此偈沒有見性，於是也說了一偈。他並不識字，是由人代寫在牆壁上的，慧能的偈是：「菩提本無樹，明鏡亦非臺。本來無一物，何處惹塵埃。」
當時眾人感到很吃驚，弘忍走過來看後說道：「亦未見性。」
但當天晚上弘忍來到舂米房，見慧能將大石繫於腰上，正不知疲倦地用力舂米。
弘忍問：「米熟了嗎？」
慧能回答：「米熟久已，只欠篩來。」
弘忍就用杖擊碓三下而去，慧能深明其意，於當夜三更走進弘忍丈室，弘忍便以《金剛經》與慧能印心，並密授衣缽，讓慧能連夜離開寺院南行。
慧能受此衣缽後，便獨自南行，先後在獵人隊伍中隱避了十五年。
唐儀鳳元年（六七六），慧能到了廣州南海法性寺。當夜在大殿裡聽到兩位僧人因為看到佛殿裡掛的長幡被風吹動而爭執。一個說是風動，一個說是幡動，彼此爭論不休。慧能便說：「不是風動，不是幡動，是仁者心動。」

《金剛經》

當時在場的一位名叫印宗的禪師，聽到慧能的話十分敬佩，便為他剃度，並授具足戒。

此後，慧能廣傳禪法，據說凡是聽了慧能開示的人，沒有不傾心敬佩、見道開悟的。

從此，這種以心傳心、不立文字、教外別傳的禪宗法門便大行於中華了。

但是，在慧能離開黃梅山、弘忍禪師圓寂之後，眾弟子仍然推神秀為「六祖」，相對於慧能在南方所傳禪法來說，稱之為「北宗」。北宗在很長的時期內並沒有中斷，而是繼續傳播著。

據說唐中宗聽到慧能的名聲後，也派人來召慧能入京。慧能以久處山林、年老多病為理由，推辭不去。可見他仍然堅持達摩以來不參與世事的風格。七十六歲時，慧能在這裡圓寂。他的遺體沒有按照佛教的傳統火化，而是塗上漆料，保存為肉身像，至今供奉在廣東韶關南華寺中。

中唐時期，南宗禪的發展走向興盛，慧能的名氣也越來越大，並被朝廷加了諡號為「大鑑禪師」。著名文人柳宗元撰寫過〈曹溪第六祖大鑑禪師碑並序〉，劉禹錫也撰有〈曹溪大師第二碑〉。

知識連結

慧能接受印宗禪師剃度後，主要住在廣東省韶關市南的寶林寺，這裡有一條河流，稱為曹溪，人們便將慧能在此地所傳的禪法稱為「曹溪法門」。寶林寺在宋代之後改名為南華寺，至今成為禪宗的祖庭。

慧能據說也有十大弟子，其中出名最早的弟子是神會。神會（六八六—七六〇），俗姓高，襄陽（今屬湖北）人。他從小學習儒家五經，又好老莊之學，後來他出家投到慧能門下。慧能圓寂後，他於開元十八年（七三一）到洛陽大弘慧能學說。此前慧能的禪法一直局限在南方地區傳播，神會促使其向北發展，因為當時北方是唐代政治中心。

後來他又到滑台（今河南滑縣）大雲寺，同崇遠禪師進行辯論，抨擊對方「師承是傍，法門是漸」，而稱自己為「師承是正，法門是頓」。這次辯論的影響很大，從此南方慧能一系被稱為「南宗」、「頓宗」，北方神秀一系被稱為「北宗」、「漸教」，「南頓北漸」的說法由此開始。

「安史之亂」爆發後，神會應朝廷請求，設壇度僧收取「香水錢」以供軍餉，因有功於朝廷，使南宗的名聲和地位陡然上升。叛亂平定後，唐肅宗對他備加尊崇，造了一座荷澤寺供其居住，世稱「荷澤大師」，他所開創的門派被稱為荷澤宗。

奇怪的是，儘管神會對於南宗的發展有著很大的功勞，但是在後來禪宗確定的法統中，他卻沒有什麼地位。自慧能之下，禪宗分出兩大支派，分別是慧能的另外兩個弟子懷讓與行思。此後南宗禪的發展基本上是這兩個支派的繁衍，荷澤宗只是興盛一時，此後就幾乎消失了。

慧能肉身像

北宗神秀朝見武則天版畫

南嶽懷讓救僧故事版畫

青原行思傳法故事版畫

懷讓禪師（六七七—七四四），俗姓杜，金州（今陝西安康縣）人，他在慧能圓寂後，往南嶽衡山的般若寺大弘禪法，人稱「南嶽懷讓」。

行思禪師（六七一—七四〇），俗姓劉，吉州人（今江西吉安市），他在慧能圓寂後，回到吉州青原山靜居寺傳播禪法，人稱「青原行思」。

這兩個人各有一個傑出的弟子，正是他們將南嶽和青原兩派的禪法弘揚光大的。這就是懷讓的弟子道一和行思的弟子希遷。

道一（七〇九—七八四），俗姓馬，漢州什邡（今四川什邡縣）人，後人尊稱為「馬祖道一」。

道一幼年出家，唐玄宗開元年間來到衡山，結庵而居，整日坐禪，對任何來往的人都不搭理。

懷讓當時正住在般若寺，覺得道一是個上等的根器，便有意啟發他。他也不說話，只是在道一坐禪的旁邊，拿了一塊磚放在石頭上磨。

一開始道一也沒有說話，但日子久了，有一天道一終於開口問：「你磨磚幹什麼？」

懷讓說：「磨磚作鏡。」

道一很奇怪，說：「磨磚怎麼能成鏡呢？」

懷讓說：「既然磨磚不能成鏡，坐禪豈能成佛？」

道一又問：「請教這是如何說？」

馬祖道一

懷讓說：「如果你用牛駕車，車如果不走，你是打車呢還是打牛？」

道一回答不上來。

懷讓又進一步啟發道：「你是學坐禪，還是學坐佛？要是學坐禪，禪不是坐不是臥；要是學坐佛，佛沒有定相。禪和佛都是無住之法，不應當有取捨。你要是坐佛，就是殺佛。」

道一聞言，如醍醐灌頂，就禮拜問法，求為弟子。

後來馬祖道一遊化於江西洪州一帶，他的禪法被稱為「洪州禪」，是其後在中國流傳最為廣泛的一派。

從上面「磨磚作鏡」的故事也可以看到懷讓、道一一系禪法的特點，他們不是追求坐禪的外在形式，而是追求禪的內心境界。在他們看來，一個人如果只能在坐禪時心安定下來；出了禪定，心馬上又亂了，這是絲毫沒有意義的，這樣坐禪是成不了佛的，只有在生活日用中的任何時候都保持一顆禪心，那才是真正的禪定。

馬祖道一提出很多新的禪修方式，以「觸類是道、任運自在」為根本，比如「平常心是道」、「道不用修，但莫染污」等，成為禪宗的名言。平常心就是無造作、無是非、無取捨、無斷常、無凡聖，行住坐臥、應機接物盡皆是道，要人放棄任何執著，保持一顆平常心，活潑乾淨，不為文字污染。

這種禪修理念與佛教傳統以打坐為主的禪定功夫差別很大，是徹底中國化的佛教，特別受到士大夫階層欣賞，因而中唐之後，在其他佛教宗派衰落的背景下而廣泛傳播。

龐蘊居士是唐代一位富有傳奇色彩的人物。年輕時，他本來想去參加科舉考試，在赴考途中，遇到一位禪師，那位禪師告訴他，應該投奔到馬祖大師門下，因為「選官不如選佛」。龐居士言下大悟，後來作了一首傳誦久遠的詩偈：「十方同一會，各各學無為。此是選佛處，心空及第歸。」從此成為一個虔誠的佛教徒。

雖然他一生沒有出家，只是個居士，但由於悟到「心空」、「心無礙」，因此絲毫不為世俗所累，生活得非常瀟灑。龐居士本來富有家財，但某一天，他卻將萬貫家財全部裝到一隻船上，沉入大海。人們以為他瘋了，有人問：「你不要這些金銀財寶，拿去做一點好事、救濟別人不好嗎？」居士說：「好事不如無事。我多劫以來，為布施所累，所以這次把它們沉入海底！」

對此，明代高僧蓮池大師有一番妙解：「凡夫膠著於布施，沉海之舉，是並其布施而布施之也，是名大施，是名真施，是名無上施，安得謂居士不施？」這是說，龐居士的所為，是將「布施」這種「功德」也「布施」了，因此才是真正的大布施。因為錢財的布施都是「有相」的，它可以讓一個人來生獲得大富貴，卻不能使其獲得真正的解脫，這正是龐居士所謂「多劫以來，為布施所累」的含義啊！

馬祖道一門下人才輩出，主要有百丈懷海、大珠慧海、南泉普願等，後來都成為著名禪師。特別是百丈懷海（七二〇—八一四），他在禪宗史上的一大貢獻是制定了「百丈清規」的叢林制度，俗話說「清規戒律」，「清規」就是來自於此。

由於國情不同，印度佛教的一些戒律到了中國有些難於實行，比如僧人的乞食制度。中國以農業立國，僧人靠乞食生活，容易被人看作懶漢。在隋唐以前，中國的僧人多半靠政府的優待和王公貴族供養，或者靠自己募化，這就不免跟世俗和朝廷發生利益衝突，曾經多次引起排佛事件。為此，百丈立下清規，明確規定僧人不分等級，一律從事勞動，自己解決生活問題。這種變革使禪宗與世俗生活融為一體，有了自己的經濟基礎，得以長久立足於社會。由於適合國情，這一制度逐漸盛行於全國。

「百丈清規」規定確立德高望重的大德為叢林住持，尊為長老，住在方丈之中，僧眾一律住在僧堂等等。百丈自己躬行清規，上了年紀以後，仍然堅持「一日不作，一日不食」，垂為世範。叢林制度實行眾生平等，天下一家，集體生活，帳目公開，成為中國佛教的一種重要制度。

百丈懷海門徒眾多，其中溈山靈佑、黃檗希運為上首弟子。這兩人後來一個創立溈仰宗，一個開闢臨濟宗，成為中唐以後最為繁盛的兩個禪派。

再說另一大支派青原系。

行思禪師有一弟子名叫石頭希遷，端州（今廣東高要縣）人，俗姓陳，年輕時即聰明果斷，自信力很強。他反對鄉里殺牛祭祀，迷信鬼神；每逢祀期，便前往奪牛，態度堅決。後投六祖慧能門下，受度為沙彌。六祖圓寂不久，他便前往吉州青原山靜居寺依止師兄行思禪師，因他機辯敏捷，受到行思的器重，享有「眾角雖多，一麟足矣」的稱譽。

唐玄宗天寶初年（七四二），希遷離開行思禪師，到湖南衡山，某地有一大塊石頭，平坦如臺，他在上面結庵而居，因此，時人就稱他為石頭希遷和尚。他作有〈參同契〉一文，提出一種在對森羅萬象的參驗中體會萬法本體上平等的禪觀方法。

總的來看，青原派禪法有融合南北兩宗的特點，〈參同契〉裡提出：「人根有利鈍，道無南北祖。靈源明皎潔，支派暗流注。」它也不否定傳統禪法的打坐修行。而南嶽一派則是典型的南宗禪。所以南嶽、青原雖說都屬南宗，但風格上是有差異的。

另外，南嶽、青原兩個禪派到了第二代，其傳法地點也發生了一個有趣的變化：道一從湖南到了江西，而希遷從江西到了湖南。但不管怎麼說，都沒有離開這兩個地方，因其影響都很大，很多人來往於這兩個地方行腳參禪，當時稱之為「走江湖」。

進入晚唐五代時期後，禪宗進一步分化，出現五家傳承的局面，即南嶽系下形成臨濟、溈仰兩家；青原系下形成雲門、法眼、曹洞三家，合起來是五家。到了宋代，從臨濟宗下又分出黃龍、楊岐兩派。將這些門派綜合起來，禪宗史上稱為「五家七宗」。從宋代之後的禪宗發展看，又以臨濟宗最為興盛，曹洞宗次之，其他宗派則逐漸衰落了。

有關「五家七宗」的傳承關係比較複雜，下面透過一個列表大體介紹一下：

知識連結

百丈禪師的「叢林要則二十條」：

叢林以無事為興盛，修行以念佛為穩當。
精進以持戒為第一，疾病以減食為湯藥。
煩惱以忍辱為菩提，是非以不辯為解脫。
留眾以老成為真情，執事以盡心為有功。
語言以減少為直截，長幼以慈和為進德。
學問以勤習為入門，因果以明白為無過。
老死以無常為警策，佛事以精嚴為切實。
待客以至誠為供養，山門以耆舊為莊嚴。
凡事以預立為不勞，處眾以廉恭為有禮。
遇險以不亂為定力，濟物以慈悲為根本。

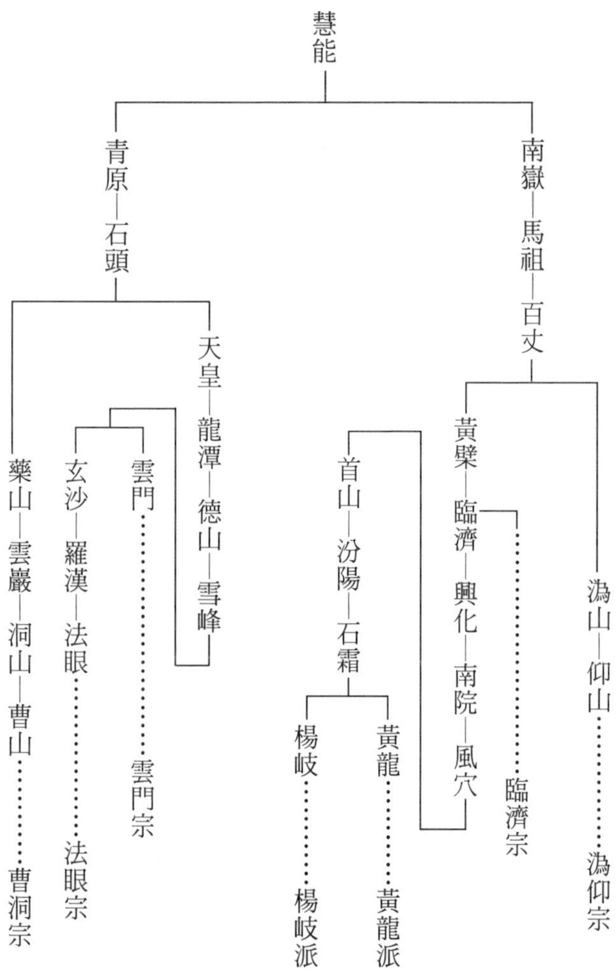

早期禪宗本來比較接近民眾，禪師多是在遠離權力中心的僻遠地區活動。但到了五家七宗時代，卻大多依賴在地方權勢之下，如臨濟宗在河北三鎮之一——成德鎮所在地的鎮州，得到割據軍閥王氏一族的支持；法眼宗則受到南唐李氏、吳越錢氏的庇護等等。宋代官僚、文人士大夫階層廣泛習禪，禪宗各派也受到朝貴的支持，宋代禪宗出現空前的繁榮局面。但前期禪宗思想新穎，見解獨創，富於批判精神和肯定個性等因素逐漸淡化，禪主要轉化為說「公案」、鬥「機鋒」的文字禪。禪門間形成了上千個公案，結果「不立文字」的禪變成最講究言語文字。從某種角度說，形式上最為活潑自由的禪變成一些僵化、教條的東西，禪宗由最初的遠離世俗演變成較為世俗化的佛教宗派。

這些轉變當然都與當時的具體歷史背景有關，但有一點值得肯定，那就是從宋代至清末的上千年間，禪宗作為中國佛教的主流宗派，對中國文化的發展產生了重要影響，包括對宋代的理學、明代的心學，以及道教的發展等，都有著重要影響。

由於禪宗提倡「在俗修道」，為社會各階層在家人士學佛提供了方便法門，居士佛教此後有著越來越重要的地位。

禪宗還與同樣興起於唐代的淨土宗融合，成為這一時期中國人學佛的兩大主要途徑。

禪宗的經典相當獨特。早先以《楞伽經》為主要經典，從弘忍、慧能開始，轉變為以《金剛經》印心，主要原因可能是因為《金剛經》更加凸顯了大乘空宗關於「一切相皆是虛妄」的思想，符合南宗禪不執著於外在修行形式的要求。

在慧能圓寂之後，眾弟子彙集慧能的言教，形成中國禪宗自己的一部獨特經典——《六祖壇經》。

再往後，禪宗則主要透過禪師的語錄、燈錄來體現其教義，更加突出了禪宗主張的「口耳授受」的傳統，禪語的紀錄具有很強的隨機性、靈活性，師徒間語默相對的一瞬間，不著任何痕跡就傳達了一般語言文字難以傳達的內涵，成為中國佛教一種獨特的著述方式。

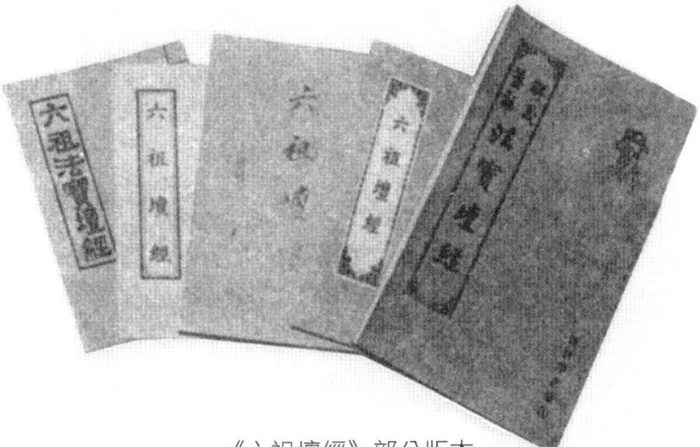

《六祖壇經》部分版本

知識連結

禪宗祖師們的語錄，是表現他們禪的內在的經驗記錄，不只是個人的傳記，而且是佛法的記述，因為在他們，人和佛法是不二的，人就是佛法，佛法就是人。他們之間的問答機緣，後人稱為「公案」。公案原是指公府的案牘，是用來剖斷是非的；祖師們對機鋒垂示所用的語言和動作，是用來剖斷迷悟的，因此也稱為「公案」。機鋒的本義是弓箭上的機牙和箭鋒，禪宗用以比喻敏捷而深刻的思辨和語句，也叫「禪機」。如蘇軾〈金山妙高臺〉詩：「機鋒不可觸，千偈如翻水。」禪家多用機鋒之言驗證對方的悟道程度。

佛光普照：淨土宗

禪宗之外，淨土宗也是一個富有中國特色的佛教宗派，是因專修往生阿彌陀佛淨土而得名。

有關阿彌陀佛的來歷，據《無量壽經》等記載，在過去久遠劫世自在王佛住世時，有一個國王發無上道心，捨去王位出家，名為法藏比丘。他觀察到世間眾生的痛苦，發誓建立一個無苦純樂的淨土世界，在歷經五大劫的思慮之後，他共發了四十八個大願，每一願都說：如果這一願不能實現，我就不成佛。此後，又經過不斷積聚功德，在距今十劫之前，距此世界向西十萬億佛土之外，願行圓滿，成為阿彌陀佛。

阿彌陀在梵語中有「無量壽」和「無量光」等意思，也就是說，他的壽命是無限的、光明是無限的，前者代表突破有限的時間，後者代表突破有限的空間，因此他所成立的世界無限美好，沒有其他世界眾生的任何痛苦，沒有地獄、畜生等惡道，生到那裡的所有眾生都是無量壽、無量光，最終都能修行成佛，因此稱為「西方淨土」，或者叫「西方極樂世界」。

知識連結

《佛說阿彌陀經》對西方極樂世界環境的描寫：「極樂國土，有七寶池，八功德水，充滿其中。池底純以金沙布地，四邊階道，以金、銀、琉璃、頗梨（玻璨）合成。上有樓閣，亦以金、銀、琉璃、頗梨、硨磲、赤珠、瑪瑙而嚴飾之。池中蓮華，大如車輪。青色青光、黃色黃光、赤色赤光、白色白光，微妙香潔。……彼佛國土，常作天樂，黃金為地，晝夜六時，雨天曼陀羅華。……彼佛國土，微風吹動，諸寶行樹，及寶羅網，出微妙音，譬如百千種樂，同時俱作。聞是音者，自然皆生念佛、念法、念僧之心。」

阿彌陀佛四十八大願之一就是接引十方世界的眾生往生到這個淨土，方法很簡單，只要真心信仰阿彌陀佛，願意往生到西方淨土，平時持誦阿彌陀佛的名號，那麼在這個人臨終時，阿彌陀佛就會出現在他面前，將其接引到極樂世界。阿彌陀佛因此也被稱為「接引佛」。

淨土法門的基本理論，概括地說就是「信、願、行」三個字，修行方法就是「念佛」。在西方極樂世界，還有兩尊大菩薩輔佐阿彌陀佛度化眾生，這就是觀世音菩薩和大勢至菩薩，通常這兩位菩薩像位於阿彌陀佛兩旁，合稱為「西方三聖」。

由於西方極樂世界無限美好，極容易引起人們的嚮往，特別是對那些苦難中的人們，極樂世界是一個理想的安身之所。同時，它的修行方法又極為簡單，只要念佛就可以，即使不識字的人也可以修學，而且非常快捷，一生即可以成就，因此淨土法門得到廣大民眾階層的積極支持，廣泛流行。

按照淨土宗經典的描述，因往生者修行的程度有高低勝劣，往生的品位是有差別的，往生後見到佛、成佛的時間也有長有短，從而分有上、中、下的三輩九品。但即使是最下等的「下品下生」，也同樣達到了不生不死的境界，是遠遠超過生到天堂中的。在修行方法上，它改變了佛教堅持以自力為主的原則，提倡依靠阿彌陀佛慈悲願力獲得解脫的他力法門，具有極強的信仰性。因此淨土宗被視為釋迦牟尼所說的一個特別法門，稱為「捷徑中的捷徑」。

西方三聖

印度佛教中即有淨土和念佛觀念，在現存大乘經論中，記載阿彌陀佛及其極樂淨土之事者約有兩百餘部，可見有關彌陀信仰及淨土教義是大乘佛教中相當重要的部分。但是將專門念誦阿彌陀佛名號、求生淨土作為一種獨立的修行方式，形成以念佛法門為主

江西廬山東林寺

的淨土宗，應是中國佛教的一個創造。雖然它與禪宗的理念有很多不同，但是在頓捷成佛這一點上，卻又是精神相通的。

淨土宗也有自己的祖統，但這個祖統形成得相當晚，直到民國年間才真正確立。

宋朝編撰的《樂邦文類》、元朝編撰的《佛祖統紀》等，都列出一些淨土宗的祖師，如慧遠、善導、承遠、法照、少康、延壽、省常等。但所列的多是弘揚淨土法門的著名人物，並沒有學說上的傳承關係，更沒有師承關係，均為後人據其弘揚淨土的貢獻推戴而來。

清朝末年，印光法師對此前的名單增減若干人，確定了淨土宗十二祖，分別是：初祖盧山東林慧遠；二祖長安光明善導；三祖南嶽般舟承遠；四祖五臺竹林法照；五祖新定烏龍少康；六祖杭州永明延壽；七祖杭州昭慶省常；八祖杭州雲棲蓮池；九祖北天目靈峰蕅益；十祖虞山普仁截流；十一祖杭州梵天省庵；十二祖紅螺資福徹悟。民國年間印光法師圓寂後，被門下推為淨土宗第十三祖。這是目前為止獲得公認的淨土宗祖師。

慧遠（三三四—四一六），雁門樓煩（今山西崞縣）人，俗姓賈。他是我國早期對佛教發展做過傑出貢獻的高僧。他在毘曇學、中觀學、禪學、律學等方面都有很多論述，特別對於淨土法門，是有開闢之功的。

慧遠長期住在江西廬山東林寺，在這裡，他集合了僧俗共一百二十三人，結為蓮社，提倡往生淨土，所以後世又將淨土宗稱為「蓮宗」。之所以叫做蓮社，是因為根據淨土宗經典，往生到西方極樂世界的眾生都是從蓮花中化生出來的，不同於其他世界眾生的血肉之軀，因此極為潔淨，永生不死。

慧遠在佛教理論上，極力主張神識不滅的理念，推衍出三世因果論，用來破斥一般人對善惡因果無法驗證的懷疑，這種神識不滅的思想也為淨土宗往生提供了理論依據。從慧遠留下的著述看，他提倡的淨土法門與後世以念佛為主的修行方式不太一樣，他們主要是用觀想的方式，將淨土與禪觀結合起來，這種禪觀，他稱之為「念佛三昧」。

學術界一般認為，中國淨土宗的實際創立者應是唐代的善導。

善導(六一三—六八一)，俗姓朱，臨淄人。幼年出家，後讀到《觀無量壽經》，大為欣賞，決意專修淨土。他曾問學於一位提倡修學淨土法門的道綽法師。在道綽法師圓寂後，善導來到首都長安，在這裡弘揚淨土法門。善導的著述有《觀無量壽佛經疏》、《往生禮讚偈》、《淨土法事讚》、《般舟讚》和《觀念法門》等，系統闡述了淨土宗的原則和方法。

其實，在慧遠與善導之間，至少還有兩位弘揚淨土宗的著名人物，一是北魏時期的曇鸞（四七六—五四二），二是善導的師父道綽（五六二—六四五），都主張專修淨土。有人主張應該將他們列入淨土宗祖師的行列，但最後確定的名單中並沒有他們，直接以善導上接慧遠，主要原因可能在於：善導是曇鸞和道綽淨土思想的集大成者，也就是說善導的淨土法門已經包含了前兩者的觀點，並且論證得更為完善。

善導與慧遠在淨土修行方式上有兩點重要的區別：一、慧遠主張往生淨土是自力和他力的結合，也就是說自己要有禪定的功夫，然後再依靠阿彌陀佛的力量得以往生。善導更強調他力的作用，認為只要念佛就可以往生，往生

知識連結

三昧是梵語Sāmadhi的音譯，又譯為「三摩地」「三摩提」，意為正思維指導下的定力。龍樹《大智度論》說：「善心一處住不動，是名三昧。」慧遠《大乘義章》說：「以體寂靜，離於邪亂，故曰三昧。」佛教認為修行能證得「三昧」，則能引發種種神通妙用。慧遠認為，觀想經典所描述的阿彌陀佛和西方極樂世界的形象，可以使人進入三昧狀態，心清淨到極點，自然感應生到西方淨土。

曇鸞大師畫像

善導塑像

的根據不在於自己的修行功夫，而是阿彌陀佛的慈悲願力。二、慧遠主要以觀想念佛為主，實質上仍是一種禪觀的方法；慧遠也沒有提倡專修淨土，並沒有排除其他修學法門。善導則強調稱名念佛的方式，也就是口稱阿彌陀佛名號，不必作觀想，主張淨土修學要專精，不必再學其他法門，只要一心念佛即可。從後世淨土宗發展來看，主要是沿著善導的這條途徑，因此說善導才是中國淨土宗的真正創立者。

曇鸞、道綽和善導有兩個非常重要的觀點：末法觀念和難行道、易行道的辨別。這是中國淨土理論的核心，也是提倡修行淨土的前提。這個思想被後世淨土宗所繼承。

佛教關於「末法」的概念，有很多種說法，比較通行的看法是：在釋迦牟尼入滅（圓寂）後五百年內，為「正法」時期，此後的一千年為「像法」時期，然後進入「末法」時期，「末法」時期共有一萬年，末法之後，佛教在此世界徹底毀滅。

按照這種分法，此世界的世風越來越濁惡，眾生根機越來越陋劣，僧團也越來越腐敗，在「正法」和「像法」時期，還可以依靠一般法門修學而有所成就，進入「末法」之後，一般的法門已經失去作用，只有依靠淨土這個特別法門才能獲得解救。而按照釋迦牟尼圓寂的日期推算，到道綽、善導生活的那個時代，正好開始進入「末法」時期。這是他們大力提倡淨土法門在時間上的重要依據。

與此相應，將淨土之外的其他法門稱為「難行道」，依靠那些法門修行，時間漫長，眾生的根機也無法領會；淨土法門則稱為「易行道」，因為有一個現成的西方極樂世界可以往生，有阿彌陀佛的慈悲願力，因此修學淨土法門就相對容易得多，幾乎可以說是「末法」時期眾生獲得解脫的唯一出路。一旦生到極樂世界，這個世間的種種苦難包括修學佛法的一切難題徹底解決。「難行道」和「易行道」的區分，可以視為淨土宗一種獨特的判教方式。在淨土宗裡，有著濃厚的救贖觀念，它也是所有佛教宗派中最強調信仰的一宗。

善導之後，淨土宗繼續流傳，歷代名師輩出。先有承遠、法照、少康等繼續弘揚，這幾位法師都繼承善導的淨土思想，可以稱之為「善導系」。

知識連結

《六祖壇經》論念佛：「東方人造罪，念佛求生西方；西方人造罪，念佛求生何國？凡愚不了自性，不識身中淨土，願東願西；悟人在處一般。所以佛言：隨所住處恆安樂。」「使君心地但無不善，西方去此不遙。若懷不善之心，念佛往生難到。今勸善知識，先除十惡，即行十萬，後除八邪，乃過八千。念念見性，常行平直，到如彈指，便睹彌陀。使君但行十善，何須更願往生？不斷十惡之心，何佛即來迎請？若悟無生頓法，見西方只在剎那。不悟念佛求生，路遙如何得達？」代表了早期禪宗對淨土宗排斥的觀點。

中晚唐和五代時期，禪宗興盛，早期的禪宗一度是排斥淨土的，他們認為淨土的修行是「向外求法」，是「執著」，這與禪宗「即心即佛」，不執著於任何法相的觀念是相違背的。禪宗完全以自力求解脫，這與淨土宗依靠他力信仰求解脫的方式也似乎極為矛盾。在禪宗看來，如果說有淨土的話，淨土也不在別處，就在自己的內心，所以不應該求什麼往生，只要修好自己的內心就行了。

五代末期，杭州永明寺（即淨慈寺）的延壽禪師（九〇四—九七五）本來是法眼宗的宗師，但晚年歸向淨土宗，主張禪淨不二，提倡禪淨兼修，著有《萬善同歸集》等，發揮淨土思想，開闢了禪宗以念佛為修行方式的途徑。永明延壽論證說：唯心淨土與西方淨土並不矛盾，佛教所謂的「唯心」是指我們的妙明真心，它豎窮三際，橫遍十墟，即是宇宙的全體，西方極樂世界當然也在其中，生到西方極樂世界也就是生到唯心淨土。從佛教所說的理事圓融看，唯心淨土是理，西方淨土是事，兩者都是存在的，如果認為只有唯心淨土，沒有西方淨土，這是執理棄事，同樣是一種

知識連結

延壽作有一組著名的詩偈，稱為「四料簡」，代表了他禪淨兼修的淨土觀：

有禪有淨土，猶如帶角虎，現世為人師，來生作佛祖。
無禪有淨土，萬修萬人去，若得見彌陀，何愁不開悟。
有禪無淨土，十人九蹉路，陰境若現前，瞥爾隨他去。
無禪無淨土，鐵床並銅柱，萬劫與千生，沒個人依怙

偏見和執著。

永明延壽的影響非常大，宋代儘管禪宗非常興盛，但淨土宗同樣盛行，兩者並行不悖，成為近一千年來中國佛教的兩大主流宗派。

淨土的信仰更是深入民間，宋元時期出現了白蓮社、淨業會、淨土會等多種民間佛教組織。

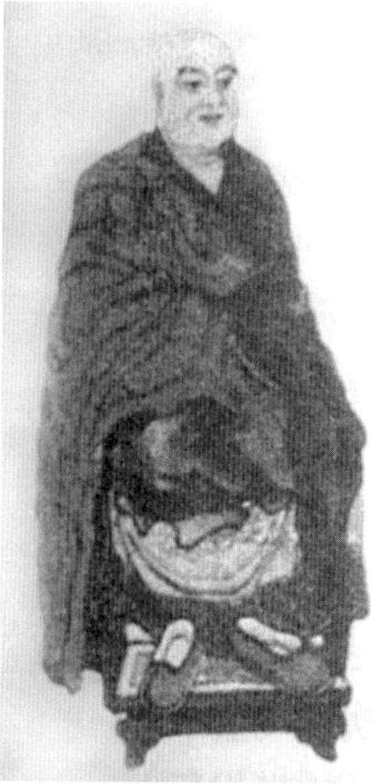

延壽像

觀世音菩薩也是西方極樂世界的大菩薩，他發誓說：十方世界的眾生，遇到危急災難時，只要誠心稱誦觀世音菩薩名號，觀世音菩薩會立刻去解救他，使其脫離苦難，這稱之為「尋聲救苦」。阿彌陀佛的作用是接引人死後往生，觀世音菩薩則是救度現世的災難，兩者正好起到相輔相成的作用。因此，宋代之後，出現「家家彌陀佛，戶戶觀世音」的局面，也就是大多數家庭都供奉這兩尊佛菩薩像，彌陀信仰和觀音信仰同屬於淨土法門，因為二者都以稱誦名號這種簡單方式體現佛教的慈悲救度。

宋代之後專門弘揚淨土的著名人物，如明代的蓮池袾宏（一五三五—一六一五）、蕅益智旭（一五九九—一六五五）、清代的徹悟際醒（一七四一—一八一〇）等，

很多是從禪宗、華嚴宗、天臺宗等宗派歸向淨土宗的。

從永明延壽到徹悟禪師，又顯示了初祖慧遠的影響，即將淨土修學與其他法門結合起來，因此這幾位淨土宗祖師可以稱為「慧遠系」。

近代的印光法師則提倡專修淨土，似乎又回到了「善導系」的途徑。

淨土宗的經典主要有《無量壽經》、《觀無量壽經》、《佛說阿彌陀經》和世親所著的《往生論》，合稱為「三經一論」。

其中《無量壽經》的篇幅較大，詳盡地描繪了法藏發四十八大願、建立西方淨土、成為阿彌陀佛的過程，描述了西方極樂世界講堂、精舍、宮殿、樓觀、寶樹、寶池等的微妙嚴淨，眾生往生到那裡都是蓮花化生、入正定聚、形象莊嚴、永無生死等等。同時也講述此方世界（穢土）的種種罪惡、痛苦，勸人生起信心和願望，往生到西方淨土。《觀無量壽經》主要從十六種觀想方面描繪了極樂世界的種種莊嚴以及獲得觀佛三昧、念佛三昧的途徑。這部經介紹的主要方法是觀想念佛，在早期淨土宗中地位非常重要。

鳩摩羅什翻譯的《佛說阿彌陀經》篇幅短小，內容與《無量壽經》相同，只是比較簡略，其中特

觀世音菩薩

知識連結

我教原開無量門，就中念佛最為尊。
都融妄念歸真念，總攝諸根在一根。
不用三祇修福慧，但將六字出乾坤。
如來金口無虛語，歷歷明文尚具存。
——（《省庵法師語錄》卷下）

別強調執持阿彌陀佛名號的修行方式，成為持名念佛的根本依據。由於篇幅適中，在明代之後，它成為中國佛教寺院中每天「早晚課」的必讀經典，是中國佛教徒最熟悉的佛教經典之一。

知識連結

《觀無量壽經》第九觀「無量壽佛觀」節錄：「次當更觀無量壽佛身相光明。阿難當知，無量壽佛身如百千萬億夜摩天閻浮檀金色，佛身高六十萬億那由他恆河沙由旬，眉間白毫，右旋宛轉，如五須彌山。佛眼如四大海水，青白分明。身諸毛孔，演出光明，如須彌山。彼佛圓光，如百億三千大千世界，於圓光中，有百萬億那由他恆河沙化佛，一一化佛，亦有眾多無數化菩薩以為侍者。無量壽佛，有八萬四千相，一一相中，各有八萬四千隨形好，一一好中，復有八萬四千光明，一一光明，遍照十方世界念佛眾生，攝取不捨。其光相好，及與化佛，不可具說。但當憶想，令心眼見。見此事者，即見十方一切諸佛。以見諸佛故，名念佛三昧。作是觀者，名觀一切佛身。以觀佛身故，亦見佛心。佛心者，大慈悲是。以無緣慈，攝諸眾生。作此觀者，捨身他世，生諸佛前，得無生忍。是故智者，應當繫心，諦觀無量壽佛。觀無量壽佛者，從一相好入。但觀眉間白毫，極令明瞭。見眉間白毫相者，八萬四千相好，自然當現。見無量壽佛者，即見十方無量諸佛。得見無量諸佛故，諸佛現前授記。是為遍觀一切色身相，名第九觀。作是觀者，名為正觀。若他觀者，名為邪觀。」

第五章

覺悟之道：佛教的核心信仰

法界緣起：佛教的宇宙觀和世界觀

佛教向我們展示了一個無窮大、無窮長的宇宙時空。所謂「世為遷流，界為方位」，「世」是不斷遷流的時間，「界」是東西南北等多種方位的空間。那麼世界是如何形成的？有沒有開始和結束？它究竟有多大？我們要理解佛教的理論，首先要了解其世界觀。

先說空間——界。佛教認為，「界」是以須彌山為中心形成的，須彌山周圍環繞著九山、八海、四大洲、太陽、月亮，合稱為一個「小世界」。一千個如此的小世界，稱為一個「小千世界」。一千個小千世界，為一個「中千世界」。一千個中千世界為一個「大千世界」，也就是說，一個「大千世界」裡包含著十億個小世界。因一個大千世界中含有小、中、大三種「千世界」，故大千世界又稱為「三千大千世界」。世界即由無數個三千大千世界所構成，在空間上是廣大無邊、無有限量的。

佛教常稱我們所住的這個世界即釋迦牟尼進行教化的現實世界為娑婆世界。「娑婆」是梵語sahā的音譯，意譯為「堪忍」、「忍」、「能忍」、「雜惡」等，意思是說：我們這個世界是一個濁惡、苦難的世界，但是這裡的眾生卻

知識連結

須彌山，梵名Sumeru，又譯作蘇迷盧山、須彌盧山、彌樓山等，意譯為妙高山。原為印度神話中之山名，佛教沿用這種觀念，謂其為聳立於一小世界中央之高山。每一世界最下層係一層氣，稱為「風輪」；風輪之上為一層水，稱為「水輪」；水輪之上為一層金，或謂硬石，稱為「金輪」；金輪之上即為山、海洋、大洲等所構成之大地。須彌山即位於此世界之中央。

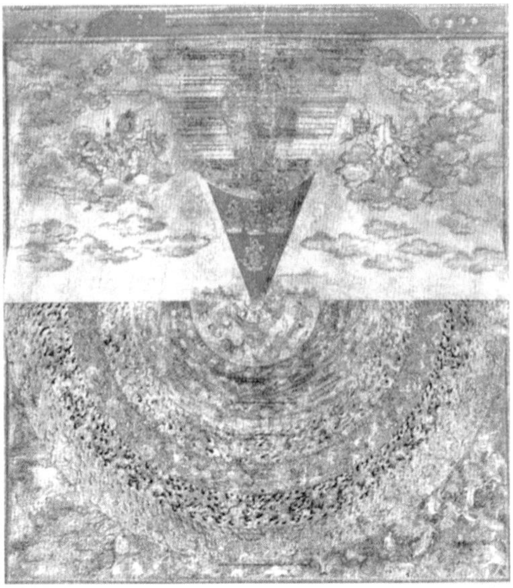

唐卡《須彌山圖》

能夠忍受，不肯出離。佛教的這種認識與其他宗教的世界觀完全不同，而與現代天文學、宇宙學的觀察非常近似。

再說時間——世。佛教提出「劫」的概念，對於我們人類而言，「劫」是一個極為漫長的時間週期。劫也有大劫、中劫、小劫的分別，世界從形成到毀壞為一大劫，經歷周而復始。據說一個大劫相當於人間的四十三億兩千萬年，它是一個小世界生成與毀滅的過程。一個大劫又分為四個中劫，即「成、住、壞、空」四個階段；每個中劫又分為五個小劫，在任何一個劫的末期都會有各種災難出現。在「住劫」的後期，眾生行為邪僻，壽命減少，便陸續發生饑饉、疾疫和刀兵等災禍，稱為「小三災」。到了「壞劫」之末，則發生更為可怕的火災、水災和風災，稱為「大三災」。最後的風災，把世界吹得蕩然無存，從而進入「空劫」。在經歷漫長的「空劫」後，世界會再次產生，因此整個世界是處於輪迴之中的。

以上無窮無盡的時空是相互依存的，「世」與「界」是不可分割的，因此合稱為「世界」。

但按照佛教經典，上面所說的這些還只是構成世界的一部分，稱為「器世間」，即是所謂物質世界，也就是指我們賴以生存的環境，即山河大地、房舍器物等一切。構成世界的另一部分稱為「有情世間」，「情」是指「情識」，就是六道眾生的心識，凡是有心識的眾生，就稱為有情。這裡顯示了佛教世界觀的一個重要觀念：生命與世界是同時

知識連結

「劫」為梵語kalpa的音譯，或譯為「劫波」。因為一個劫中常常有各種災難，因此在中國語言系統中，常常用「劫」來表示「災難」，比如「浩劫」、「在劫難逃」、「劫後餘生」等等。

存在的，是一體的。世界是因生命的感知而存在的，沒有生命也就談不到有世界。世界處在輪迴之中，生命也處在輪迴之中。

器世間與有情世間之所以是一體的，是因為構成他們的基本要素是完全一樣的，那就是「四大」——地、水、火、風。佛教認為一切物質都是這「四大」所生。「四大」各有不同的性能和業用，地大以堅為性，有一定硬度，其業用能受持萬物；水大以濕為性，有一定的濕度，其業用能使物攝聚不散；火大以熱為性，有一定的溫度，其業用能使物成熟；風大以動為性，有一定的動力，其業用能使物成長。人身亦由「四大」構成，是「四大」假合的產物，如果「四大」不調，人就會生病，當「四大」分散之時，人也就隨之死亡。

有情世間除了有「四大」之外，更重要的在於有「五蘊」，這是其區別於「器世間」的不同之處。「五蘊」的「蘊」是積聚、類別的意思，指色、受、想、行、識等五種要素積聚在一起，代表著「有」的一切，共同形成有情世間，其中色蘊是「身」，受、想、行、識四蘊是「心」，器世間則只有色蘊而沒有後面的四蘊。簡要地說，色蘊是指各種有形的物質，即前面所說的「四大」；受蘊是指對境而承受事物之心的作用；想蘊是指對境而想像事物之心的作用；行蘊是指其他對境關於瞋、貪等善惡一切心的作用；識蘊是指對境而了別識知事物之心的本體。後面的四蘊，大致相當於現代漢語中的「感受」、「想像」、「意識」、「認識」等概念。

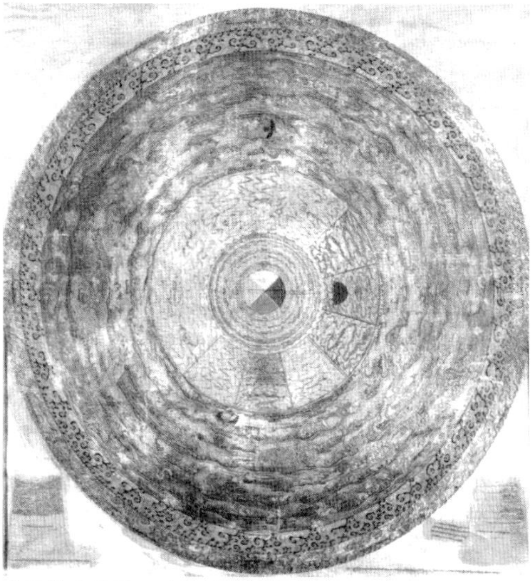
藏傳佛教的地、水、火、風

黃念祖居士曾經這樣解釋「五蘊」的關係：「例如，我們現在看見了風扇，看見有一個東西，這個就是色蘊。我們一看，腦子就有所領受，內心生起一種領納的作用，來領納樂境、苦境及不苦不樂境。想蘊就是種種思想，當內心與外境接觸時所引起的思想活動，如了解、聯想、綜合與分析。而我們這個想是念念不斷的，念念遷流就是行蘊。識蘊是我們能夠了別、認識，例如上述風扇轉動發聲，人最初只聽到聲音，隨即知道是聲音，這是耳識；同時傳達到意，能分別了知這是風扇轉動所發的聲音，這就是意識。意識是了別，這個了別的念頭相續不斷，似水長流，前浪後浪滾滾不停就

知識連結

《圓覺經》論人身假合：「我今此身，四大和合，所謂髮毛爪齒，皮肉筋骨，髓腦垢色，皆歸於地；唾涕膿血、津液涎沫、痰淚精氣、大小便利，皆歸於水；暖氣歸火；動轉歸風。四大各離，今者妄身，當在何處？即知此身畢竟無體，和合為相，實同幻化。四緣假合，妄有六根，六根四大，中外合成，妄有緣氣，於中積聚，似有緣相，假名為心。善男子，此虛妄心，若無六塵，則不能有，四大分解，無塵可得，於中緣塵，各歸散滅，畢竟無有緣心可見。」

叫做行蘊，所以行蘊以遷流為義。至於受蘊，當聽到悅耳順心之聲就歡喜，聽到刺耳違心的聲音則煩惱，所以它以領受為義。受、想、行、識四蘊屬於心的，因為心、身兩方面，心上的障礙更多。所以『五蘊』裡，四個說的都是心，都是精神方面的，只有一個色蘊是有關物質方面的。五蘊都遮蓋我們本性，是妙明真心的障礙。」

佛教中常說「四大皆空」、「五蘊皆空」，是說「四大」、「五蘊」皆是因緣和合，其性本空，不可執著為實有。對本來是空的東西執著為實有，必然產生煩惱，並造作各種惡業，這是眾生多劫以來無法超脫生死輪迴的根本原因。

從根本上說，佛教認為：世（時間）與界（空間）之所以存在，來源於有情眾生的妄想、分別和執著，更深層的叫做「無明」，總稱之為「煩惱」。因為眾生有強烈的時間觀念、堅固的空間束縛，因此永遠束縛於六道輪迴之中。佛教認為宇宙人生的真相、六道輪迴的起源，就是由無明而產生的妄想、分別、執著。六道輪迴本來沒有，是眾生自己造的，自作自受，六道是根據眾生妄想、分別和執著的輕重而區分出來的。

六道輪迴：佛教的生命觀

輪迴說是佛教的重要理論基礎，這種觀點認為，人的生命不是一期生死，而是循環無窮，輪迴的直接原因在於業，更深層的原因在於無明，在業報的基礎上，生命在三世的時間中從過去走向將來，又在六道的不同生命形態中升沉。

佛教認為世間一切的現象都離開不了輪迴循環的道理，宇宙物理的運轉是輪迴，善惡六道的受生是輪迴，人生生死的變異也是輪迴。宇宙物理的自然變化，譬如春夏秋冬四季的更遞，過去、現在、未來三世的流轉，晝夜六時的交替，是一種時間的輪迴。東西南北方位的轉換，這裡、那裡、他方、此處的不同，是空間的輪迴。日常生活中處處體現著輪迴，譬如風起雲湧，凝聚成雨，雨水被太陽蒸發成雲，雲再轉變成雨，如此周而復始，是輪迴現象。輪迴雖然本質上是虛幻的，就像人做夢一樣，但做夢時，人仍然會受夢境的影響，或高興，或害怕，或緊張等等，其感受是真實的，這就是所謂「夢中明明有六趣，覺後空空無大千」。也就是說，對於那些真正的覺者，紛紜的大千世界才不復存在，輪迴也不復存在；對於那些尚未覺悟的「夢中人」而言，六道輪迴是分明存在的。

佛教所說的六道（或稱六趣）包括地獄、餓鬼、畜生、阿修羅、人、天。其中，地獄、畜生、餓鬼稱三惡道，阿修羅、人、天稱三善道。地獄界是指地下八寒八熱的牢獄，犯上品之五逆、十惡者生於其中，受無窮之極苦。

畜生界指披毛戴角鱗甲羽毛四足多足之生類，造中品之五逆、十惡者受生其中，互相吞啖，受苦無窮。

餓鬼界在地下五百由旬之處，造下品之五逆、十惡者生於其中，不得飲食，受苦無窮。

修羅界全稱為「阿修羅界」，位於大海底，懷猜忌心、勝他心、修下品十善者受生其中，常與諸天鬥爭而憂惱苦逼。

人界在須彌四洲，持五戒、具修中品十善者受生其中，常貪惜自身、戀著眷屬，苦樂交錯。

天界是修上品十善又兼修禪定者之受報處，有三界二十八天之別；此雖為勝妙之果報，但福報享盡，亦不能超脫輪迴生死。

梁武帝蕭衍像

總之，六道內的眾生由於思想造作的力量——業力，形成了因果相續、無始無終的生命之流，而現起了六種生命現象，這就是六道輪迴。

佛教稱「六道」為「六凡道」，也就是凡夫居住的地方，在此之上還有四聖道，即修道聖者的覺悟境界。六凡道和四聖道合在一起，稱之為「十法界」或「十界」。四聖道分別為聲聞界、緣覺界、菩薩界、佛界。四聖道的境界也有高低的不同，但都已超脫了六道輪迴，其中前兩界為小乘修道者所證得的境界，後兩界為大乘修道者所證得的境界。

六道，既是物理性的世界，有其空間特性，也是精神性的世界，有其價值特性。

據說南北朝時期的梁武帝曾經問誌公禪師，如果有天堂、地獄，能否帶他去親自一看。

誌公禪師說可以。當時誌公禪師就對著梁武帝破口大罵，惹得梁武帝怒火中燒，拔劍就想刺殺誌公禪師。誌公禪師一看，趕緊躲到柱子的後面，大聲叫道：「這就是地獄。」

知識連結

五逆是佛教所說的五種最嚴重的罪惡，分別為：殺父、殺母、殺阿羅漢、出佛身血、破和合僧。

十惡為世間各種不善行為的總和，又分為身、口、意三類，分別為身業不善：殺、盜、邪淫；口業不善：妄言、兩舌、惡口、綺語；意業不善：嫉妒瞋恚、憍慢、邪見，成語「十惡不赦」即來源於此，意味著這十種惡業是無法饒恕的。

十善是相對於十惡而言的世間各種善的行為的總和，即身三種善：一不殺生，二不偷盜，三不邪淫；口四種善：一不妄語、二不兩舌、三不惡口、四不綺語；意三種善：一不貪欲、二不瞋恚、三不邪見。

梁武帝猛然發現自己上當了，立即表示慚愧，並向誌公禪師道歉。誌公禪師就從柱子後面出來，大聲笑道：「這就是天堂啊！」

梁武帝對此表示非常滿意。

佛教認為，六道輪迴的因就是善念和惡念，殺、盜、淫等十惡是三惡道的因，不殺、不盜、不邪淫等十善是三善道的因。只要具有這些善與惡的心念，就會在條件具足的情況下，因緣和合，而得到相應的結果，現前一念心的善惡，就已經決定當時體現的生命狀態了。所以，當一個人的情緒經常處於貪婪、瞋恨、愚癡時，他所體現的現實生命就是痛苦的、黑暗的；而當一個人的情緒時常處在正義、純善時，他的現實生命也就充滿了光明和喜悅。

佛教所謂「十界一心平等」、「十界一念」，也就是說：十法界是我們當下的一念心性決定的，心性的現象儘管有差異，但心性本身是完全平等的。佛教典籍《圓覺經》謂：「一切眾生，種種幻化，皆生如來圓覺妙心，猶如空花，從空而有，幻花雖滅，空性不壞。眾生幻心，還依幻滅，諸幻盡滅，覺心不動。」佛界就是徹底覺悟的境界，只有佛的心真正離開了幻化，體證到無始無終的妙明真心。因此我們反覆看到的這個大千世界確實是不存在的。其他九界，是依據迷的程度而形成的，地獄當然屬於迷得最厲害的一界，但即使是地獄中的眾生，他們的真心仍然存在，只

知識連結

佛教典籍對於地獄的陰森恐怖有很多形象的描述，地獄是前生犯有極重罪業的眾生死後受報的地方，有八寒地獄、八熱地獄等。如《長阿含經》卷十九對地獄描述：「大燒炙地獄中，自然有大火坑，火焰熾盛，其坑兩岸有大火山，其諸獄卒捉彼罪人貫鐵叉上，豎著火中，燒炙其身，重大燒炙，皮肉燋爛，苦痛辛酸，萬毒並至。餘罪未畢，故使不死，久受苦已，然後乃出大燒炙地獄，慞惶馳走，求自救護，宿對所牽，不覺忽至黑沙地獄，乃至寒冰地獄。無間大地獄有十六小獄，周匝圍繞，各各縱廣五百由旬。云何名無間地獄？其諸獄卒捉彼罪人剝其皮，從足至頂，即以其皮纏罪人身，著火車輪，疾駕火車，輾熱鐵地，周行往返，身體碎爛，皮肉墮落，苦痛辛酸，萬毒並至。餘罪未畢，故使不死，是故名為無間地獄。」生在地獄中的人想死都死不了，遭受無休無盡的痛苦折磨。

不過是迷失了而已。這正是佛教的世界觀所體現出的最為偉大的一面，佛教的慈悲觀念也是由此引出的。

由此可見佛教六道輪迴的理論是有著深刻的現實倫理目的的，是以一般人常有的欣厭心理、希望心理和恐懼心理來進行道德教化，也具有勸善的功能。人們欣上厭下，喜好良善的人和天境界，厭惡苦惡的三惡道境界，希望人天善境，恐懼惡道之苦，由此而進入修善斷惡的道德生活。

那麼眾生究竟是如何輪迴轉生的？佛教特別是密宗的《西藏生死書》等有相當詳細、具體而獨特的描述，密宗的修持也特別注重中陰身的修煉，認為這是超越生死輪迴的關鍵時刻。佛教關於生死奧秘的這些揭示，有些在目前的科學上尚難以驗證，這裡做些簡單介紹。

佛教認為人的死亡如龜脫殼，是一種相當緩慢的過程，真正的死亡要經過相當長的時間，不是呼吸、心跳沒有了就是死亡。佛教認為肉身是神識用以表達欲望的工具，它是神識的「用」，當肉身出了問題以致無法再表達神識的欲望時，神識就會脫離肉身，這個人就死亡了。佛教將死亡過程歸納成三個階段，即中陰前期、中陰期與中陰後期。

中陰前期發生在臨終時到亡者神識脫離肉體為止，時間大約在宣布死亡後八小時左右，但每個人稍有不同。此時期發生的主要現象依次為：五識的覺、受逐漸消失，五蘊身分解及呼吸斷絕，以上狀況稱為「外分解」；接著細意念消失，稱為「內分解」；最後意根敗壞到不能恢復，然後會突然出現「地光明」，接著神識脫離肉身，結束中陰前期。

知識連結

「中陰」是佛教生命學說中的一個重要概念，是指生命由一個狀態（例如人）轉變到另一個狀態（例如狗）的中間狀態，也稱為「中有」，中陰前期又稱「臨終中有」，中陰期又稱「死後中有」，中陰後期又稱為「受生中有」。中陰期的長短隨著每個人心的狀態有所不同，但最長不會超過四十九天。中國民俗中，一般在人死後四十九天（七七）之內家人也要為死者舉行一些儀式性的活動，其來源便是佛教，但「七七」的本來內涵卻鮮有人知了。

佛教認為眾生的「身」是由意身與色身構成，色身是意身妄想執著所生，意身是「自性」經無明妄想所生的所有八識及名色所組成，也稱細膩身或識身。當它對外塵起執著，就有各種「身」，例如心喜清淨、逃避者會取無色質為身，成為無色界眾生；心好整齊完整者會取色質以成身而為色界眾生；心好物欲及淫欲者會取物質與氣為身而為欲界眾生。

人類就是欲界眾生之一，人身是由五蘊身、氣身、肉身所組成的複雜結構。其中肉身就是我們靠食物養分維持的這個身體，它包含五根及其所屬的一些功能，稱為「五大」，分別是「地大」、「水大」、「火大」、「風大」及「空大」。地大有堅固、質礙的性質，肉身中的骨、肉、鼻根與香塵都有地大的性質，它們都是地大的表相。水大有濕潤的特性，肉身中的血液、體液、舌及味塵皆屬水大。火大有冷熱、顏色之性質，故人之體溫、眼根及色塵屬火大。風大有流動、轉動之性質，故人之呼吸、身根動作及觸塵屬風大。空大有空曠的性質，故人身體之腔穴，如心臟、肺臟等屬空大。

一般人瀕臨死亡時會有「死相現前」的狀態，外表看來就是五識逐漸消失。比如看東西只見到大的輪廓，細部已辨識不清，所以分不清親人是誰；耳朵只聽到聲音，但分辨不出是什麼聲音等等。此後便是「五大」逐漸分散的「外分解」。先是地大崩潰，出現全身沉重等狀；然後分別是水大崩潰，出現流口水、尿失禁等現象；接著是火大崩潰，體溫下降、手腳冰冷；然後是風大崩潰，呼吸沉重、困難，直到最後停止。此時醫生會宣布病人已「死亡」。但病人尚有一些體溫，「識大」尚未分解，心中有「殘燭發出微紅火光」的景象，接著就進入「內分解」。此時，外五識已經喪失，第八識阿賴耶逐漸放棄對肉身的執著，終於擺脫肉身的束縛。此時，只有意身存在，神識的狀態顯得甚為「清淨」，出現「地光明」，它與「開悟」的狀況相似，如果死者前生修習佛法，此刻與他生前的修習境界相契合，從而一下子獲得覺悟，徹底超脫生死而不進入中陰身。但一般人「地光明」出現的時間很短，或許只有一秒鐘，很快神識又會執著於生前大腦皮層的紀錄，使「地光明」不再出現，接著神識就離開肉身，進入中陰期的階段。

在神識離開肉身後，因為能量消失，會陷入昏迷，昏迷時間的長短隨個人的狀況而有不同，有人很短，有人會昏迷好幾天。神識蘇醒後，會根據前生的業力見到各種光。

強烈的光明是佛光，此時也是進入中陰身的人獲得覺悟的機會，如果他此時敢於投入那強烈的光明中，他便會獲得佛陀的救度，往生到淨土世界。但大部分眾生見到的是所謂「六道淨光」，即六種「柔和」的光，其顏色為白光

（天道）、藍光（阿修羅道）、紅光（人道）、黃光（畜生道）、綠光（餓鬼道）與黑光（地獄道）。

中陰身是中陰期中存在最久的一種狀況，它有他心通與神足通，因此可以知道生前的親人在想什麼，也可穿壁越山毫無阻礙。但因沒有肉身，故見不到日光與月光，眼前只有微弱的光，可見到其他的中陰身。它感覺敏銳，記得前生所知的各種現象，它會見到鬼卒、猛獸、親人及各種恐怖、喜樂境界，也會聽到好、壞各種聲響。中陰身在前二十一天對前生的記憶尚很清晰，此後由於受到六道淨光薰染，過去生的習氣逐漸回到亡者神識上，中陰身的業障逐漸增加，神通也不再有，且煩惱增強，漸漸有找「身體」的願望，最後為自心業力所牽引，中陰身會「進入」六道淨光之一，轉世投胎，進入中陰後期。

中陰身進入六道淨光後，其識能系統立刻轉成「投生道」的識能系統，此後投生道相關的各種景象就會不斷出現，如投生天道者會見到華麗的天宮及美麗的天女等，投生阿修羅者會出現各種武器與戰爭的場面，投生人道者會見到房舍及男女行淫之事，投生畜生道者會現出洞穴等像，投生餓鬼道者會見到進入密林、草原的相狀，投生地獄者會有漆黑及血腥之象。由於前世的因緣業力，當中陰身找到其投生的處所及投生的父母時，它會特別歡喜接近，因此就有入胎的結果。一旦進入一個母胎，中陰身結束，下一期的生命便開始了。

果徹因源：佛教的緣起論與因果論

支撐佛教宇宙觀與生命觀的，有一個重要理論，這就是緣起理論。如果說，十法界只是一些現象的話，那麼在這紛繁變化的背後有一個根本的「理」：一切皆是緣起，其中又分為「因」和「緣」，「因」是指產生結果的內在直接原因，「緣」則是資助因的外在間接條件。緣起理論是佛教用來說明宇宙、世界、社會、人生和各種精神現象的生起變化及其互存關係或條件的學說，它那富於辯證的思維方式和獨到的分析方式，充分體現了佛教的智慧。

自古以來，人們便自然地思考和爭論這樣的問題：是先有雞還是先有蛋？這個看似簡單的問題，實質上涉及宇宙是如何產生的大問題，其實是異常深奧的。所有的哲學包括宗教，都試圖解釋和回答這個問題，基本思路都是想尋找到所謂「第一推動力」，只不過對哪個是「第一推動力」有不同的看法而已。但歸根結柢，「上帝」或「神靈」創造世界的看法是相當普遍的。

佛教提出的緣起理論不僅是佛教的中心思想，也是佛教獨有的特徵。

緣起論最基本的四句話是：

> 此有故彼有，此生故彼生；
> 此無故彼無，此滅故彼滅。

也就是說：因果是同時存在的，雞和蛋是同時存在的，無所謂先後問題。如果存有「先—後」這種直線式的思維方式去思考天下事物，是很難解釋清楚的。佛教的宇宙觀是圓形的，「先」與「後」也是相對而言的，此時的「後」也就是未來的「先」，現在的「先」之前也一定還有「先」。龍樹舉例說：父親要依賴兒子，兒子也要依賴父親，沒有兒子也就無所謂父親，沒有父親當然也就沒有兒子，但現在的兒子將來也可能做父親，所以無論是兒子還是父親，都不是固定的，是因緣而存在的。又如種莊稼，所謂「種子」也就是從前的「果實」，現在的「果實」也會成為以後的「種子」，所以「因」與「果」是相對存在並且是同時存在的。

佛教將自身的因緣果報論稱之為「萬有因果律」，它適用於一切物質的變化、心的變化、心物混合的變化。自眾生以至成佛，自世間以至出世間，無不受此因果律的支配。

佛經中有一偈：

> 假使百千劫，所作業不亡；
> 因緣會遇時，果報還自受。

這一偈說明了三點：一、我們所作的業是因，此因雖經很長的時間也不會自己消滅。二、此因不論長短，遇緣則生果。三、自作因，自受果，一切禍福皆由自召，並非由天神賞罰，也絕不是自作他受、他作自受。

現代科學的因果律也包含在萬有因果律中，但科學只講物與物的因果法則，一涉及人事問題或心的因素，就不再向前研究，因此科學上的因果關係較為簡單。佛教的因果律加入了心的因素，更為強調心的善惡在整個因果關係中的重要作用。

就人生而言，一個人的現在即是他個人以往一切經歷的總合。也就是說，自他出世後，即在種種環境下成長，接受家庭、學校、社會等各類教育，並和各種類型的人接觸。這一切經歷絕對不會消失，它們會藉著某種形式保存下來。一個人隨著他所經驗的善惡，其行為就會朝著善或惡發展，而形成他的人格。所謂人格，乃指智能、性格、體質等而言，它也就是我們出生後，時時刻刻經驗到的事物的總合。由此，個人常常受外界善惡的影響，同時也不斷地影響周圍。例如學生，是受同學、長輩、老師等人的影響，而形成他的人格。所謂「近朱者赤，近墨者黑」，不管是家庭、學校、公司，乃至地方團體、國家，我們時時刻刻都置身其中，受它們的感化、影響。這種與周圍環境的相互關係，也就是相依相成的緣起關係、有機的連帶關係。

每個個體生命的存在，都與其他的生命相聯繫，眾生本質上是一體的。如果我們追究一下我們吃的一個麵包、用的一條手帕的來源及過程，就可以知道，它們要經過很多人的生產、運輸、加工、販賣等曲折複雜的程序，緣中又有

知識連結

「因緣、次第緣、緣緣、增上緣，四緣生諸法，更無第五緣。」（龍樹，《中論》）這是說：緣共有四種，稱之為「四緣」。因緣，指生起某一現象的主要條件。如竹器以竹為主要條件，竹就是竹器的因緣。次第緣，指前念為後念生起的原因，即認識活動形成的條件。緣緣，指諸心、心所攀緣的境界，即認識的對象。增上緣，指任何一個事物對於其他一切事物的影響與作用。除了這四種緣之外，不存在其他的緣。

緣，這中間如果缺少任何一個「緣」，其結果可能都會改變。

佛教說要報「眾生恩」，意思就是說，我們每個人的生活都離不開世界上的任何一個眾生，所有的眾生都與我們有緣，這也是緣起原理的一種反映。依此類推，我們與世界所有的文明、文化均有關係，與過去人類的全部歷史，也有直接或間接的關聯。一個人當下的存在，即凝縮著宇宙全部的信息。由於因果之間是循環往復的圓形，因此，生命一定是永恆的，它沒有開始，也沒有結束，有的僅僅是由於緣的變化而產生的各種變化而已。人的「生」與「死」就如同「冰」和「水」般互相轉遞，水可以凝結成冰，冰也可以溶化成水；死了以後可以再生，生了之後還是會死；生生死死，死死生生，生命的本體永遠不死。

總之，佛教認為世間一切現象皆由因緣而生，因緣而滅，沒有一個固定的本體。一切結果必定有其原因，當明瞭其原因後，也就不會因此而過於悲喜。「緣起」說明現象是存在的，而本質是「空」的，也說明沒有任何造物主可以主宰宇宙、人生，人生的一切全都掌握在自己手中。當一個人用智慧來觀察宇宙的生滅緣起時，他便開始擺脫常人的種種「常情」，從此走向覺悟之路。

因緣思想在中國影響很大，人們常說的「緣分」、「夙緣」、「有緣千里來相會，無緣對面不相逢」等，都與此有關。明白因緣和合的道理，隨順因緣，善巧方便，秉持著「隨機應變，把握機緣」，主動而非被動，惜緣而不攀緣，緣來勿拒，緣去勿留；緣來勿喜，緣去勿悲。在遷流變化的無常中，掌握著「隨緣不變，不變隨緣」，隨順現實的環境條件，認清自己的能力狀況，才能安身立命，隨遇而安。這是佛教由其世界觀引發出來的人生觀。

由於佛菩薩對「緣起」的真相瞭然於心，從根本上認識到眾生的一體性，因此自然發出廣大的慈悲心，救度眾生，這就是佛教的慈悲觀。但這種慈悲不是來自於世俗的「愛」，而是來自於對般若性空的體認，因此佛教認為慈悲與智慧是一體的。對此，臺灣的印順法師曾做過很好的闡述，這裡引述如下：

我們先要知道，慈悲心究竟是如何生起來的？慈悲心是緣眾生而生起的。如果不知道有眾生，則慈悲心是無論如何也不會生起來的。不論是對於我們的親屬或朋友，甚或是小動物，當見到他們的苦痛時，我們便發起了慈悲心，想要消除他們的痛苦，或者是使他們得到快樂，既然緣眾生而生起，那又怎麼會是無緣大慈？般若與慈悲，如何能合得起來呢？

佛法中，慈悲有三類：第一類是「眾生緣慈」，即緣眾生而起的慈心。由於在生起慈悲心時，心境上便顯現了一個一個的眾生。平常我們見到眾生，總會把他們當作是一個個實實在在的獨立自體。比如，當見到一位多年未見的老朋友，內心中會有種種感想：他變老了、變瘦了，或者是變胖了等；總會把他當作是固定的個體，而不只是瘦弱或肥大。似乎這個人的本身是一定的，不會有什麼變化的。因此，我們對於眾生，總是執著於他人各有他的實有自體。人人有此觀念，以這樣的認識再來起慈悲心，便是眾生緣慈；大多數的人所具有的，是眾生緣慈，也就是世俗所謂的「愛」，它是有緣的、有條件的。

第二種是「法緣慈」，其境界的程度較高，已經超出一般人之上。他所見到的個體，張三是張三，李四是李四，人還是人，狗也仍然是狗；但他了解到我們所見到的一個個眾生，實際上並沒有什麼永恆不變的東西，可以說他已經體解了無我的真理。若由此而生起慈悲心則為法緣慈。一般眾生，能夠有愛已經是不錯的了；一般人是難以做到法緣慈的，只有證得小乘四果的聖人才能做到，但這仍不是菩薩境界。

最高深的慈悲，是「無緣慈」。大乘佛教認為，在我法皆空，因緣和合，一切法如幻如化之中，眾生還是要作善生天上，或是作惡墮到惡道，享樂的享樂，痛苦的痛苦，在生死輪迴之中永遠不得解脫。菩薩便是在這個境界上生起慈悲心。如有一個人很早便去就寢了，不久之後，大家聽到他的驚懼喊叫聲，跑去一看，知道他是做了噩夢，但是叫他卻又不容易叫醒。這時，我們就很容易地想到，他夢中所見的明明就是虛幻不實有的東西，但是他的痛苦卻又是如此真切、如此深刻。菩薩眼中所見到的眾生沉溺在苦海中便是如此。因此菩薩是通達了一切法空之後而起慈悲心的，這便叫做「無緣慈」。到這時，智慧與慈悲二者便可說是合而為一，這才是真正的大乘慈悲，所以又叫它為「同體大悲」。一切法都是平等的，而就在這平等中，沒有了法與眾生的自性，而法與眾生宛然現前。即空而起慈，這便叫無緣慈。所以講到佛菩薩的慈悲，這其中一定有智慧，否則便不成其為真正的慈悲。講到智慧，也必須包含了慈悲，否則這種智慧也就不是佛菩薩的智慧了。（印順法師，《大樹緊那羅王所問經偈頌講記》）

從佛教的出世間法看，因緣又是有情眾生在生死欲海中流轉的根源，只有切掉這些緣，才能夠超越生死。佛教講的「十二因緣」便是生命從過去到現在、從現在到未來輪轉的十二個程序。所謂「緣覺」，就是透過觀察這十二因緣，尋找到生命流轉的根本，從而獲得覺悟。

這十二因緣分別是：

1. 無明——因為緣生萬法才生，緣滅萬法亦滅，一切法無常無我，人們不知如是法的真實相，這就叫無明。無明是眾生與生俱來的，沒有別的法為無明之緣，所以又稱為無始無明，是一切煩惱的根本。
2. 行——「行」是能造作的意思，是牽引身、口、意三業的力量，是過去造作諸業的因。「無明」和「行」是過去的二「因」，一個屬精神層面，一個屬行為層面。
3. 識——指個人精神統一的總體，由於識的分別而現出境界，使根增長，產生了思想等。

知識連結

大慈與一切眾生樂，大悲拔一切眾生苦；大慈以喜樂因緣與眾生，大悲以離苦因緣與眾生。（《大智度論》卷二十七）

4. 名色——名是受、想、行、識的精神，色是物質的肉體，名色包括了主觀的精神與客觀的物質，也就是前面介紹過的「五蘊」。

5. 六入——即眼、耳、鼻、舌、身、意的內六根，可以傳達色、聲、香、味、觸、法外六境的機能。

6. 觸——內六根與外六境相接觸，主觀上產生感覺作用，也就是根、境、識的融合，生起苦、樂等感情，饑、寒、痛、癢等感覺。

7. 受——對於不歡喜的境、物、人事生起苦痛感叫苦受；對歡喜的境、物、人事生起快感叫樂受；還有一種無所謂苦樂的，叫做「不苦不樂受」，也就是我們平常說的「感受」。從「識」到「受」是現在的五「果」。

8. 愛——對於樂受的東西生起貪愛，如愛財、愛情、愛命等。愛是生死的根本，由此又產生下面的「取」和「有」。

9. 取——取有多種含義：一是對五欲或色、聲、香、味、觸等五塵生起欲望追求，叫做貪取；二是生出我見、邊見等，叫做見取；三是對於所愛事物起我和我所有的執著，如我執、我慢、我法等，叫做我取。

10. 有——有是今生所造的身、口、意等業，又稱為「業有」。從「愛」到「有」，這三者是現在的三「因」。

11. 生——人從母胎呱呱墜地就是生，一直到老死，這一期的生命都叫做生。在佛教看來，生是苦之本，人生的一切憂患痛苦都隨之而來。

12. 老死——人的生理機能衰退，最後呼吸停止，因緣離散，叫做老死，但老死並非生命的全部消滅，身體雖然死了，但無明還在，又成為另一期生命流轉的開端。「生」與「老死」是未來的二「果」。

以上十二因緣，由「無明」開始，到「老死」結束，然後重新開始，因果循環，從理論上說明了一切眾生生死輪迴的根源。所謂超脫生死，最根本的就是要破除無明，即在這一期「老死」之後，不再有下一期的生，那麼十二因緣的因果鏈條就中斷了，這就是涅槃的境界，也就是超凡入聖。

轉迷成悟：佛教關於覺悟的認識

「佛陀」一詞的本來含義就是「覺悟」。假如要我們只用一個詞來概括佛教的話，這個詞就是「覺悟」，「覺悟」是佛教最核心的信仰。佛教為何如此重視「覺悟」？佛教指出了一條怎樣的「覺悟」之道呢？

據《華嚴經》記載，釋迦牟尼在菩提樹下坐了四十九天，睹見明星而大徹大悟時，開口說的第一句話是：「奇哉奇哉！一切眾生皆具如來智慧德相，唯以妄想執著不能證得。」這句話即揭示了佛教所謂「覺悟」的內涵。一切有生命有情感的生物，都具有如來的智慧與功德。佛就是眾生中的覺者，而其他眾生尚在迷惑之中，沒有覺悟而已，但即使沒有覺悟，如來的一切智慧和功德本來已經具足，沒有絲毫差別。眾生為何具有如來智慧功德卻不能證得呢？答案是：因為妄想執著的障礙。那麼，去除「妄想執著」也就是走向「覺悟」最重要的途徑。佛教的一切法門，都是為了打破這個妄想執著的，也就是所謂「轉迷成悟」或「斷惑證真」。

先看看佛教是如何從總體上論證眾生是如何陷入妄想執著——迷之中的。佛教所謂迷，就是昧於宇宙人生的真理。當代佛教學者鍾茂森博士曾從科學角度介紹過《華嚴經》的宇宙觀，也揭示了眾生迷悟之間的奧秘：

《華嚴經》裡有一首著名的〈覺林菩薩偈〉：「譬如工畫師，分布諸彩色，虛妄取異相，大種無差別。大種中無色，色中無大種，亦不離大種，而有色可得。」

佛教認為，這幾句偈已將宇宙的真相徹底揭示出來。譬如一個畫家，畫畫的過程就是分布諸色彩，以各種色彩畫在紙上。其實本來沒有這些畫，畫是現相，其根源是畫師自己有這樣的念頭，他的畫已經形成在他的念頭當中。這就是所謂虛妄取異相，本來是虛妄的，本來沒有；大種比喻自性，唯心所現這個心，真心自性，真心自性裡面沒有差別，即心性中沒有一物，本來無一物，本自清淨，但它能生萬法。我們的心就像畫師一樣，本來畫是沒有的，一起念頭可以把它畫出來，畫出來就叫唯識所變，這個色是妄相、妄境。這個妄是依著真心而起，又跟真心和合不二，所以叫亦不離大種，而有色可得，這個色是虛妄的，虛妄離不開我們的真心。真心裡頭本來沒有念頭，念頭是動，這個念

菩提樹

頭一動就產生現相，就好像畫師畫出來畫了，念頭一滅，所有境界都消失了，宇宙都沒有了。

佛在經裡告訴我們，眾生念頭生滅的速度非常快，在《菩薩從兜率天降神母胎說廣普經》裡，佛跟彌勒菩薩有一段這樣的對話：

佛問彌勒：「心有所念，幾念幾相識耶？」

彌勒回答說：「舉手彈指之頃，三十二億百千念，念念成形，形皆有識，念極微細，不可執持。」

這是說我們舉手彈指之間，就有三十二億百千念產生，折算起來，一秒鐘約有一千兩百八十萬億個念頭產生，由於速度太快了，我們根本都沒辦法覺察。如同我們放電影，古老的電影機、放映機就是把一些底片用光照投在銀幕上，一秒鐘過二十四張底片，這樣我們在銀幕上似乎看到很真實的畫面，實際上如果看看那些底片，是一張一張的，前面一張不是後面一張，兩張中間是隔斷的，沒有關聯。只是因為它們生滅得很快，一張一張連續起來，我們在銀幕上看到的就好像很逼真的情景了。

但必須清楚，這個連續的動相只是個假相，一秒鐘換二十四張，就是一秒鐘二十四次生滅，人的眼睛就被欺騙了，幾乎忘記了這是個假相。

現在彌勒菩薩告訴我們，一秒鐘有一千兩百八十萬億個生滅，每一個念頭就生出一個相，這念頭滅了，這相也跟著滅了，然後再起另外一個念頭，第二個相又起來了，第二個相和前面那個相也是斷開的。就像底片，前面一個和後面一個互相是斷開的，好像是有關聯的，其實沒有關聯，只是它生滅的速度太快，快到一秒鐘一千兩百八十萬億次，我們沒辦法覺察，因此眾生便完全被這個本來虛假的世界矇騙了，將這個世界的一切視為真實的存在了。

這就是佛告訴我們的宇宙真相。

所以佛教認為，宇宙人生的真相是「世間無常，國土危脆，四大苦空，五蘊無我」，本來如電影畫面一樣不實，但未覺悟的眾生習慣於主觀上的妄想執著，誤認幻生幻滅的萬法為常住，五蘊和合的身心為真我，這一切都叫做迷。迷又分為「迷於理」和「迷於事」兩大類，所謂迷於理，就是執著於身、邊、邪、戒取、見取等諸邪見；所謂迷於事，就是生起貪、瞋、癡、慢、疑等各種迷惑。

身見，是執著於色、受、想、行、識這五者和合的虛妄身為實有的自我，執身外的事物為我的所有；邊見也就是偏見，謂我死後，或者徹底斷滅，或者常恆不變，永遠為人，都屬於這類偏見；邪見是指不承認善惡業報、三世因果，誹謗三寶等；戒取見是指執取於非理的戒禁，也就是以非因為因，非道為道，做沒有意義的苦行，如佛經指出的，一些外道看到狗、牛等死後升天，便學狗、牛的作為，食草啖糞，稱為受持牛戒、狗戒，而不明瞭這些狗、牛死後升天的真實因果；見取見指執著於上述身見、邊見、邪見等的一種或多種為究竟之理。

貪、瞋、癡合稱「三毒」，是眾生三種最基本的煩惱。眾生對種種物欲戀念不捨，得了還想得，稱為「貪」；遇到不如意的事，生恨心、發怒氣，就叫「瞋」；沒有理智、遇事迷惑、不相信因果等，就叫「癡」；「慢」也稱為「我慢」，即認為自己高於其他眾生，總想凌越他人的傲慢之心；「疑」指遇事猶豫，不能果斷，特別指對佛法懷疑，無法生起信心。

以上身、邊、邪、戒取、見取諸見，和貪、瞋、癡、慢、疑，都屬迷惑。佛教認為，眾生要轉迷成悟，先要斷惑，斷惑才能證真，去掉心識上的妄想執著，才能顯露出我們的真如本性。心識上有了迷惑，就要因惑造業。有了業，就要因業受苦，所以迷境也就是苦境。關於苦，有所謂生、老、病、死、愛別離、怨憎會、求不得、五陰熾盛，以及內苦、外苦等等，難以盡述。

知識連結

「迷於理」謂之見惑，「迷於事」謂之思惑，見思二惑共有十項，稱為「十使」或「十大惑」，佛教認為這是眾生的十種根本煩惱。佛教所說的煩惱是指潛在內心深處的邪惡性格與偏見。這種性格與偏見一遇機緣，便表現為行動，從而擾亂自己的身心。

所謂學佛，就是在明白了上述佛的教法後，躬行實踐，依法修持，澄清妄念，端正行為，從而明心見性，斷惑證真，轉迷成悟。這便是眾生由「迷惑」走向「覺悟」的完整過程。

要獲得覺悟，首先要樹立對世間觀察的「正見」，只有建立了「正見」，才能避免身見、邊見、邪見等。這是覺悟的前提，非常重要。

佛法的正見，概括地說，稱之為「三法印」。「三法印」是用來辨別一種說法是佛教還是非佛教的重要標準，足以代表整個佛法，它們分別是：(1)諸行無常，(2)諸法無我，(3)涅槃寂靜。佛教的「三法印」是一個不可分割的整體，三者的關係是層層遞進的。

「諸行無常」是說宇宙一切的現象都不曾有一瞬間的停止，都處於生滅變化之中。無常，不僅指眾生的心識或社會人事，世間一切都是如此。我們使用的桌椅，去年在使用，今年在使用，明年仍可使用，看起來似乎是常住的。事實上，它們正在剎那剎那損耗中。肉眼可見的，如木料的蟲蛀、腐朽；肉眼不可見的，如構成木料的原子中，電子正以高速繞著原子核在旋轉。原子如此，天體的運轉又何嘗不是如此？四時運行，人間滄桑，這同樣是遷流代謝。《金剛經》中有名的六如偈：「一切有為法，如夢幻泡影，如露亦如電，應作如是觀」，蘇軾〈赤壁賦〉中的句子：「自其變者而觀之，則天地萬物曾不能以一瞬」，說的都是「無常」這種宇宙人生的真相。

「諸法無我」是說一切事物沒有一個真正永恆的個體，只是許多不同的因緣合起來的，沒有固定的真實體的存在。眾生對我、我所（自己的所有物）有所執著，認為它是固定常存、固定不變的，佛教極力破斥這一點，指出通常

知識連結

佛教對「貪欲」的分析：無欲謂之聖，寡欲謂之賢，多欲謂之凡，縱欲謂之狂。人之心境，多欲則忙，寡欲則閑；人之心事，多欲則憂，寡欲則樂；人之心胸，多欲則窄，寡欲則寬；人之心氣，多欲則餒，寡欲則剛。

執為實有的「我」本質上是空的，意在破除「我執」與「我所執」，也就是無我、空。

拿人來說，在生理上，毛髮爪甲的代謝，血液淋巴的循環，是永無停止的。時時刻刻有老的細胞死亡，時時刻刻有新的細胞產生，在這不停的生滅變化中，使一個人自幼小變得壯大，壯年者日漸衰老，衰老者終至死亡。在心理上，前念剛滅，後念已生，剎那剎那，永無停止。人的一生正像一幕電影，放映機中的膠片不停地轉，銀幕上的影子也不停地動，前影將逝，後影即顯；後影將逝，後面的影子又接上來；銀幕上一旦現出空白，表示故事告終；心理活動一旦停止，這一期的生命也就宣告結束。佛教認為，人一旦不再執著這樣一個虛幻的「我」，就不會再起惑造業，心性的大光明自然顯露，當下便能證得諸法實相，這就是涅槃寂靜。

涅槃寂靜看似與前兩條矛盾，它說的是由無常無我的觀察中，深悟法性寂滅而獲得的解脫境界。佛教認為，每個眾生的心性即是佛性，本來是清淨的，具有常、樂、我、淨的涅槃性質，此佛性即為自性清淨涅槃。消除前面的兩種妄想執著，就自然證得第三法印：涅槃寂靜。可見「三法印」同樣是對佛教覺悟之道的一種高度概括。

佛教認為，獲得覺悟還有很多具體的方法和途徑，概括地說就是戒、定、慧基本三學。它又是統攝所有佛教修行內容的總綱，任何修行法門都可以歸屬於三學之下。這三者也是一個不可分割的整體，其關係是：戒是止惡修善，由戒生定；定是息緣靜慮，依定發慧；慧是破惑證真，因慧成佛。從根本上說，自性清淨無染，就是戒；自性寂然不動，就是定；自性觀照無礙，就是慧。可見戒、定、慧原是自性具足的功能，是自性一物的三面。實踐佛法的本意，仍是從這三方面去回復本性。所以一切修持離不開戒、定、慧，一切佛法也無不同時具足戒、定、慧。因此，戒、定、慧成為修學佛法的基本法則。

知識連結

《雜阿含經》：「汝謂有眾生，此則惡魔見，唯有空陰聚，無是眾生者。如和合眾材，世名之為車，諸陰因緣合，假名為眾生。」

1. 戒學。戒即是戒律，是佛教修行者修身治心的軌範。佛教認為，眾生起心動意，日常活動不外身、口、意三業，三業可以是善，也可以是惡。所以佛制定戒律，使修道者依此而行，止惡修善。釋迦牟尼曾經說過一個十六字偈：「諸惡莫作，眾善奉行，自淨其意，是諸佛教。」諸惡莫作是止惡，眾善奉行是修善，自淨其意是斷惑，按此三者而行，即是修道。

佛教最基本的戒律有五條，稱為「五戒」，五戒本是為在家學佛人制定的，但實際上出家人的戒律最根本的也是這五條，其他的戒律皆是由此衍生出來的。所以要了解佛教的戒律，首先要知道五戒。五戒分別是：一不殺生、二不偷盜、三不邪淫、四不妄語、五不飲酒。

佛教認為，一切眾生，同在六道裡面輪迴，隨著各自不同的善業或惡業，有的升天，有的做人，有的在餓鬼道，有的在畜生道，有的在地獄，彼此各有升降超沉。任何一個眾生，在無始劫來，彼此都曾互為父母，互為子女。作為人類，應當想辦法來拯救那些淪落到三惡道的眾生，怎麼能忍心去殺害他們呢？而且從因果報應的角度說，造了殺業一定會墮落惡道，以酬償宿世之債，也會給自己帶來災禍和疾病。另外，一切眾生都有佛性，未來也都會成佛，所以殺眾生也就是殺未來的佛，其罪過是很大的。佛教認為，世間的刀兵劫，就是由於眾生的殺業造成的，所以殺生是造成這個世間種種罪惡、痛苦的根源。中國有一首流傳很廣的佛詩寫道：

千百年來碗裡羹，怨深如海恨難平。
欲知世上刀兵劫，但聽屠門夜半聲。
夜半聲，夜半聲，冤深如海恨難平。
欲消世上刀兵劫，莫把眾生肉做羹！

白居易曾寫過一首〈戒殺詩〉：

誰道眾生性命微，哺稚覓食故飛飛。
勸君莫打三春鳥，子在巢中望母歸！

大部分殺生的原因，是為了吃肉。由此引申出佛教一種重要的生活方式：提倡素食，盡量避免肉食。本來印度佛教並沒有素食的嚴格規定，因為印度僧人以托缽乞食為生，施主布施了什麼就要吃什麼，是沒有挑選餘地的。但中國出家人改變了印度佛教的生活方式，以在寺院中共同生活為主，因此有了徹底素食的條件。

第一個提出出家人和學佛者不可食眾生肉的是南朝時的梁武帝，他寫了〈斷酒肉文〉，指出出家人「猶嗜飲酒，啖食魚肉」是違反佛教教義的，反覆強調食肉的罪報，提出學佛者應徹底斷絕肉食。自此之後，這條規定為漢傳佛教所遵守，素食由此成為漢傳佛教獨具特色的戒律，大凡正規的寺院僧眾以及受了「五戒」的在家居士，確實是只能吃素、不可食肉的。但在藏傳佛教和南傳佛教中，卻沒有這種規定，仍然堅持早期佛教食「三淨肉」的戒律。

偷盜就是將別人的東西占為己有，從本質上說，這正是眾生貪欲之心的表現，因此「不偷盜」的戒律是為了戒除眾生貪心的。從世間倫理道德角度講，不偷盜也是最基本的道德規範。但佛教所講的不偷盜，還有更抽象的意義，即戒「偷心」。在佛教看來，很多眾生儘管能夠做到不盜竊他人財物等，但這僅僅是最基本的，其內在的「偷心」未必完全戒除乾淨了。比如以公事來濟助私事，剋扣他人以利益自己，憑藉勢力取得財物，用計謀獲取東西，乃至辦事敷衍塞責，沒有責任心，浪費別人或公家的錢財而心裡一點都不在乎等，都屬於隱性的偷盜。由此來看，不偷盜的戒律其實是相當難守的。

不邪淫的戒律也是針對眾生的貪心而制定，主要是指男女的欲望。佛教認為，眾生是因淫欲而來，淫欲是眾生沉淪六道、無法出離的根本，所以斷除淫欲是佛教修行的重要方面，斷除了淫欲也就斷除了六道輪迴的根。但佛教又順

知識連結

早期佛教戒律有「三淨肉」的說法，指出有三種肉出家者是可以吃的，稱為淨肉，分別是：（一）眼不見殺，即自己沒有看到生物被殺。（二）耳不聞殺，即沒有聽到生物被殺的聲音等。（三）不疑殺，即生物不是專門為我而殺的。

僧眾用膳

應世俗社會的需要，這條戒律對出家人和在家人的要求是不同的。對於出家人來說，要徹底戒淫，即不可與任何人發生性關係；對在家學佛者來說，合法的夫妻生活是允許的，但不可以與夫妻之外的其他人發生性關係，因此叫做「不邪淫」。這條戒律對於社會生活也有相當重要的意義，通常家庭不和、妻離子散、情殺、墮落、腐敗等等，多與淫亂有關。在佛教看來，一切眾生都是由父母行淫而出生的，淫欲心是眾生與生俱來的「本能」，所以這個戒很難守持，很容易犯，但也正因為如此，它才成為佛教的重要戒律。

不妄語是說講話要有信用，不隨便亂講。若是見到說沒見到，沒見到說見到，把假的說成真的，把有說成沒有，凡是這類心和口不相應的情況，或者欺瞞哄騙別人的語言，都叫做妄語。前面三條戒是從「身業」角度規定的，這條戒則是從「口業」角度規定的。以上四種戒律，不論是出家人或在家人，也不論受過戒或未受過戒，只要犯了就都有罪過，稱之為「性戒」。

最後的不飲酒戒是因為酒能使人的心迷亂，破壞人的智慧。喝了酒會令人顛倒瘋狂，胡作非為，就容易違犯前面的四條「性戒」，因此佛教也規定不准飲酒。此外，如菸草、蔥、韭、蒜等有刺激性的食物，都在佛教的禁戒之內。但佛教認為，飲酒本身並無罪，所以這條戒律不屬於「性戒」，稱為「遮戒」，它在某些情況下是可以變通的。

上面介紹的「五戒」，主要是從消極方面來戒惡。佛教還提出「十善」，則是從積極的方面來行善。「十善」的內容有：

身三善：不殺生，不偷盜，不邪淫。

口四善：不妄語，不惡口，不兩舌，不綺語。

意三善：不貪，不瞋，不癡。

可見「五戒」是包含在「十善」之中的，但兩者提出的角度不一樣。

佛教認為堅守「五戒」和「十善」是獲得人身的必要條件，其主要著眼點也在於調節世俗社會關係和社會生活，所以被稱為「人天道」的主要教理。至於出家眾的戒律，比丘有兩百五十戒，比丘尼有三百四十八戒，條文細密，但其基本的核心仍然是「五戒」。戒律之學形成專門學問，在中國唐代之後還形成專以研究、弘揚戒律為主的律宗。

2.定學。定又名禪那（dhyāna），意譯為禪定，目的在於治心，除去精神上的紛亂。佛教認為，眾生身心感受的苦果，是業和煩惑聚集而來的，要解脫苦果，先要斷除苦因。苦因的由來，無非是由我們這一顆妄心上發生，眾生的妄念，前念甫滅，後念已生，剎那不停，相續不斷。因惑造業，因業受苦，這是生死流轉的根本，心真正不動了，生死流轉的幻象也就沒有了。所以修道的關鍵在於治心，戒是戒身口的惡業，定是治內心的妄念，要依戒而資定，由定而生慧。

禪定的種類很多，大體上可以分為三類：一是世間禪，如世間的氣功、煉丹等等，可以強身健體，但並不能超脫生死；二是出世間禪，屬於小乘禪；三是出世間上上禪，即大乘禪。

《月燈三昧經》論禪定十種利益：「修菩薩之行者，善能修習禪定，則萬緣俱息，定性現前，故獲此十種之利益：

一者安住儀式。菩薩習諸禪定，必須整肅威儀，一遵法式而行之既久，則諸根寂靜，正定現前，自然安住而無所勉強，是為安住儀式。

二者行慈境界。菩薩習諸禪定，常存慈愛之心，無傷殺之念，於諸眾生，悉使安穩，是為行慈境界。

三者無諸惱熱。菩薩習諸禪定，諸根寂靜，則貪、嗔、癡等一切煩惱，自然不生，是為無煩惱。

四者守護諸根。菩薩習諸禪定，定常當防衛眼等諸根，不為色等諸塵所動，是為守護諸根。

五者得無食喜樂。菩薩習諸禪定，既得禪悦之味，以資道體，雖無飲食之奉，亦自然欣豫，是為無食喜樂。

六者遠離愛欲。菩薩習諸禪定，寂默一心，不使散亂，則一切愛欲之境，悉無染著，是為遠離愛欲。

七者修禪不空。菩薩習諸禪定，雖獲諸禪之功德，證真空之理，然不墮於斷滅之空，是為修禪不空。

八者解脫魔羂。菩薩習諸禪定，則能遠離生死一切之魔網，悉皆不能纏縛，是為解脫魔羂。

九者安住佛境。菩薩習諸禪定，開發無量之智慧，通達甚深之法義，於佛知見，自然明瞭，故心心寂滅，住持不動，是為安住佛境。

十者解脫成熟。菩薩習諸禪定，一切惑業，不能擾亂，行之既久，則無礙解脫，自然圓熟，是為解脫成熟。

大乘禪主張禪定時不偏空，也不偏有，不偏動亦不偏靜，而能於空有自在，動靜一如；禪定在動中有靜，靜中有動，乃至動靜一如亦不可得。禪定的最高境界是在定中體悟到諸法寂滅的本性，進入甚深微妙、不可言說的正觀之中，從而獲得明心見性的大智慧。

唐代的大珠禪師《頓悟入道要門論》說：「但知一切處無心，即是無念也。得無念時，自然解脫。」由禪而獲得頓悟似乎相當快捷，任何人平時其實也會有這種無念境界現前，可惜一般人都隨便忽略過去，頃刻之間又萬念俱生，不曾一把抓住，「啊！原來就是你」地親自體驗一番。

因此，中國禪宗又以「參禪」為入手的方便法門。所謂「參禪」即是參話頭，舉其中一個話頭，將全部身心放在這句話頭上，全神貫注，回光返照，據說久而久之，便會獲得大悟。悟是一剎那的事，但悟的過程卻是相當漫長和艱苦的。

古代有的禪師往往將一句話頭參了幾十年方才頓悟。

比如宋代之後禪宗常參的一個話頭是：「念佛是誰？」對此話頭，近代的虛雲禪師說：「如問念佛的是誰，人人都知是自己念。但是用口念呢？還是用心念？若用口念，死了還有口，為什麼不會念？若用心念，心又是什麼樣子，卻了不可得。因此不明白，便在『誰』字上發起輕微疑念，切不要粗，愈細愈好，隨時隨地單單照顧住這一疑念，像流水般不斷地照顧下去，不生二念。若疑念在，不要動著它，疑念不在，再輕微提起。」

為什麼叫做「話頭」呢？

虛雲禪師又說：「所謂話頭，即是一念未生之際，一念才生，已成話尾。……時時刻刻、單單的的（單一不龐雜），一念回光返照這『不生不滅』，就叫做看話頭。」

這些話揭示了禪宗參話頭的基本方法：妄念來時，由它來，不去理它，只以覺照的力量，盯住疑念。初參的時候，可能會斷斷續續，忽生忽熟，漸漸參看純熟，功夫成片，此時塵勞妄想也就不息自息。這樣以長遠心，追逼到山窮水盡之處，一旦瓜熟蒂落，一念頓歇，便能親見湛然寂照的本性，這種情況在佛教裡就稱為「頓悟」。

3. 慧學。慧又名「般若」，也叫無漏智慧。「般若」是梵語**prajñā**的音譯，相當於漢語的「智慧」，但佛教認為般若不是世俗的世智聰辯，而是由定力所證得的大智慧，漢語的「智慧」一詞不足以表達它的含義，因此就將這個詞彙音譯。

般若是佛教非常重要的概念，佛教把生死比喻為苦海，將般若比喻為將眾生從生死苦海中救度出來的船筏，因此有「般若船」的說法。如果把眾生的迷惑比喻為黑暗的話，般若又是照亮黑暗的明燈，因此又有「般若燈」的說法。據說釋迦牟尼在四十五年的說法中，用了二十二年說般若類經典，流傳世間的《大品般若經》、《小品般若經》、《大般若經》、《般若心經》、《金剛般若波羅蜜經》等都屬於般若類經典。在論典方面，大乘空宗的《中論》、《百論》、《十二門論》，大乘有宗的《金剛般若頌》、《金剛般若釋論》等都對般若的含義做了深入發揮。

知識連結

「看教貴精不貴多，一部中精研妙義，徹骨徹髓，自然旁通眾典，勢如破竹。欲徹骨徹髓，必須看時即是觀心，既曰觀心，功同參悟。」（蕅益法師，《靈峰宗論》）

般若智慧包含了五種，稱之為「五般若」，第一種是實相般若，第二種是境界般若，第三種是文字般若，第四種是方便般若，第五種是眷屬般若。

實相般若就是形而上的道體，是宇宙萬物的本源，屬於般若中最根本的。真正的道體是不可思議的，是不可以用普通的知識、意識去思想、討論、研究的。假如實相道體能夠用思想得到的話，那還是屬於妄想意識的範圍，所以稱之為不可思議，它可以用許許多多概念來表示，比如佛、道、真如、涅槃，乃至神、上帝等，但所有這些都只是一個代號，代表實相般若道體而已。

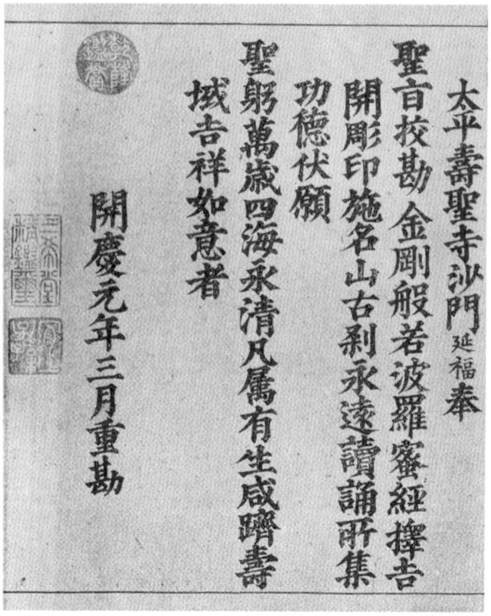
太平壽聖寺沙門延福奉
聖旨校勘金剛般若波羅蜜經擇吉
開彫印施名山古刹永遠讀誦所集
功德伏願
聖躬萬歲四海永清凡屬有生咸躋壽
域吉祥如意者
開慶元年三月重勘

《金剛經》

境界般若是指修道者見道的境界，如古代禪宗語錄常說的「千江有水千江月，萬里無雲萬里天」：天上的月亮只有一個，照到地上的千萬條江河，每條河裡都有一個月亮的影子，就是千江有水千江月；萬里的晴空，沒有一點雲彩，整個天空處處都是無際的晴天，就是萬里無雲萬里天。這只是一種自然的描寫，但卻可以用來描述悟道的境界。在自然與悟道之間是一種什麼關係呢？人生的境界多種多樣，有喜樂的境界，也有痛苦的境界、煩惱的境界，但所有的境界都可意會而不可言傳，這也是一種般若。修道人有一分的成就，境界就有一分的不同；有兩分的成就，就有兩分的不同。人修到了某一種境界，他的人生就會顯現出某種境界，這是不可以作偽的。中國古代詩歌之所以多有富於「禪意」的作品，就在於它們描寫的境界往往與般若頓悟的境界契合，詩與宗教在深層次上契合的緣故吧。

文字般若是說文字、語言本身就具備了智慧，因為文字也有它自身的境界。同樣的一些文字，有些人寫出的就是優美的句子，有些人則寫出文理不通的句子，這些都是文字般若的顯現。鳩摩羅什翻譯的《金剛經》之所以流傳不衰，是由於它的文字般若造成的，讀著這些文字，自然可以契入實相般若的境界。後來玄奘法師等對這部經重新翻譯過，也許在文字上更為準確，但在般若境界上，卻始終無法超越鳩摩羅什的譯本，這就是文字般若不同的緣故。佛教認為，文字般若是一個人悟道之後自然發生的，不是憑世智聰辯能夠獲得的。這些都是文字般若的表現，但對文字般若不可執著，一執著，文字就成為悟道的障礙，這就是禪宗強調「言語道斷」、「到岸捨筏」的主要原因。

方便般若是指運用某種權宜的方便策略，來揭示無法言說的實相般若。譬如對於佛經，能夠用一種特殊的方法將難懂的內容通俗化，將難表達的東西表達出來，使別人一聽就懂，這便屬於方便般若。從「二諦」理論來看，實相般若屬於真諦，方便般若則屬於俗諦，它不是真實的，卻是通向真實不可缺少的途徑。在佛教中，文字、神通、儀式等外在的表現和形式，大多可歸屬於方便般若之中。方便般若也不可執著，一執著，方便便掩蓋了真實，手段變成了目的。宗教的過度世俗化，喪失了宗教本有的神聖意義和價值，就是執著於方便般若的結果。

所謂眷屬就是指親戚、朋友、家人等親眷。眷屬般若是指伴隨般若智慧而來的其他善業，大乘佛教所講的六度，包括布施、持戒、忍辱、精進、禪定、般若。般若前面的五種法門就是其相關的眷屬，也就是眷屬般若。如果從般若角度看，布施、持戒等都是一種般若，般若總攝前五法，前五法都能生發般若智慧。如果沒有般若，那麼前面的五種法門都只是世間善業，可以獲得來生福報，但不能獲得解脫。有了般若這個核心，則前五法都成為般若的助行，因此「六度」也是一個不可分割的整體。

第六章

入世應用：佛教與世間的關係

佛與羅睺羅

二諦融通：真諦與俗諦

二諦論——真諦與俗諦，是佛教最基本的理論原則之一。「諦」是義理、真理的意思，真、俗二諦是指事物所具有的兩種真理。凡夫從世俗經驗上形成的具有時間性、有性的觀察事物的原理，稱為俗諦或世諦；聖人由究竟、終極體驗而形成的具有超時間性、空性的觀察事物的原理，名為真諦或第一義諦。俗諦通常肯定事物的存在，真諦通常否定事物的存在，佛教認為兩者都是片面的，甚至是錯誤的，必須從空有、真俗兩方面來體認，方能得到實際情況，兩者的結合稱為「中諦」。

佛教在本質上是追求出世間的，世間的一切本質上都只是假相、幻象，是空的，沒有這一「真諦」的認識，就不是佛教。但具體就世間的眾生而言，他們生活中的境遇、感受又是真實的，讓他們徹底拋棄虛幻的世間生活而走向涅槃之路，讓他們真正理解和接受真諦的境界，絕非容易之事。佛教為了度化這些陷於「俗諦」中的眾生，就必須適應他們的要求，引發他們的信心，正所謂「佛法在世間，不離世間覺」。按照真諦觀，連佛教自身也是虛幻的，佛教是適應眾生的需要而存在的，假如沒有這些眾生，佛教也就不復存在。

佛教的一切說法歸根結柢就是一個「空」字，所以禪宗常說：「世尊說法四十五年，未嘗說一個字」，如果認為佛陀還是說了一個「空」字，這仍然不是真諦，必須連這個「空」字都「空」掉，才是真正的佛法。但這種高玄的說法，有多少老百姓能夠理解和接受呢？所以，按照俗諦觀，又可以說佛教是真實存在的，佛教的一切言說、一切經典都是神聖的，是宇宙人生的真理。

在中國佛教史上，禪宗的出現，從一開始就是以真諦為直接修行目標，盡可能拋棄俗諦的一種實踐。在禪宗看來，一個人只要體悟到真諦，俗諦的一切可以不必考慮，因為都是虛幻的。相反，俗諦還有可能戕害真諦，因為真諦要求放棄一切執著，而俗諦在某種程度上增加了人們的執著，這樣來修行，是永遠無法成佛的。

禪宗史上流傳很廣的有關菩提達摩和梁武帝的一段對話可以說明這一點：

南朝梁武帝崇信佛教，在位時建了很多寺院，度了很多僧人，甚至多次放棄自己皇帝的位子，捨身到寺院中，由此帶動梁朝時期佛教達到極盛，幾乎到了舉國信佛的程度。正巧印度僧人菩提達摩來到梁朝首都建業，梁武帝便問這位梵僧：「我做了這些事有多少功德？」沒想到達摩說：「並無功德」。武帝大吃一驚，忙問：「怎麼會沒有功德呢？」達摩又答：「這些事只是修福，並非修德。」

對此，禪宗六祖慧能在《六祖壇經》中做過一番解釋：梁武帝確實沒有功德，而且其見解是「邪道」，不懂得真正的佛法。建造寺院，剃度僧人，布施錢物，舉辦齋會，這些活動叫做求福報，不能把求福報誤認為是功德。功德存在於自我的本性中，並不拘泥於行善求福報的種種活動。正確認識自我的本性是功，平等無區別地看待一切是德。思想時時刻刻不為塵世間的事物和現象所束縛，自我本性能夠常常發揮妙用，這才叫功德。不離開自己的本性是功，不受塵世的污染是德。功德必須在自己的本性之中尋找，而不僅僅是透過布施錢物、供養禮敬就能獲得，那只是人天福報，是不能超脫生死的。由此可知，福德與功德是有本質差別的。佛教認為凡不能使人超脫六道輪迴的行為，都不是真諦。

梁武帝建寺修廟，固然可稱為「福德」而非「功德」，但假如一座佛教寺廟都沒有，一個僧人都沒有，那麼佛教高妙的「真諦」又是靠什麼來體現呢？實際上，中唐時期南宗禪禪師百丈懷海制定的《百丈清規》，即有「不立佛殿，唯樹法堂者，表佛祖親囑授，當代為尊也」的說法，也就是主張寺院中不供奉佛像，只有一個法堂，以此來代表

知識連結

「布施主要是破慳貪，如果布施真的把我們慳貪煩惱捨掉了，這是功夫，得到心地清涼自在。……功德是要自己修的，我們今天佛門裡面常常以財布施，這只是布施，不能成為功德，這裡面沒有功夫，沒功夫就是不能斷慳貪。……有些時候不但不能成為功夫，反而適得其反，就是聽說佛門所講『捨一得萬報』，他才肯來布施，這是世間生意買賣，沒有比這個利益更大。今天布施一塊錢，明天就得一萬塊錢的果報，這應該趕快去布施。這種布施不但不能斷慳貪，反而增長慳貪。」（淨空法師，《阿彌陀經疏鈔演義講解》）

佛的「法身」。但這種設想似乎只見之於文字，並沒有落實，中國的佛寺，包括禪宗寺院，仍然有「大雄寶殿」，裡面供奉佛像。這其中的原因就是俗諦的需要，儘管這個木雕石刻的佛像並非真佛，但一般人要認識真佛，卻需要借助這樣一個外在的形式，沒有這種外在的形式，要他一下子去體認那「無形無相」的佛的法身，是很難做到的。也許，這個例子可以說明真諦與俗諦的關係。

在大乘佛教經典《妙法蓮華經．化城喻品》中有一個「化城喻」，其主要內容是這樣的：

> 在一片五百由旬長的險難惡道上，有曠絕無人、環境非常恐怖之處，有一群人想經過這條道路尋找珍寶，半途中，有人便產生懈怠退墮之心，說：「前面的路還那麼遠，我們走不了了，還是退回去吧。」眾人中有一個導師，聰慧明達，看到這種情況，便以他的神通方便之力，在這條險惡的道路中間，化出一座城堡。他對眾人說：「大家不要害怕，千萬不要後退。你們看，前面就有一座大城，只要走進那裡面，就可以隨意而為，獲得快樂安穩。走到那裡，距離寶藏的地方也就不遠了。」
>
> 眾人一看，果然在不遠處有一座美麗的城堡。於是振奮起精神，繼續前行，終於走進了城堡裡，便停下來休息。待眾生的體力恢復了之後，導師便將那座化城滅掉，空無所有。他對眾人說：「剛才那座城只是我變化出來的，並非我們的目的地，不過這裡離寶藏更近了，大家努力繼續走吧。」
>
> 於是眾人又由此出發，向著寶藏之地行進。

山西華嚴寺上寺大雄寶殿

這個比喻有非常深刻的內涵。五百由旬的險道比喻由生死此岸通向涅槃彼岸的道路，走過這條道路的難度是相當大的，需要頑強的毅力和堅定的信心。寶藏比喻每個眾生固有的佛性，也就是不生不滅的涅槃境界，佛教認為，這是世間唯一的非緣起的真實，其他的皆是虛幻，所以稱為「真諦」。但是，當眾人途中走累了，產生退墮之心時，便需要善巧方便。「化城」就是佛用其神通之力幻現出來的一座城堡，如同海市蜃樓，並非真實的存在，但對於那些尚未覺悟的眾生而言，它卻比那個尚看不到的寶藏更加具有吸引力，於是眾生為了進入這個「化城」，繼續振作起精神。當到了那裡的時候，「化城」的目的也就達到了，於是佛又用神通力令「化城」幻滅，鼓舞眾人繼續前行。這座「化城」就是俗諦的象徵，它雖非真實存在，但自有其價值和意義，因為它與眾生的根機更為吻合，更能為眾生所接受，它也能起到某種「休息」的作用。但是絕不能將它視為目的地，因為本質上它仍是虛幻的，並非真實的寶藏。假如停在這裡不走了，那麼「化城」的意義也就完全沒有了。

「化城喻」確切地說是表達這樣一種思想：真諦是目的，俗諦是手段，在求取真諦的途中，俗諦是必需的，它的價值在於：可以生發人們的信心，為疲憊的身心提供暫時的休息，但切不可執著於俗諦，執著於俗諦也就喪失了真諦。

同樣的意思，佛教還有很多很多比喻，比如：如果把這條險道替換成大海，那麼，真諦就是遙遠的彼岸，俗諦則是大海中的一隻船。船並非彼岸，但要通往彼岸，登上船總比自己在水裡游要快捷得多，也安全得多，所以佛教常用船來比喻佛法。當眾生處身於生死大海中時，應該相信這隻船，肯登上這隻船。但當他已經踏上彼岸的土地時，就要捨棄這隻船，這就是佛教所謂的「到岸捨筏」。此時如果不捨棄船，船就會變成登上彼岸的障礙，你就永遠在手段中徘徊，而達不到最終的目的地。

真諦與俗諦的含義是非常深廣的。在「化城喻」中，有一個重要因素是佛以其方便神通之力幻化的「化城」。也許有人會說：這不是騙人嗎？也許有人會懷疑佛為什麼能幻化出一座城？佛教對此的解釋是：所謂「神通」並不神秘，就是世間都能看到的魔術而已，當我們不知道魔術的「謎底」時會覺得很神秘、不可思議，但一旦知道魔術的「謎底」，也就無神秘可言了。更深一層來看，佛教認為世間一切本來都是幻境，那麼在這幻境中再現出一些幻象，本來是易如反掌的事，只不過我們不知道「謎底」，覺得有些神秘罷了。至於說「欺騙」，那要看它是善意的還是惡意的。正如人們儘管明知魔術都是假的，仍然喜歡看魔術一樣，佛教中一切俗諦皆是「善意的欺騙」，自有它存在的價值，其目的都是使人走向徹底的「覺悟」。

佛教一方面大設「化城」，一方面又讓人警惕「化城」，因為「化城」很可能使某些人產生留戀和執著，以為

「化城」就是人生的終極境界了，不肯再往前走了。這就是大乘佛教經典《大般涅槃經》等提出的「四依法」的重要出發點。「四依」分別是：(1)依法不依人，指以所說的教法是否合乎佛教為準則，而不執著於說法者是誰。(2)依了義經不依不了義經，指依憑說明中道佛性的大乘經典，而不依憑小乘經典；依憑佛教的真諦，最終揚棄佛教的俗諦。(3)依義不依語，指依照經典所說的含義，而不執著於表面上的語言、文句。(4)依智不依識，指依照佛教的正觀心智，而不依據世俗的虛妄認識。「四依法」也只有從真、俗二諦的角度來認識，才能明瞭其深刻含義。

由此再來看禪宗的一些思想，便可以明瞭：禪宗屬於一種特殊的法門，本來是專門給那些已經快要找到寶藏，快要達到彼岸的人而設的，也就是禪宗所謂的「利根之人」或「上上根人」，對於他們來說，主要的矛盾焦點是如何放棄對「化城」的留戀，對船的依賴，一旦將這最後的執著放棄，他們就登上彼岸了。

《法華經變》之化城喻品

但是，對於那些「鈍根」、「中下根機」的人而言，俗諦仍然是需要的，執著於「真諦」與執著於「俗諦」都可能導致佛教過度世俗化的傾向，只不過表現有些不同而已。一個傾向是：對於那些尚沒有到達彼岸的人來說，要他們拋棄「俗諦」，無異於將他們從船上推入茫茫大海，那就不是登岸的問題，而是更加沉溺於生死苦海了。禪宗發展到後期，變成呵祖罵佛的「狂禪」。「狂禪」流行之際，往往也是整個社會物欲橫流、畸形變態之際，比如晚明時期，這是佛教的墮落而非佛教的發展。另一個傾向是：社會上的大部分人將「俗諦」視為「真諦」，在他們看來，燒香、磕頭、朝拜等就是學佛了，學佛的目的不是為了別的，是追求今生或來生的大富大貴、升官發財、家庭幸福等等。佛教能夠滿足這些願望嗎？佛教的回答是：能，但那僅是一個「化城」而已，執迷於這個「化城」，也就是菩提達摩所說的求「人天福報」而非真正的涅槃功德。他們不知道，佛教的目的根本不是這些！

從理論上弄清真諦、俗諦的界限非常重要，因為人們往往有種種誤解，比如對於佛教淨土宗，表面上看，它似乎相當「俗」，有人乾脆認為淨土宗屬於「通俗佛教」，是不識字的愚夫愚婦的佛教。其實，這樣來理解俗諦是不正確的，如果淨土宗的修行目的是為了真正的超脫生死輪迴，那麼，它的價值指向就是「真諦」而非「俗諦」；同樣，假如禪宗流於一些語言形式，成為口頭禪甚至野狐禪，那麼它也就變成「俗諦」而非「真諦」了。

區別真、俗「二諦」不是看其表面形式，而是根據其內在的價值指向：是出世還是入世。

那麼佛教中究竟哪些屬於真諦？哪些屬於俗諦呢？

答案也許會令很多人大吃一驚：佛教中一切有形式的言說、偶像、神通、儀式、救度等，都屬於俗諦，也就是說，整個世間佛教就是以俗諦的方式存在的。並非離開這些俗諦另外有一個真諦，真諦是蘊含於俗諦之中的，它是不可說的，只要說出來的就是俗諦。前面說的「彼岸」、「寶藏」等都是一種比喻的說法，也是俗諦，一旦執著於這個「彼岸」和「寶藏」，就永遠登不上彼岸，獲得不了寶藏，或者說，「彼岸」仍然是生死之海，「寶藏」也變成又一個「化城」，成佛的最奧秘之處、最難得之處就在這裡！就世俗社會而言，整個佛教的發展，都可以歸結為其入世應用問題。離開了入世應用，也就根本不存在佛教。

道場莊嚴：佛教的禮儀

禮儀是佛教中一些外在的形式，即佛教入世應用的一些必不可少的俗諦形式。它是佛教弟子信仰生活的重要體現，是他們表達宗教情感的重要手段。中國自古號稱「禮儀之邦」，以儒家學說為核心形成的儒教又稱為「禮教」，這種特殊的文化背景使得中國化的佛教與中國傳統禮儀結合起來，發展出一套相當繁雜、完備的禮儀形式，各種儀規的制定遠遠超過其他信奉佛教的國家，因此漢傳佛教禮儀也是佛教中國化的一種表現。

佛教禮儀可以分為修持性禮節和儀式兩大方面。禮節是佛教信眾日常生活中必須遵守的各種規矩，包括行、住、坐、臥、食、睡等各個方面，有著與一般人生活方式不同的特點；儀式則通常指寺院中舉行的各種法事、法會、典禮。比如：在重要佛教節日裡，寺院一般要舉行哪些活動？人們平常所說的為佛像開光、超度亡靈等是怎樣進行的？……一般來說，禮節是個人行為，儀式是一種集體行為。前者是後者的基礎，後者又是前者的集中展現。每一次隆重、盛大的佛教儀式都是對佛教信眾日常禮節的一種檢閱和演示。

佛教信眾日常禮節

修持禮節即佛教信眾日常生活中一舉一動、一言一行的規矩和戒律。佛教認為，每個眾生的本性都是光明、清淨的，但長久以來積累起來的無明煩惱像塵垢一樣，使眾生的本有光明被遮蔽而無法顯現。透過日常的禮節修持，可以拂去眾生心地上的垢塵，即垢除淨顯，明心見性。所以，佛教的各種規矩都是針對眾生久遠以來的不良習氣而設計的，要求達到莊嚴、謹慎和恭敬，這三者分別代表著身、口、意三方面的清淨。佛教又認為，堅持身、口、意三方面的修行，過一種清淨樸素、循規蹈矩的生活，自然可以攝心一處，從而使自己逐步擺脫凡夫俗子的習氣煩惱和庸浮散亂，為最終的覺悟創造條件。

禮節必然表現為一些外在形式。修行的目的不在於形式，但形式卻能幫助人們達到身心安定、健康、幸福的目的。這是我們認識和理解佛教禮儀的基本前提。佛教信眾有出家和在家之分，其修持方法和程度有一定區別，禮節上也不盡相同，但總的原則是一致的。

禮拜是一種最基本的禮儀。幾乎每種宗教都有其禮拜的儀式，各個民族也都將禮拜作為恭敬的象徵。但具體的禮拜方法各不相同，禮拜的對象更不一樣。

大乘佛教禮拜特別強調禮拜時的觀想，禮拜的每個步驟通常都伴隨觀想。比如當站好後，要收攝雜亂的心意，瞑目觀想：我以往無量劫中的父親在我右邊，我以往無量劫中的母親在我左邊，兒女眷屬在後邊，一切冤仇在前邊，這無量世無量劫的父母、冤親、眷屬，都在我的四周，團團圍繞著我，隨我一齊禮佛，願他們以禮拜的功德，往生西方極樂世界。

佛教認為，禮拜時加上這種觀想，就不僅僅是自己在修行，而且也是代替他人修行，因此功德更大。觀想時，不但想自己的親人和恩人，還要想自己的仇人和敵人，更表明了佛家慈悲平等、主張和平的觀念。拜下後，雙手向上翻轉的動作代表以兩手托承佛足，以求福慧，這種禮拜形式叫頭面接足禮，表示承接佛菩薩所賜的福慧。

佛教禮拜中最突出的特點是五體投地，即兩肘、兩膝及頂部共五個部位都觸到地上，以示恭敬。五體投地中最尊敬的禮拜是用頭觸佛足，稱之為「頂禮」或「稽首」、「頭面作禮」等，這是因為頭是人身上最尊貴的部位，足是身上最卑下的部位，這就是古人說的「以我所尊敬彼所卑者，禮之極也」。

與禮拜密切相關的兩個動作是合掌和問訊。合掌也叫合十，合掌的式樣一般是以兩手的掌指伸直，掌背微躬，

知識連結

《佛法金湯編》卷十二記宋代大儒程顥「每見釋子讀佛書，端莊整肅，乃語學者曰：凡看經書，必當如此。今之讀書者，形容先自怠惰了，如何存主得？一日，過定林寺，偶見眾僧入堂周旋，步武威儀濟濟，一坐一起並準清規，乃歎曰：三代禮樂，盡在是矣。」表明宋代儒家學者對佛教的接受。

佛教禮拜

掌心略彎，舉至心口處輕合，不可過緊，有如塔形。問訊為向尊長等合掌曲躬而請安的動作，動作的步驟是：先合掌當胸，稍彎身，合掌的手順著向地時，立即將右手之中、無名、小指疊於左手之中、無名、小指上，兩手的食指尖相結作半圓形，不可為尖形，兩手的拇指尖也相結，然後直身，手向上舉至兩眉際間。

焚香也是佛教重要的禮儀。漢傳佛教寺院中通常都備有香爐，供信徒焚香之用。佛教之所以要焚香，是因為佛教相信香是信眾將信心通達於佛菩薩的媒介，它是心的象徵，因此後世有「一瓣心香」之說。當眾生點燃一炷香時，即代表把自己的心交付給佛菩薩。同時，芬芳的氣味令人愉悅，帶來美好的感受，而有德的修行者，心靈也散發出美好的芬芳，令人崇仰，芳香遠聞。

佛教焚香通常是燃三支香，每個動作步驟也伴隨一些觀想，如：第一步是將香點燃；第二步用兩手的中指和食指夾著香桿，大拇指頂著香的尾部；

知識連結

禪門中也有一種行問訊禮的方式，根據時宜而有不同的稱呼，如大眾同時問訊或普向大眾問訊，稱為普同問訊、普同訊，此如合掌畫橫豎十字，因此亦稱十問訊。合掌稍低頭者，稱為略問訊、小問訊。進到法堂正座前問訊請法，稱為座前問訊。到法堂須彌座下問訊，稱為座下問訊。於出班燒香時借住持香問訊，稱為借香問訊。於燒香終了後向住持問訊，稱為謝香問訊。請立僧趺坐而問訊，稱為趺坐問訊或請趺坐問訊。於小座湯（眾僧坐於方丈室慢慢吮湯）行禮時，行揖坐、揖香、揖湯三次問訊，稱為三巡問訊。於僧堂向聖僧前、上下間及外堂等四板頭燒香問訊，稱為四處問訊。就僧堂內七處之爐以燒香問訊，稱為七處問訊。

第三步是把香放在胸前，香頭平對佛菩薩像；第四步是再舉香齊眉，之後，放下如第三步動作；第五步開始用左手分插：第一支香插中央，插時心中默念：「供養十方三世三寶。」第二支香插右邊，插時默念「供養歷生父母師長。」第三支香插左邊，插時默念：「供養十方法界一切眾生。」當然，具體的觀想內容也可以自己來定。插完香後，應合掌心中默念：「願此香華雲，直達諸佛所，懇求大慈悲，施與眾生樂。」或唱誦〈香讚〉：「爐香乍爇，法界蒙熏，諸佛海會悉遙聞，隨處結祥雲，誠意方殷，諸佛現全身。」

中國民間流傳所謂「香譜」，即根據三枝香燒到一定程度時長短的不同形態，來判斷吉祥或求得某事的預兆等，是把焚香與中國傳統占卜術結合起來，並沒有佛典依據，嚴格地說與佛教無關。

某些寺院在特定的節日有所謂「燒頭香」的習俗，據說能燒上頭香，其功德是很大的，因此吸引一些信徒甚至貪官污吏前往，祈禱佛菩薩保佑，而要爭得「燒頭香」的資格往往要付出相當多的資財，一般百姓是沒有這種機會的。這種習俗也沒有任何經典依據，對這些動機、目的不純的燒香者，佛菩薩也絕不會「保佑」他們的，換句話說，即使

知識連結

《佛說戒德香經》中有一首偈頌，說明了燃香在佛教中的重要作用：「雖有美香花，不能逆風熏。不息名栴檀，眾雨一切香。志性能和雅，爾乃逆風香。正士名丈夫，普熏於十方。」

知識連結

江味農《金剛經講義》：「凡是供養，必用花香者，此有深意，花所以表莊嚴，故佛經亦取以為名，如《華嚴經》。香所以表清潔，如曰戒定真香；以表熏習；表通達，如曰法界蒙熏。花為果之因，散之以表種福慧雙修之因，證福慧莊嚴之果；香散之以表三業清淨，感應道交也。」

他們燒了「頭香」也沒有任何功德！從這個例子可以看到：正信的佛教祈禱的內容通常並非為個人的福報，而是為了眾生而祈禱。焚香僅僅是一種外在的儀式，它有沒有功德，完全取決於內心是否純正、信仰是否堅定，而不在於什麼「頭香」。

此外，鮮花與燈燭也是佛教「供養」儀式的重要媒介。香象徵著信心，花象徵著清淨，燈象徵著光明，都具有「表意」作用。在花的供養中，以曼陀羅花、蓮花、梅花等為主，燈則使用傳統的油燈和蠟燭。現代一些新建的寺院也將電燈乃至一些非常現代化、相當豪華的燈具引入到寺院中，從發展角度看，也無可非議，但在一些正式場合，仍然使用傳統的油燈和蠟燭。

佛教在飲食方面也有很多禮儀，首先表現為吃素、吃齋。

佛教所謂「素食」包括不吃葷、腥兩類食物。葷辛本來屬植物而非肉類，為什麼也要禁止食用呢？這是因為蔥、蒜、韭、薤、興渠等五種菜具有強烈的刺激性，吃了之後，又會發出難聞的氣味，會影響僧團的和諧，所以為戒律所禁止。

所謂齋，是指「午前食」的意思。佛教認為：天界眾生在清晨吃飯，佛菩薩在正午吃飯，餓鬼等則在夜間出來覓食。因此佛教信眾都堅持過午不食的規定，稱之為「持午」，也就是吃齋。如果在中午後吃飯，就叫做「非時食」，是戒律不允許的。有人每日堅持吃齋，這叫做吃全齋。但對大多數人來說，每天都「午後不食」是有困難的，佛教便規定了六齋日，指每個月的初八日、十四日、十五日、二十三日、二十九日、三十日為吃齋的日子。僧眾每月在這六天中集會一處布薩（說戒），在家居士則可以在這六天內受持齋戒。

此外，佛教信眾在每天早餐和午餐時，還要依據〈二時臨齋儀〉，用所食供養諸佛菩薩，為施主迴向，為眾生發願，然後才可進食。〈二時臨齋儀〉也是信眾每天必做的「功課」。

佛教儀式也常叫「作佛事」，廣義地說，一個人凡是做與佛教有關的事如求佛、拜佛、誦經等都叫「作佛事」。狹義的作佛事則指佛教寺院中舉行的各種法會、儀

吃齋

知識連結

佛教在家信眾有一種戒律稱為八關齋戒。八關代表關閉八種惡行，讓身、口、意三業不起諸過；除了持戒之外，還要持齋，也就是堅持過午不食。這些合起來就是八關齋戒。據說持這八戒，可以齊斷諸惡，具修眾善，並由此關閉生死流轉之門。八戒的內容就是在五戒的基礎上再增加三戒：第六是不塗脂粉香水、不穿華麗服裝、不觀玩歌舞伎樂或到娛樂場所去。第七是不可睡臥高而寬大華麗的床鋪。第八是不非時食戒，也就是不是吃飯的時間不可吃飯，即過午不食。與五戒不同的是，一旦受了五戒，就要終生奉持，而八戒是一日戒，受持的時間僅為一日一夜，一般可在每月六齋日受持。

式。比如從前一些信仰佛教、自己卻不會修行的人，在父母親友死亡後，請出家人代作佛事，舉行各種超度亡靈的儀式等，便是狹義的「作佛事」。佛教儀式是佛教信眾信仰生活的重要體現，也是表達其宗教情感的重要手段。其特點是有許多固定程序，不能輕易改變，一般需集體配合，在特定的時間，為了特定的目的而舉行，集中了禮拜、持咒、唱誦等各種日常修行方式。同時，許多佛教儀式與中國民間習俗相結合，逐漸演化成為民俗文化中的一部分。

寺院中的早晚課誦即是最常見、最普及的一種佛教儀式，由於它需要每天舉行，又稱為日課。流傳至今的佛教早晚課誦，大約起源於宋代，到明清之際才逐漸定型，奉行的範圍遍及各宗各派大小寺院和在家信眾，成為所有寺院必修的定課。之所以制定這種日課的儀式，近代僧人興慈解釋說：「朝暮不軌，猶良馬無轡」（〈重訂二課合解自序〉），就是說佛教信眾早晚二時應以課誦作為自身的軌範，如果沒有早晚的功課來約束，就像好馬沒有轡繩，同樣會因為放逸而走邪道。早晚課誦的時間安排一般是：早課在早晨五點左右早飯前進

作佛事

佛教早課

行，晚課則安排在晚上五點左右進行，各用一個小時左右時間。早課以誦咒消災為主，晚課以懺悔念佛為主，各有側重。

其他日常重要的佛教儀式有：

1.在家信佛者成為正式佛教徒的「皈依儀式」，所謂「皈依」也叫「三皈依」，或簡稱「三皈」，是指依靠佛、法、僧三寶，以解除一切苦難，表示把自己的全部身心性命投靠於佛、法、僧，今後永遠依照佛、法、僧的教導行事。

2.出家者的「剃度儀式」和「受戒儀式」。佛教出家者必須剃除鬚髮，所以又叫「落髮為僧」。之所以要落髮，是因為當初釋迦牟尼成佛時，他的鬚髮自然脫落，象徵著脫離世間煩惱，因此後來的出家人也要效仿佛陀，出家後將鬚髮剃除。剃度儀式有導引、啟白、請師、開導、請聖、辭謝四恩、懺悔、灌頂剃髮等程序。如果剃度者還沒有受過三皈，還要加上受皈依的儀式。

按照佛教制度，出家人在接受剃度後，同時就要受沙彌戒，此人便成為「沙

知識連結

現代著名居士夏蓮居的〈家人晚課〉組詩，描寫了一個崇信佛教淨土宗的家庭進行「晚課」的情形，它以念誦「南無阿彌陀佛」六字名號為主，輔以讚偈梵唱：

鬧市聲中念佛堂，一家淨課晚琅琅。譚玄不學龐居士，自有蓮風四面香。
讚韻引開六字經，蓮居記數最分明。輪珠百八徐徐轉，坐看兒孫繞佛行。
聖解凡情不用消，洪名才舉海吞潮。自他三世何曾隔，萬億途程未是遙。
魚磬聲聲淨客塵，聽時更比念時真。阿翁半世為奴僕，幸得彌陀作主人。
宗門回首袁宏道，儒教翻身彭二林。欲問風光在何許，虛空一片海潮音。

《彌勒經變》之剃度

彌」。沙彌戒共有十條，前八條與八戒相同，再加上兩條出家人的戒律。當沙彌年滿二十歲時，經剃度師同意，召集大德長老，共同為之授比丘戒——漢地比丘戒有兩百五十條，此人便成為比丘。

至於女子出家，同樣要先隨一位比丘尼學習，受沙彌尼戒，沙彌尼戒也是十條。到年滿二十歲，受比丘尼戒——比丘尼戒有三百四十條，正式成為比丘尼。

除這些日常儀式外，佛教最隆重的儀式是指各種法會和懺法。比如在佛教寺院中，在一些重大法會圓滿之日，或者為了超度亡靈，經常舉行一種盛大的佛事活動——「放焰口」。由於焰口法會儀式很莊嚴，因此在佛教界和社會上影響很大。焰口，是指鬼道之中的餓鬼。據說他們前生因慳貪吝嗇，專占他人的便宜，死後投生為鬼，成為無福無力的餓鬼。這一類鬼的食量極大，喉管卻極細，有了食物也難以果腹。由於業報的關係，它們很難見到食物，縱然得到了可口的食物，進口之時，卻又變成了膿血或一團火球，所以它們常受餓火中燒，烈焰從口而出，故名「焰口」。「放焰口」是佛教專門為了救度這類眾生而設的儀式，體現了佛教慈悲普度一切眾生的精神。

在中國寺院舉行的各種佛事中，規模最盛大的要數水陸法會。水陸法會的全名是「法界聖凡水陸普度大齋勝會」。這一法會儀式主要依據天臺宗的理論撰述，其中所有密咒都出自唐代神龍三年（七〇七）菩提流支翻譯的《不空羂索神變真言經》，其形成應在唐代中期以後，流行則在宋代以後。「法界」是佛教對宇宙中所有眾生界的統稱，共有十法界；「聖凡」指十法界中的四聖（即佛、菩薩、緣覺、聲聞）和六凡（即天、人、阿修羅、地獄、餓鬼、畜生）。「水陸」是指水陸空三界眾生居住受報之處；「普度」是說將救度所有六道眾生的苦難；「大齋」是指不受限制地給予眾生飲食；「勝會」是盛大的法會，除了布施眾生飲食之外，又有誦經持咒之法施，令一切受苦眾生心開意解，得法水之滋潤，因此叫勝會。佛教向來將舉行水陸法會視為最盛大莊嚴的儀式，整個法會需要七晝夜才能功德圓滿。

知識連結

梁武帝蕭衍〈和太子懺悔詩〉：「玉泉漏向盡，金門光未成。繚繞聞天樂，周流揚梵聲。蘭湯浴身垢，懺悔淨心靈。萎草獲再鮮，落花蒙重榮。」

著名的《梁皇懺》是中國懺悔儀式中出現較早、流行很廣的一種儀式，又稱為《梁武懺》、《梁皇寶懺》、《慈悲道場懺法》等，來源於南朝時梁武帝為了超度其夫人郗氏所製的《慈悲道場懺法》。根據《南史．梁武德郗皇后傳》的記載，郗皇后性格冷酷，好忌妒，死了以後投生為一條巨蟒，進入到後宮。皇后托夢給梁武帝，祈求梁武帝救度她。梁武帝便召集眾僧，製作了《慈悲道場懺法》十卷，請當時的高僧大德懺禮。禮懺結束後，投生為巨蟒的郗皇后化為天人，在空中禮謝梁武帝。這一懺法後來流行於世，便稱為「梁皇寶懺」。

此外，唐代悟達法師制定的《慈悲三昧水懺》也聞名於世，其中還有一段神奇的因緣傳說。

傳說唐代懿宗皇帝時，有一位悟達法師。他從小出家，當時廟裡有一

放焰口

水陸法會

梁皇懺法版畫

個老和尚，患了一種惡病，非常骯髒，大家都不願接近，只有悟達殷勤伺候。

老和尚病好要離開，臨別時對悟達說：「你今後弘化利生之日，如果遇有困難痛苦之事，需要我幫助時，可以到四川彭州九隴山來找我。」

後來，悟達到安國寺弘法，逐漸聲名昭著。唐懿宗親自來聽說法，對悟達非常敬重，賜給悟達沉香精雕法座，並且拜為國師。悟達國師升上寶座講佛法，甚至接受皇帝及滿朝文武大臣禮拜，遂心生大歡喜。

悟達的傲心一動，七情頓現，戒律鬆懈下來，便給了多生以來宿世冤業債主可乘之機，膝蓋上生出來一個「人面」怪瘡，上面竟長了眉毛、眼睛和口齒，清楚可見。奇怪的是，它每天要餵飲食，且每餐都開口吞啖，和一般人沒有兩樣。有時人面瘡把牙齒咬緊，格格作聲，悟達便疼痛難忍，苦不堪言。他到處尋訪名醫求治，可是群醫皆束手無策。

悟達被怪瘡折磨得寢食難安，心煩意亂，猛然想起昔日老和尚臨別時的囑咐，便立刻準備行裝趕到四川九隴山。九隴山青山綠水，樹木蔥蔥，有如人間仙境。見到老和尚後，悟達告以遭逢病苦之事。老和尚一看，便說：「此瘡名叫人面瘡，我有藥可治，請多放心。山邊岩下有一泉水，明天把水洗濯患處，即可痊癒。」

次日清晨，老和尚即命二弟子引路，將悟達引至泉水所在，便開始用泉水洗瘡。頓時聽到一聲大叫，人面瘡竟然發出聲音：「請老法師慈悲，不要洗了。承蒙大德威神之力，為我們解冤釋結，十分感謝。尊者您是一位大德高僧，博古通今，一定讀過《漢書．袁盎晁錯傳》吧？」

老和尚說：「不錯，讀過的。」

知識連結

近代高僧印光法師《梁皇懺．序》：「吾人之心，體本明淨，由無明故，煩惑遂生。煩惑既生，便成昏濁，而明淨之體，遂為隱沒，實未嘗減損一絲毫也。欲令復本還元，非竭誠盡敬，恭對三寶，懺悔業障不可。諸大乘經，具有令懺悔之文，隨人所宗，述為懺法，如《法華》、《光明》、《淨土》、《大悲》等。此之懺法，詳於披陳罪相者，以梁武帝為度元配郗氏夫人墮於蟒蛇之苦，兼欲一切人民同沾法利。特請誌公，並諸高僧，檢閱經文，述為懺法。帝亦時運睿筆，發揮意致。惜帝未悉淨土法門，故於述成之時，郗氏特現天人妙莊嚴身，而為致謝。使帝詳知淨宗，則其夫人當必仗佛慈力，往生西方，高預海會，登不退地。」

人面瘡說：「大師一定知道袁盎殺害晁錯之事。我今向尊者稟告：悟達就是昔日的袁盎，我就是從前的晁錯。我被他謀害所以蒙受深冤，當時慘遭刑罰，被腰斬於市，真是冤深如海，怨結萬年。但是他宿植靈根，十世都做高僧，戒律精嚴，常有佛光庇護，使我無法近身。等到這一世中，他竟名利心起，受寵忘憂，享受過奢，失卻莊嚴，我才得到報冤方便，令他生人面瘡痛苦難堪，才覺甘心。現在多蒙尊者洗我以三昧法水，為我解除冤結，從今以後我不再來危害於他了！」

悟達聽了人面瘡這番前因後果的敘述，頓悟報應昭彰，驚得魂不附體，昏厥過去。待到蘇醒，那個人面瘡已經平復，不留痕跡。他回頭四顧，一片空寂，老和尚也已蹤影全無。

為了紀念這一奇遇，悟達便在九隴山建造一庵，名為招提寺，他在這裡制定《慈悲三昧水懺》，以懺悔自己多生以來的業障……。

四大菩薩

身雲妙現：菩薩信仰

菩薩信仰是大乘佛教的重要特徵之一，「菩薩」的全稱是「菩提薩埵」，意思是覺悟有情，也就是讓有情眾生獲得覺悟。按大乘佛教的說法，菩薩有上求菩提、下化眾生兩種任務，前者是自利，後者是利他，這是成佛的必由之路。任何一尊佛在成佛之前，都曾經做過菩薩，行菩薩道，度化眾生的同時也就是成就自己的道業，因此菩薩被視為最能體現佛教慈悲救度精神的代表。值得注意的是，中國歷史上的很多高僧都是被視為菩薩示現於世的。菩薩道是佛教入世應用的重要途徑，菩薩不是遠離世間，自己修行，而是要乘願來到世間，應用各種善巧方便，從事各種度化眾生的事業。

中國佛教主要弘揚的就是以菩薩精神為代表的大乘佛教，因此菩薩信仰非常普遍。唐代之後，更逐漸形成了以文殊、普賢、觀音、地藏四大菩薩為代表，以五臺、峨嵋、普陀、九華等四大名山為道場的菩薩崇拜習俗。這四大菩薩在佛教中的地位相當崇高，絲毫不亞於釋迦牟尼、阿彌陀佛等，四大名山也成為中國最著名的佛教聖地。從二諦角度看，這些佛教名山，同樣是佛教為了度化眾生而顯現的一種外在俗諦形式，也即是「化城」之意。

1. 文殊道場五臺山

位居四大菩薩之首的為文殊菩薩，文殊梵名為Mañjuśrī，音譯為文殊師利、曼殊室利等，意譯為妙德、妙吉祥、法王子等。按照佛教經典記載，說文殊於久遠劫前早已成佛，佛名為龍種上如來，但為了普度眾生，又重新示現為菩薩，號稱文殊師利法王子。佛教將這種成佛後又重新示現為菩薩身分稱之為「倒駕慈航」，很多大菩薩都屬於這種情況。根據《文殊師利般涅槃經》的記載，文殊菩薩也曾示現為一位真實的歷史人物，出生於舍衛國一個婆羅門家庭，據說出生時其屋宅化如蓮花，後來隨從釋迦牟尼出家學道，也是釋迦的弟子之一。

在佛教中，文殊菩薩與普賢菩薩同為釋迦牟尼佛的脅侍，很多漢傳佛教寺院的大雄寶殿中，中間塑造的是釋迦牟尼像，兩旁則文殊居左，普賢居右，他們分別表示佛的智慧和佛的行願。文殊菩薩常現頭戴五髻冠，表示內證佛的五智；右手執持金剛寶劍，表示以智慧劍斷除一切無明煩惱；左手端握青色蓮花，花中安放《般若經》一部，表示般若智慧一塵不染；常以獅子為坐騎，表示智慧之力威猛無比；以蓮花為台座，表示清淨無垢染；或乘金色孔雀，比喻飛揚自在。

文殊菩薩

文殊菩薩是大乘佛法中智慧的象徵，佛典裡有很多關於他以智慧開導行者的故事。他曾經以「仗劍迫佛」的權宜示現，來曉諭那些疑悔不安、不能悟入如幻深法的菩薩。他也經常用反詰、否定、突兀的語言或行動，來警醒眾生。

在大乘佛教裡，文殊菩薩開出的是重視第一義諦、不拘尋常格式的善巧法門。《華嚴經》中善財童子的五十三次參訪，也是由他啟迪才成行的。中國禪宗的宗風，與文殊法門也有頗多相合之處。文殊菩薩與中國的五臺山發生聯繫，見於《文殊師利法寶藏陀羅尼經》，經中釋迦牟尼曾經預言：「我滅度後，於此贍部洲東北方，有國名大振那。其國中有山，號曰五頂。文殊師利童子遊行居止，為眾生於中說法。」這裡的「振那」，相傳即是中國（支那），五頂之山，即五臺山（又名清涼山），五臺山因而成為代表文殊師利的名山。後世佛教美術作品中的「文殊菩薩渡海圖」，描繪的就是文殊率領法眷到中國的情景。

中國人的文殊信仰起源於南北朝時期，到唐代達到鼎盛，華嚴宗的創始人杜順也被視為文殊菩薩的化身。北魏文帝時，五臺山就建有靈鷲寺、菩薩頂等，北齊時，五臺山寺院多達兩百餘所。隋文帝時，又下令在五個頂峰各建一寺，寺中供奉文殊菩薩。從唐太宗至唐德宗一百七十餘年間，拜文殊菩薩的香客絡繹不絕，因此五臺山寺廟大增。元武帝時敕建殊像寺。至明萬曆年間，五臺山佛寺增至三百多處。清代對蒙古、西藏取懷柔政策，提高了格魯派在五臺山的地位。清朝的蒙古王公、西藏喇嘛每次朝禮五臺，都住在菩薩頂。五臺山的喇嘛教事務，除鎮海寺等六所格魯派寺廟歸章嘉呼圖克圖管轄外，絕大多數喇嘛寺則由住在菩薩頂的札薩克大喇嘛統率，五臺山也成為中國一座重要的兼容漢傳、藏傳佛教的道場。

知識連結

據佛經記載：靈山會上五百比丘，得到了宿命通，各自見到自己過去世殺父害母等重罪，內心不安，各各懷疑，於甚深法，不能得入。於是文殊仗劍逼佛，佛說：「文殊住住！吾必被殺。我被害矣，誰害吾子。」於是五百比丘，自悟本心，了法如夢，皆得法忍，說偈讚曰：「文殊大智士，深達法源底，手自握利劍，逼持如來身。如劍佛亦爾，一相無二相，無相無所生，是中云何殺？」文殊用殺佛的辦法，來教育五百比丘，使之悟解大乘宗義，證得法忍，堪稱釋迦得力的助手。「文殊仗劍」也成為中國禪宗非常喜歡使用的一個典故。

五臺山現存寺院四十三所，其中顯通寺、塔院寺、殊像寺、羅睺寺、菩薩頂號稱「五大禪處」；顯通寺、塔院寺、殊像寺、羅睺寺、圓照寺、廣宗寺、碧山寺、南山寺、永安寺、靈鏡寺號稱「十大青廟」；另有著名的黃廟鎮海寺、台麓寺、觀音洞、善財洞、慈福寺、廣仁寺、壽寧寺等。

顯通寺位於山西省五臺縣台懷鎮北側。相傳始建於東漢，古稱大孚靈鷲寺。唐代時擴建，武則天時改名為大華嚴寺。明太祖時，重新修建，並改稱今名。寺域規模宏大，占地八萬平方公尺。現存建築均為明清重建形式，沿寺內之中心線，並列有七座殿宇，分別為觀音殿、文殊殿、大佛殿、無量殿、千鉢殿、銅殿與藏經殿。其中，無量殿與銅殿最負盛名。無量殿原名無梁殿，結構奇特，殿內不用梁木，利用磚石砌成拱門以資支撐，為我國無梁建築中之傑作。銅殿建於明代萬曆年間，傳說是採用十二萬斤銅所鑄成，其中四壁並鐫鏤有萬餘尊佛像。殿前又有銅塔、銅鐘。從山門至千鉢殿，皆燃青燈，住眾須吃長齋，屬顯教範圍。千鉢殿之後，建築風格改變，供奉之佛像亦不同，寺內點酥油燈，住眾吃牛羊肉，屬於密教範圍。

塔院寺原是顯通寺的塔院，明代重修舍利塔時獨立為寺，改用今名。寺內主要建築以舍利塔為中心，前有大雄寶殿，後有藏經閣，周設廊屋，東列禪院。各殿塑像保存完好，藏經閣內木製轉輪藏二十層，各層滿放藏經，供信眾禮拜與僧侶諷誦。舍利塔始建於北魏，明代曾重修。塔基座為正方形，藏式，總高約六十公尺。塔剎、露盤、寶珠皆為銅鑄，塔腰及露盤四周各懸風鐸。

知識連結

相傳清代順治皇帝在五臺山出家，他所作的〈歸山詞〉寫道：「天下叢林飯似山，鉢盂到處任君餐。黃金白玉非為貴，惟有袈裟披身難。朕乃大帝山河主，憂國憂民事轉煩。百年三萬六千日，不及僧家半日閒。悔恨當初一念差，黃袍換去紫袈裟。吾本西方一衲子，因何流落帝王家！未曾生我誰是我，生我之時我是誰？長大成人方是我，合眼朦朧又是誰？兔走烏飛東復西，為人切莫用心機。百年世事三更夢，萬里乾坤一局棋。禹疏九河湯伐夏，秦吞六國漢登基。古來多少英雄將，南北山上臥土泥。來時歡喜去時悲，空在人間走一回。不如不來也不去，也無歡喜也無悲。每日清閒自己知，紅塵之事若相離。口中吃得清和味，身上常披百衲衣。五湖四海為上客，逍遙佛殿任君棲。莫當出家容易得，只緣累代種根基。十八年來不自由，征南戰北幾時休！我今撒手歸山去，管甚千秋與萬秋！」

殊像寺始造於唐代，明代成化二十三年（一四八七）重建。弘治二年（一四八九）興建文殊大殿，康熙三十九年（一七〇〇）重建。寺院坐北朝南，最前為天王殿，前置臥獅一對，後有藏經閣。院後正中為文殊大殿，兩旁為鐘樓、鼓樓、祖師堂、禪堂、方丈室。寺外左前方有般若泉。其中，文殊大殿又稱文殊閣、文殊殿、殊像寺正殿，是五臺山最大的殿堂，殿內主奉文殊菩薩像，像高九・八七公尺，是五臺山眾多文殊塑像中最高的一尊。兩旁有四脅侍，沿牆有「五百羅漢過江」懸塑四層，都是相當珍貴的文物。

羅睺寺位於顯通寺東隅，為喇嘛廟。初建於唐朝，明弘治五年（一四九二）重建。清康熙、雍正、乾隆三帝均崇奉佛法，尤信仰喇嘛教，曾多次朝禮五臺山。每年農曆六月十四日，傳說為文殊菩薩誕辰，這裡都舉行一些法會。寺後有西方殿，內設木製圓形佛壇，中央置木製大蓮花座，雕有方形佛龕，四方佛分坐其中，並設有中軸、輪盤、繩索牽制，可以旋轉，轉時花朵綻開，即見阿彌陀佛、觀世音、大勢至等佛菩薩，稱為「花開見佛」。

菩薩頂是五臺山規模最大的格魯派寺院。位於顯通寺北側靈鷲峰上。據傳為文殊菩薩道場，即文殊居住處，又名真容院、大文殊寺。此寺創建於北魏孝文帝年間（四七一—四九九），歷代曾多次重修。明代永樂以後，蒙藏喇嘛教徒進駐五臺山，遂成為五臺山格魯派寺廟之首。清朝之康熙、乾隆帝曾數次朝拜五臺山，住宿於菩薩頂。全寺占地四十五畝，順山就勢而築殿宇，布局嚴謹。寺前有石階一〇八級。山門內有天王殿、鐘鼓樓、大雄寶殿等建築。各殿均用三彩琉璃瓦覆蓋。

五臺山寺廟

朝禮五臺的信眾來此雲遊，大多是抱著能夠見到文殊菩薩真容的願望來的，這是因為佛教經典中有交代，文殊是修學佛法的指導者，能夠為迷惑之人指點迷津，因此虔誠的僧侶前來五臺山，很多是專程請求菩薩教示的。如北魏僧侶靈辨，讀《華嚴經》時有所疑惑，「乃頂戴此經，入清涼山清涼寺，求文殊師利菩薩哀護攝受，冀於此經義解開發」，結果頂戴行道一年，「足破血流，肉骨盡現……遂聞一人謂之曰：『汝止行道，思惟此經』，於是披卷，豁然大悟」。

菩薩頂

2. 普賢道場峨嵋山

普賢即普現於一切佛剎的大乘聖者的意思，是大乘佛教之行願的象徵。依據大乘佛教的排列法，文殊菩薩駕獅子侍在釋尊的左側，普賢菩薩則乘白象侍在右側。文殊象徵智、慧、證三德，普賢則顯示理、定、行三德。在修行上，文殊重在一切般若，而普賢則重在一切三昧。兩位菩薩德行的配合，象徵著大乘精神最究竟的完成。根據佛經的記載，他曾經在過去無量劫中，行菩薩行、求一切智，修集了菩薩救護眾生的無邊行願，概括為「十大願王」，因此，他也是大乘佛教徒在實踐菩薩道時的行為典範。

峨嵋山地處中國西南部的四川境內，脈出岷山，山勢蜿蜒。據說峨是形容其高，嵋是比喻其秀；或謂遠望有峰相對如峨嵋，故名，包括大峨、二峨、三峨、四峨四座大山。峨嵋山主要是指大峨山，全山面積一一五平方公里，最高峰萬佛頂海拔三〇〇九公尺，巍峨雄偉，景色秀麗。

普賢菩薩與峨嵋山發生關係，也來源於《華嚴經》。此經說善財童子佇立妙高峰上，觀此山如滿月，大放光明。後人認為，善財童子所說的山即是中國四川的峨嵋山，故峨嵋山又稱為大光明山。峨嵋山在晉代即創有六大佛寺。晉隆安三年（三九九）慧持和尚從廬山入蜀，在此修建普賢寺，供奉普賢菩薩，峨嵋山自此成為普賢菩薩道場。又傳說東漢明帝時，一位名叫蒲公的隱士正在山上採藥，突然見到一個全身放金光者，坐騎白象，從空中飛馳而過，遂跟蹤到頂峰，

峨嵋山

卻又杳無人跡，後來得知這是普賢菩薩顯現金身，於是，蒲公回山後捨宅為廟，供奉普賢，以後峨嵋山就成為了普賢道場。

到宋代時，宋太宗派大臣張仁贊，以黃金三千兩購買赤銅鑄造普賢騎象銅像一尊，高七・四公尺，長四・七公尺，淨重六十二噸。普賢像頭戴五佛金冠，身披袈裟、手執如意、神態莊重，趺坐象背上。大象造型逼真，四肢健壯，粗鼻下垂，目視前方，似欲起步遠行。這座銅像現在供奉在峨嵋山的萬年寺中。

此外，峨嵋山的名寺還有報國寺、伏虎寺、清音閣、金頂寺等。

報國寺是峨嵋山的門戶，背靠雄渾的光明山，寺依山而建，逐級升高。中軸四殿縱列，入寺一殿比一殿顯得高大。第一殿為彌勒殿，門聯為：「看他祖腹歡顏原是菩薩化相；願爾清心慮塵去睹金頂拜光。」第二殿是大雄寶殿，中供釋迦牟尼，旁立十八羅漢，造型生動。第三殿為七佛殿，殿內並排端坐丈六金身、高大莊嚴的七尊大佛。七佛殿後有一尊高達二十四公尺的施以彩釉的瓷佛，身著千葉蓮衣，趺坐千葉蓮台，色澤晶瑩，形象生動，成於永樂十三年（一四一五），是景德鎮專門燒製的，至今已有近六百年的歷史。第四殿是藏經樓，除佛經外，還藏有古今眾多名手書法作品。

伏虎寺位於報國寺西約一公里處，始建於唐，原名神龍堂，後因寺後有山雄峙，橫出寺背，蹲伏如虎，改名伏虎寺。寺在明末毀於兵火，清順治八年（一六五一）擴建，歷時二十二年，建成十三重殿宇的崇隆大廟，層樓複閣，曲

普賢菩薩

折深幽，廊廡寮堂，清淨莊嚴。寺旁有張三豐（丰）所書「虎溪禪林」四字，寺內藏有一座從報國寺遷來的紫銅華嚴經塔，塔高十四公尺，七層，塔上鐫刻了《華嚴經》的全部經文及佛像四千七百餘尊，極為珍貴。

清音閣也是峨嵋山勝景之一。閣隱現於牛心嶺下，左為黑龍江，右為白龍江，兩股湍流自橋下回抱，匯合處的峽谷中有一黑色茂石形似牛心，故稱「牛心石」，「黑白二水洗牛心」便為峨嵋一名景。有亭在匯合處的鳳凰嘴上，形成「雙飛兩虹影，萬古一牛心」的美麗景觀，水擊石上，喧響清澈，故名「雙橋清音」。清音閣係唐僖宗乾符四年（八七七）慧通禪師所創建，原名集雲閣，清康熙時重建，改名清音閣。

峨嵋山的最高處是金頂，上建金頂寺，威鎮全山。金頂寺又稱光明寺，因山頂常有光明而得名。每當午夜，在金頂上看群峰中，有千百萬點晶瑩閃耀的光亮，從山溝裡慢慢地升起來，像一盞盞明燈，忽上忽下，燦若明星，人稱此奇景為「萬盞明燈朝普賢」。

3. 觀音道場普陀山

觀世音菩薩在中國更是一位婦孺皆知的大菩薩。觀音又稱觀自在，意為「觀照世間眾生痛苦中稱念觀音名號的悲苦之聲」，這裡的「世」不僅指人世，還包括其他六道，「音」是指遇難眾生念誦觀音名號的聲音，如果觀音菩薩聽見有人念其名號，就會立即去解救。人們相信，由於這位菩薩發願遊化世間，救度眾生，當人急難恐怖之時，只要誠心念誦觀世音菩薩名號，他就會應聲而至，解脫苦難，因此深得廣大信眾的信仰。

白瓷觀音立像

據佛經記載，觀世音是一位大慈大悲、法力不可思議的菩薩，於過去無量劫中已經成佛，號正法明如來。但他具有大悲願力，為使眾生獲得安樂，故又重新現作菩薩，充當阿彌陀佛的脅侍之一，贊佐其教化眾生，「於怖畏之時能施無畏」。佛教密宗為了突顯觀世音菩薩的這種法力，創造出千手千眼的觀音形相，意謂觀音菩薩可以同時觀察世間萬事，不必擔心菩薩正在救度別人時而無暇救你。

許多佛經中都有關於觀世音菩薩的記載，諸如《法華經》、《華嚴經》、《觀無量壽經》、《觀音三昧經》、《大悲總持經》、《悲華經》、《觀世音菩薩授記經》等。隨著此類經典被譯成漢文，有關觀世音的崇拜和信仰也被逐漸介紹到中國來。

據文獻記載，在北方首先崇拜和信仰觀世音的人是西涼國王沮渠蒙遜，《法華傳記》說，鳩摩羅什所譯《妙法蓮華經》中的〈普門品〉曾單獨別行於河西一帶，原因是河西王沮渠蒙遜歸命正法，兼有疾患，在此弘法的中印僧人曇摩羅懺即說：「觀世音此土有緣」，乃命念誦，病苦即除，因此別傳一品流傳部外，是為《觀音經》。在南方，至蕭梁時觀音信仰也已形成，史載梁武帝曾修觀音懺法，救度死後變為巨蟒的后妃。可見，觀世音崇拜和信仰早於東晉十六國時期便已在中國流行起來，但這時的信仰尚無專門的道場。

觀世音菩薩在我們這個世界的住所，據說就是浙江的普陀山。玄奘法師的《大唐西域記》卷十說：「秣剌耶山東有布呾洛迦山。……觀自在菩薩往來遊舍。」《華嚴經》則謂：「於南方，有山名補怛洛迦，彼有菩薩，名觀自在。」這些記載為普陀山成為觀音道場提供了經典依據，但普陀山最終成為觀音道場，還有一段有趣的故事。

據《佛祖統紀》介紹，唐大中十二年（八五八），有位名叫慧鍔的日本高僧，來中國朝拜名山古剎。他從五臺山請得一尊觀音聖像，攜帶回國，經過普陀蓮花洋時，舟觸礁石，不能再行。慧鍔認為這是觀音大士不願東渡日本，便禱告觀音：如果我國眾生無緣見佛，當從所向，建立寺院。結果，船隨風漂泊到普陀山的潮音洞下（即紫竹林），當地居民張氏目睹，格外驚喜，便讓出房屋供奉觀音像，這是普陀山建立的第一個寺院，俗稱「不肯去觀音院」。

其後，宋、元、明、清四朝，累代敕建，賜額不絕，寺、塔、樓、閣、亭、橋、堂、寮、院遍布全山，成為著名的佛教道場。如今，普陀山有大小寺院幾十座。其中以普濟寺、法雨寺和慧濟寺三大寺最為著名。

普濟寺俗稱前寺，位於島南部的靈鷲峰下，占地約五十五畝，建築面積有一一四〇〇平方公尺，是普陀山規模最大的古剎，也是普陀山佛教活動的中心，有十殿、十二樓、七堂等共兩百餘間，普陀山的一切重大佛事活動通常在此舉行。東西兩壁各有十六尊不同服飾、不同造型的觀音菩薩，稱為觀音三十二應化身。寺南向，呈軸線對稱分布，寺前廣約十五畝，有長一百餘公尺、寬四十餘公尺的放生池，亦叫「海印池」，種有蓮花。池上有並列的三座石橋，中間一座正對山門正門，橋中間有八角單簷亭，供遊人憩息之用，南有御碑亭，漢白玉石製成，上鐫普濟禪寺興修情況及本山歷史的文字記述。東面一座名為「永壽橋」，長四十餘公尺，寬七・五公尺，高六公尺，明萬曆十四年（一五八六）建造；兩側石欄上雕有神態各異的小石獅四十頭，南端有「觀自在菩薩」五字影壁，字高達五尺，左側鐫《般若波羅蜜多心經》，右側鐫《華嚴經》頌偈。西面一座名「瑤池橋」，四隅飾有龍首，池四周古樟參天，每至六月荷花盛開，池中樹影、亭影、橋影、人影倒映於水中，構成了一幅美妙的圖畫，夏日月夜，清風徐來，荷香沁人，池中銀光閃閃，這就是「普陀十景」之一的「蓮池夜月」。

法雨寺又叫「石寺」，始建於明萬曆八年（一五八〇），初名「海潮寺」，萬曆三十四年（一六〇六）改名為護國鎮海禪寺，後毀於火，清康熙二十八年（一六八九）重建大殿，並賜匾額「天花法雨」，於是改為「法雨禪寺」。後經歷年擴建，法雨寺成為普陀第二大寺。法雨寺占地九千平方公尺，共有殿堂二九四間，分列在六層台基上，從天王殿、玉佛殿、九龍殿、御碑

不肯去觀音院

放生池

殿、大雄寶殿，直到方丈殿，殿殿升高。法雨寺中的玉佛殿面寬三間，外加圍欄，黃琉璃頂，現供奉的玉佛高一・三公尺，是一九八五年從北京雍和宮移來的。

慧濟寺又名佛頂寺，位於佛頂山上，最早時為一石亭，裡面有佛像，為明代慧通和尚創建；清乾隆五十年（一七八五）擴庵為寺；清光緒三十三年（一九〇七），僧人德北請得《大藏經》，由文正和尚監工建造，慧濟寺規模大增，與普濟寺、法雨寺合稱普陀三寺。全寺占地二十畝，建築面積三千三百平方公尺，天王殿傍山而建。與普陀山其他寺院不同，慧濟寺主殿大雄寶殿供奉釋迦牟尼，兩邊由阿難與迦葉侍之，大殿兩廂各有十尊塑像，即佛教所說的「二十諸天」，後兩側供奉千手觀音木雕像一座。

玉佛

4. 地藏道場九華山

與觀世音菩薩發誓救度人道眾生稍不同的是，地藏菩薩的誓願主要是救度餓鬼道、地獄道的眾生。地藏菩薩信仰在中國佛教界影響也非常大，由於其救度眾生的大誓願，人們稱之為「大願地藏王菩薩。」地藏菩薩由於其大悲誓願力，示現大梵王身、帝釋身、聲聞身、閻羅王身、獅象虎狼牛馬身，乃至羅剎身、地獄身等無量無數異類之身，用來教化眾生，他的誓願是不度盡這些眾生，誓不成佛。「地」是住處的意思，「藏」是含藏的意思。

據佛經記載，地藏菩薩受釋迦牟尼佛的囑託，在釋迦牟尼佛圓寂後至彌勒菩薩成道前的無佛時代，代替佛陀在世間教化眾生。中國民間信仰則把地藏菩薩作為「幽冥教主」，專門掌管一個人從死後至再次轉生前這一時段，有人甚至將民間信仰中的「閻王爺」視為地藏菩薩的化身。近代在敦煌千佛洞發現的《地藏十王圖》，圖中繪有地藏菩薩及十王像，並且附有宋代太平興國八年（九八三）造立的銘文，可以證明民間這種信仰來源之久遠。

九華山，原名九子山，坐落在安徽南青陽縣境內，周圍百餘公里。唐代大詩人李白曾三次遊歷九華山，作詩道：「昔在九江上，遙望九華峰。天河掛綠水，秀出九芙蓉。」古時的「花」與「華」字通用，所以「九華」之名，包含

地藏菩薩

溢美之意，從此，九子山改稱九華山。九華山北距長江不遠，與著名的黃山同出一脈。群峰之間，飛瀑流泉，嶺影雲光，景色秀麗，而且寺廟佛塔眾多，晨鐘暮鼓，自古以來即以佛教聖地名揚海內外。九華山和黃山都是花崗岩體山脈，歷經億萬年的風吹雨打，造型奇特，姿態非凡。山峰聳峙纖細，山頂如同朵朵蓮花盛開。著名的蓮花峰置於雲海之中，真有亭亭出水之態。

九華山以地藏菩薩道場聞名，這與唐朝時一位來自新羅（今韓國）的名叫金喬覺的雲遊僧人有關。

據佛教傳說，地藏菩薩降生為新羅國王子，姓金名喬覺，軀體雄偉，頂聳骨奇，祝髮後號地藏比丘。他在唐高宗時航海來到中國，隨處參訪，遊化數年，後來到九華山結廬苦修。若干年後地方士紳葛節等發現他住石洞茅篷，吃摻有觀音土的飯食，生活清苦，又得知是新羅王子，感到應盡地主之誼，於是發心為他造寺。當時九華山屬閔公所有，建寺要閔公出地。閔公問地藏比丘要多少地，地藏回答說：「一袈裟所覆蓋之地足矣。」閔公應允。不料地藏的袈裟越扯越大，最後竟然蓋盡九華山。閔公遵守諾言，將此山全部布施供養，閔公因此成為地藏護法，他的兒子也隨地藏出家，法號道明。據說地藏比丘居山數十年，近百歲時，於唐玄宗開元二十六年夏曆七月三十日召眾告別，跏趺坐化，後世也以此日為地藏菩薩應化中國的涅槃日。

九華山的名寺也很多。其中九華天街上的開山古剎化城寺為僧人杯渡禪師建於東晉隆安五年（四〇一），「化城」之名源出《法華經》，意為釋迦牟尼佛恐弟子在學道的進程中畏懼路途艱險，不願繼續前進，為勸誘他們繼續前進而在前方變化出一座城池。化城寺南對芙蓉峰，東為東崖，西臨神光嶺，北倚白雲山，四山環繞如城。以此寺為中心，周圍星羅棋布數十個寺庵，計有九蓮庵、通慧庵、天池庵、寶積庵等，參差錯落，香煙繚繞，木魚梆梆，經聲琅琅。

肉身殿，為金地藏肉身塔，係建在金地藏墓地上的一座塔形廟宇。殿宇宏麗，頂覆鐵瓦，四周迴廊石柱環節，重簷斗拱，雕梁畫棟。殿內七級木質寶塔，高約十七公尺，每層有佛龕八座，供奉地藏金色坐像。塔兩側有十五立像拱侍。殿西有佛教文物陳列室，殿後半月形瑤台上列鐵鼎，終日香火不斷，稱為「布金勝地」。據傳金喬覺坐化後，「顏色如生，兜羅手軟，骨節有聲如撼金鎖」。因肉身不壞，其門徒「建塔三層藏之」，大眾公認他為地藏菩薩化身，稱為金地藏。金喬覺的肉身就安置於九華山上的月（肉）身殿，明萬曆皇帝賜匾金地藏遺體安放之塔為「護國肉身寶塔」後，九華山香火更是日益鼎盛，晨鐘暮鼓，僧徒雲集，成為地藏菩薩的應化道場。

百歲宮又名摘星庵，清代擴建後改稱萬年禪寺，位於九華山摩空嶺上。據宮前石碑記載，明代萬曆年間，河北宛平僧海玉，號無瑕禪師，由五臺山至此，在摩空嶺摘星亭結茅而居，名摘星庵，長年以野果為生。他用舌血和金粉，抄寫出《大方廣佛華嚴經》八十卷，共花費二十八年時間；壽一百二十六歲拈偈而逝，逝前囑弟子三年後啟缸，如期發現，其顏色若生；時人建「百歲宮」紀念；明毅宗敕封「應身菩薩」，御題「護國萬年寺欽賜百歲宮」。宮宇依山而築，上下五層樓閣，曲折相通，可容五千人，巍峨宏敞。東壁以懸崖為

九華山

九華山上的月（肉）身殿

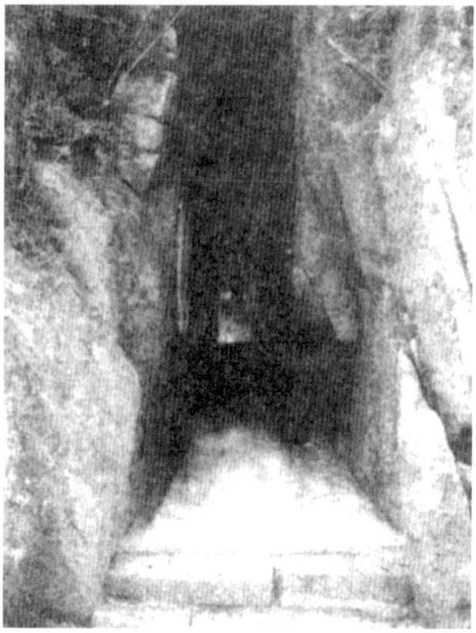

祇園寺下古洞穴

基，西臨峽谷，形勢險峻。今無瑕真身和「血經」保存完好。

祇園寺又名祇樹庵、祇園，祇園原是印度佛教聖地，該寺引此而得名。位於九華山東崖西麓、化城寺東北，始建於明代嘉靖年間，為九華山四大叢林之一，規模為諸寺之冠，也是山上唯一的宮殿式建築。寺宇依山就勢，層層疊疊，鱗次櫛比，飛簷走獸，畫棟雕梁，富麗堂皇。寺前鋪石雕蓮花、金錢圖案甬道。有大雄寶殿、方丈寮、退居寮、衣缽寮、客廳和光明講堂等，共有房屋上百間。大雄寶殿高約十三丈，金黃琉璃瓦頂，飛簷畫棟，金碧輝煌。殿中蓮花台上端坐三尊噴金大佛，均高兩丈多，極為壯觀，為九華寺廟佛像之冠。

5. 彌勒菩薩與彌勒信仰

除了上述四大菩薩外，彌勒菩薩的信仰在中國也有著悠久的歷史。如今邁進任何一座漢傳佛教寺院，迎接人們的通常首先是天王殿，天王殿台座上有一位胖和尚，袒腳露腹，箕踞而坐，大肚子滾圓凸出，手掐念珠，喜眉樂目，笑口常開，他就是被稱為「笑佛」、「未來佛」的彌勒佛。嚴格地說，彌勒現在還沒有成佛，還是一位菩薩。「彌勒」是梵語Maitreya的音譯，意譯為「慈氏」，也是他的姓氏，他的名字則叫「阿逸多」——有些佛經中提到的「阿逸多菩薩」就是指彌勒，漢語的意思是「無能勝」，他的姓和名合起來，就是「慈悲無人能勝過」的意思，也就是具足大慈大悲，沒有人能超過他。據佛經記載，彌勒現正住在兜率天的內院，是一生補處菩薩，將來當於住劫中的第十小劫，人的壽命為八萬歲時，下生到我們這個世界，繼釋迦牟尼佛之後成佛，為賢劫中的第五尊佛，據佛教說，整個賢劫要有一千尊佛出世，後面的時間還早著呢。

然而，根據中國民間傳說，彌勒另有來歷，人們多以五代時遊化四方的僧人契此為彌勒菩薩的化身。契此是明州（浙江）奉化人（一說是四明人），他常以杖荷一布袋，看到人就乞討，因此人們稱他為布袋和尚。他寫過一偈說：「一缽千家飯，孤身萬里遊。青目睹人少，問路白雲頭。」可為其一生之寫照。

據《景德傳燈錄》記載，布袋和尚身材肥胖，眉皺而腹大，出語無定，隨處寢臥；常用杖荷一布囊，凡供身之具，均貯於囊中，時人稱為長汀子布袋師。他最吸引人的地方是能告訴人們吉凶禍福，而且能預知大自然的雨晴旱澇等，十分準確。

後梁貞明二年（九一六）三月，他即將示寂前，在岳林寺東廊下，端坐在一塊大磐石上，又說了一首偈：「彌勒真彌勒，分身千百億。時時示時人，時人自不識。」頌偈畢，安然入寂。

彌勒佛

但是其後，有人又在別的地方看到契此負著布袋而行，於是世人傳說他是彌勒的化身。從此，中國佛教寺院中塑造彌勒像，也多以契此為「模特兒」，這就是「大肚彌勒佛」形相的來歷。

彌勒的「大肚」諧音漢語的「大度」，表示一個學佛者要胸懷寬廣的意思。在北京古剎潭柘寺中，山門之後就是宏偉的天王殿，那裡就有一副歌詠彌勒的膾炙人口的楹聯，聞名遐邇：

大肚能容，容天下難容之事；
開口便笑，笑世間可笑之人。

由於彌勒佛為我們這個世界的未來佛，因此，佛教中逐漸形成專門的彌勒信仰，即以彌勒菩薩為信奉對象的宗教信仰。

在印度，早期即有此信仰，如《增一阿含經》卷四十五、《賢劫經》卷七等，以彌勒為未來出現的第一佛。

中國關於彌勒信仰的譯經，始自西晉，先後共十餘種譯本，可歸納為「上生」、「下生」、「本願」三個系統。彌勒信仰也大體分為兩派，一派為上生信仰，信仰現今於兜率天說法的彌勒菩薩，自己念誦名號，可以往生兜率天，這其實是淨土信仰的另一種形態；另一派為下生信仰，即相信彌勒將來下生此世界時，於龍華樹下三會說法，以救度眾生，而自己也能生此世界，於龍華樹下聽受說法而成佛，故有「龍華三會」之說，布袋和尚其實就是「彌勒下生」的一種形態。

一些民間宗教派別，則利用佛教的「彌勒下生」信仰，宣傳彌勒佛提前出世了，以此來引導民眾，成為古代農民起義和宗教起義的綱領，這也是我們了解彌勒信仰應該知道的歷史知識。

佛門中的菩薩應化在世間，其根本目的是為了使有情眾生獲得覺悟。所謂覺悟，就是超脫世間虛妄的生死，而回歸到永恆真實的自性。這個目標也就是佛教所謂的「真諦」。但是，由於世間眾生受多生多劫以來各種業力的障礙，具有不同的根機，因此讓他們一下子了悟這個「真諦」是相當困難的。為此，菩薩就要善巧方便地順應眾生的根機和要求，先要滿足他們的一些世俗要求，然後再將其引導到覺悟的大道上。這就是以「俗諦」來導歸「真諦」的菩薩道的本質所在，用傳統佛教的術語叫做「先以欲勾牽，後令入佛智」。

潭柘寺塔林

佛教中流傳久遠的「魚籃觀音」傳說，能夠比較好說明這一點。

話說唐朝元和年間，陝右地區的人們不信佛法，喜好殺生、賭博等等。忽然有一天，不知從哪裡來了一個女子，年紀不過十七、八歲，貌美如仙，她手裡提著一個籃子，走到市上一個叫金沙灘的地方賣魚為生。

那金沙灘上的人見了這個絕色女子，紛紛來買魚。一些年輕小夥子更是整天圍著她，顯然有愛慕之意。日子久了，有人就想下聘禮娶她為妻。

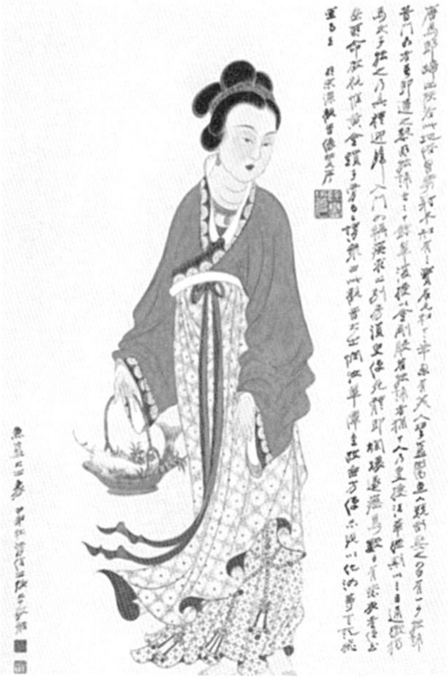

魚籃觀音

女子說：「我沒有父母，一個人流浪在此，要聘禮也沒有用。這樣吧，我提出一個條件。我自幼就喜歡讀誦佛經，列位今日回去，如果誰能將〈觀世音菩薩普門品〉細細讀熟，明天能夠背得出來，我就與他結為夫妻，不要一文聘禮。」

一些年輕小夥子於是趕忙回家，忙著去念〈普門品〉了。第二天，竟然有十來個人都能夠背得出來。

女子便說道：「妾只一身，不能嫁給多人啊。這樣吧，再增加一點難度，如果有人一夜能夠背出《金剛經》的，我們就結為夫妻。」說罷，裊婷而去。

第二天清早，眾人來到金沙灘上，結果有三個人能夠背出《金剛經》。那女子又說：「我一個人也不能嫁給三個人啊。佛經之中，《法華經》號稱諸經之王，佛以大事因緣出世，特說此經。如果有人三日之內，能夠將此經背出，我一定嫁給他，絕不食言！」

這三人知道《法華經》有七卷之多，內容浩瀚，心想，這門親事怕是做不成了。其中一個姓馬的小夥子根性極好，讀了三日後，把這七卷《法華經》從頭至尾背與這女子聽。

女子聽後笑道：「你真是和我有緣啊。我有言在先，不嫁與郎君，還能嫁給誰呢？」於是隨馬郎來到他家。

馬郎父母見到這樣一位絕色女子來做兒媳婦，心裡好生歡喜，於是通告鄰里親眷，結起花燭，置辦酒筵，準備成親。

婚禮之上，正當新郎新娘雙雙站立在紅氈上，準備互相交拜，眾人齊聲喝彩之際，新娘忽然跌倒在地，眾人連忙把新娘攙入新房，用薑湯來灌，卻發現新娘已經氣絕身亡！滿堂之人無不驚歎。

不但如此，這個新娘死後，霎時間，美麗的容顏化為醜陋屍骸，千千萬萬蛆蟲攢食，滿堂會筵賓客頓時掩鼻而散。馬氏一家見屍體臭穢難當，蛆蟲四散，便用衾褥包裹而出，掘土埋於金沙灘上。回來後，全家好生氣悶，也好生奇怪，認為碰到了什麼妖怪。

卻說馬郎從此大病一場，但內心仍然愛慕著那位美麗的女子，發誓終身不娶，每到女子祭日，便獨自去她的墳上祭拜。

一日，馬郎正在墳頭獨自沉思，忽然來了一位老僧，向馬郎微微一笑，問道：「這墳中是何人？」

馬郎痛苦地說：「是我死去的妻子。」

老僧呵呵一笑說：「相公善良無比，卻還是執迷不悟啊！此乃南海觀世音菩薩！他見此地之人不明佛理，殺生害命，便化為女子來點化你們。想一想菩薩讓你們讀過的《金剛經》吧，一切有為法，如夢幻泡影，如露亦如電，應作如是觀！」

馬郎聽後，若有所悟，但他還是半信半疑。

觀世音菩薩

老僧呵呵一笑，用錫杖將墳掘開，裡面哪有什麼女子屍骸，只有一具黃金鎖子骨。

老僧將那具鎖子骨挑在錫杖上，朗聲大笑，一瞬間不知去向。

馬郎猛然如從夢中醒來，毅然出家為僧。自此之後，陝右之地多皈依三寶之人。馬氏一家更是篤信佛法，最後都修成正果。馬郎婦的形相後來被塑造成「魚籃觀音」，在中國民間影響甚廣，本來無性別的觀世音菩薩在中國民間也多被認為應是一位美麗的女子。

這段相當生動、神奇的傳說其實是蘊含著無限深意的。假如故事的最後，這位美貌女子沒有死去，而是嫁給了馬郎，兩人恩恩愛愛生活了一輩子，也許更符合中國老百姓「大團圓」的理想，但那就完全不是佛教的，就與中國民間傳說的「七仙女」等故事在思想上完全等同了。佛教要告訴人們的恰恰是：世俗人們執持為「實有」的世間的一切其實都是虛幻的。對於一瞬間發生的事情人們會理解到它的虛幻性，但在漫漫的宇宙時間長河中，人自以為很漫長的一生——幾十年的時間，不同樣是一瞬間的事情嗎？何況很多人根本活不了幾十年，他們的生命可能隨時會終結，為什麼人們就這樣執著於這個虛幻世間的一切呢？

這個故事裡應現的觀世音菩薩不過是用他的神通將時間縮短了，讓人們在瞬間看到了幾十年的過程而已，從而警示人們對生命的醒悟。他的「先以欲勾牽」，絕不是為了真正滿足那些虛幻的欲望，而是為了將欲望自身的虛幻性揭示出來，這就是那位女子為什麼要在婚禮之上死亡的原因。這並不是欺騙，而是將生命的真相無情地揭示出來罷了。那位老僧無疑也是觀音菩薩的化身，當這位馬郎仍然難以忘情、為情所困之時，便再次出現予以點化，終於使他醒悟。

第七章

佛教聖地：物質文化層面看佛教

中國有一句古話：「天下名山僧占多」，揭示了佛教與中國眾多名勝古蹟的密切關係，其實這句話也可以倒過來說，正是因為有了許多寺院、高僧，其山才有了名，成為「名山」。假如沒有佛教的流傳，中國很多名勝古蹟的文化內蘊就會大打折扣，甚至根本不會成為什麼「名山」，僅僅就這一點，就可以說佛教對中國文化做出了重要貢獻。

中國幅員遼闊，佛教文化流傳久遠，可以稱得上佛教聖地的地方不可勝數，這些名勝之地多有莊嚴的佛像與從事佛事活動的法器，皆是佛教對社會發生影響的重要的物質文化載體，這裡選擇一些做簡單介紹。

古剎巡禮：佛教的名山與名寺

「剎」是梵語Ksetra的音譯，全稱為剌瑟胝，意思是旗杆或塔的中心柱，印度佛教建築是以塔為中心的，故稱為「剎」。中國佛教寺院雖然改變了印度的這種建築布局，但仍然將寺院等稱為「剎」，常見的詞語組合如「梵剎」、「寶剎」、「名剎」等等。這裡，我們用來指所有佛教聖地，包括名山、寺院、塔廟、石窟等。

佛寺是專為供奉佛教聖像、聖物，僧侶禮佛念經，參禪打坐，生活居處，以及一般人等禮佛進香之所，它是在佛教傳入中國之後才出現的一種建築類型。

漢地佛教寺院的發展過程，主要由初期的以塔為主的寺院布局發展成為以殿堂院落為主的布局。在漢代、兩晉、南北朝時期，佛寺的布局主要是以供奉佛祖釋迦牟尼舍利的佛塔為主，塔處於寺的中心位置。從隋、唐時期開始，逐漸與傳統的四合院庭院布局相結合，形成了以供奉佛、菩薩像的殿堂庭院為主的形式。

中國漢地寺院，自古有「寺院」和「蘭若」之分。蘭若是梵語阿蘭若（Aranya）音譯的略稱，意思是僧人清淨的

知識連結

佛教傳入我國之後，在洛陽建築了第一座寺院白馬寺。它與中國傳統的官寺建築相結合，採取了木構建築法式。該寺是利用原來接待賓客的官署鴻臚寺改建而成的。「寺」本是漢朝的一種官署名稱，此後成為中國佛教寺院的專稱了。由於中國早期的寺院多為官吏、富豪施捨現成的官署或私宅所成，所以最初的佛寺就是按照漢朝的官署布局建造的，這種「捨宅為寺」的風氣使得這類住宅式寺院以「前廳為佛殿，後堂為講堂」為特點，並將府第住宅與寺院融為一體。

白馬寺

住所，意譯為「精舍」或「靜室」，其規模當然是很小的，但在古代佛教中的影響卻相當大。如白居易〈過紫霞蘭若〉所寫：「我愛此山頭，及此三登曆。紫霞舊精舍，寥落空泉石。朝市日喧隘，雲林長悄寂。猶存住寺僧，肯有歸山客。」可見這些蘭若往往住著高僧，吸引著一些信仰者前往參訪。

唐宋以來，創建寺院要向政府申請，得到許可，方准興建，寺院的名稱通常也由政府頒發，如果一個寺院得到皇帝的御賜寺名，那是相當榮耀的事情。近代的寺院大致又分為兩類：一類叫做「叢林」或「十方」，規模宏大，僧人眾多；一類叫「小廟」或「子孫」，規模較小，通常只有幾位僧人甚至一位僧人居住。

舍利塔

知識連結

中國歷史上最著名的叢林當屬南宋時期形成的以禪寺為中心的「五山十剎」，五山為：餘杭徑山、杭州靈隱、杭州淨慈、寧波天童、寧波育王；十剎為：杭州中天竺、湖州道場、溫州江心、金華雙林、寧波雪竇、台州國清、福州雪峰、建康靈谷、蘇州萬壽、蘇州虎丘。這些規模宏大的叢林是當時佛教的中心，同時還形成比較嚴格的叢林制度，如方丈、法堂、僧堂、寮舍等，這種制度一直流傳至今。

每個寺院一般都屬於一定的宗派，世代相承，很少任意更改。中國佛教宗派林立，各宗各派逐漸形成具有自己特色的寺院形式，同時，中國多民族融合的歷史也使得很多寺院具有不同的民族風格。這裡僅就漢傳佛教寺院的一般規式做一些簡單介紹：

進入一座寺院，首先見到的是山門。山門即佛寺的大門，一般是三個門並列，中間是正門，兩旁為側門，裡面供奉金剛力士。

山門後的天王殿，中間供大肚彌勒菩薩像，背向塑韋馱菩薩像，左右分列四大天王，代表東西南北各護一天。

鐘、鼓樓在山門之內，用以懸掛鐘、鼓作為報時、集會之用。在唐朝以前多是鐘樓而無鼓樓，後來變成鐘、鼓樓並立。

大雄寶殿也稱大雄殿，位於天王殿之後，是佛寺的主殿，裡面供奉本寺的主佛——通常是佛祖釋迦牟尼像，但也有一些寺院的大雄寶殿供奉其他佛、菩薩像以及陪同的菩薩、諸天、羅漢等像。

伽藍殿、祖師殿在大雄殿的兩旁，有的寺院有伽藍殿和祖師殿作為東西配殿。伽藍殿是供奉最早支持釋迦牟尼佛

知識連結

韋馱，也叫韋馱天，佛教護法神，據說此神姓韋名琨，又稱韋天將軍，為南方增長天王手下八將之一。在佛陀即將涅槃時，韋將軍得到佛陀的囑咐，承擔在世間護持佛法的任務。四天王為佛教護法神，是六欲天中「四大王眾天」的天主，具體指東方持國天王、南方增長天王、西方廣目天王、北方多聞天王，又稱四大天王。按佛經記載，四天王率領其部屬守護佛土、護持佛法。

山門

天王殿

鐘樓

護持佛法、興建寺院的代表。近世以來，中國佛教界常以關帝（關羽）為伽藍神。

祖師殿是供奉本寺院所屬宗派的創始人。

法堂位於大殿之後，是演說佛經、佛法和皈戒集會的場所。一般只有較大的佛寺才有法堂，無法堂的佛寺則在大雄寶殿內進行這些活動。

通常寺院中還設有方丈室，是寺院住持的居室或客殿。方丈本來的意思是「一丈見方的居室」，後來用來指一座寺院中最高職位的「住持僧」，他所居住的地方也稱為「方丈」。

藏經樓也稱作藏經閣，是儲存佛教經書的建築，往往是高層樓閣，在建築布局上作為寺院之最後部分，在寺院整體布局上起到壓軸收結的作用。

此外，有些大佛寺還有戒堂、僧舍、茶堂和寺院園林等建築。

知識連結

傳說隋代天臺宗創始者智顗曾在荊州玉泉山入定，定中見到關帝顯靈，率其鬼神眷屬現出種種可怖景象，以擾亂智者。經過智者大師的度化之後，關帝乃向智者求授五戒，遂成為正式的佛弟子，並且誓願作為佛教的護法。從此以後，這位千餘年來備受國人敬重的英雄人物，成為佛教寺院的護法神。

塔起源於印度，原為梵文Stūpa，音譯為窣堵婆，意譯為墳塚。最初建塔是作為埋藏釋迦牟尼佛的舍利之用，其形制由台座、覆缽、寶匣和相輪（又稱剎竿或傘蓋）四部分構成的。後來，塔由埋藏佛舍利的建築物漸漸變成一種宗教紀念建築。由於漢代中國已確定了木構為主的建築體系，並創造了樓閣、殿堂等有很高成就的建築類型，為了突出塔的地位，古代建築工匠將高樓與之結合，樓頂安設凌空挺拔的塔尖「剎」。此外，還有以古代傳統的建築形式「亭閣」為基礎創造的「亭閣式塔」，即於亭閣之上安設塔剎。塔的「地宮」，則是結合了古代墓葬創造的。

石窟是佛教建築的最古形式之一，來源於印度的石窟寺。石窟寺是在石窟中設一不到頂的石塔作為信徒膜拜對

少林寺方丈室

藏經閣

象，窟側常設小室數間供僧人居住。印度現存的佛教石窟以西元前一、二世紀至西元五世紀時所造的阿旃陀石窟群最著名。佛教傳入中國後，石窟寺成為中國佛教建築的一個重要類型，成為在山崖陡壁上開鑿出來的洞窟形的佛寺建築。儘管開鑿山崖形成洞穴從漢代的崖墓已經開始，但不同的是，崖墓是封閉的墓室，而石窟寺則是供僧侶的宗教生活之用。大體來說，寺院在中國南方比較普遍，而中國北方則以石窟為主。從目前資料看，約在前秦建元二年（三六六）由沙門樂僔在敦煌鳴沙山試鑿開始，直至十五世紀，石窟的開掘歷時千餘年而不衰，主要分布於中國的西部、北部，形成甘肅敦煌、天水，大同雲岡，洛陽龍門，四川大足，河北響堂山，濟南千佛崖等著名石窟群。

除四大名山之外，中國與佛教有關的名山還有很多，這裡擇要做些介紹。

中嶽嵩山。大約從五代時起，人們將嵩山稱為中嶽，與泰山、華山、恆山、衡山共稱五嶽。嵩山山體由變質岩組成，屬伏牛山脈。少林河把嵩山劃分成兩大山峰群，一為太室山群，一為少室山群，極為雄偉。

嵩山自古以來佛教興盛，據《嵩嶽志》載，古代嵩山寺院眾多，著名的寺院有少林寺、法王寺、嵩嶽寺、龍潭

少林寺塔林

千佛崖造像

寺、廬巖寺、廬巖下寺、清涼寺、龍華寺、寶林寺、竹林寺、會善寺、永泰寺等，其中以位於少室山北麓五乳峰下的少林寺最為有名，係北魏孝文帝於太和十九年（四九五）為西域僧人跋陀所建，因處於少室山叢林中，故名少林。北魏孝昌三年（五二七），印度僧人菩提達摩在此傳播大乘禪法，倡導「面壁坐禪」，被追尊為中國禪宗初祖，少林寺也被推為禪宗祖庭。

少林寺為七進院落，現存建築有山門、客堂、達摩亭、白衣殿、地藏殿和千佛殿等。山門建於清雍正十三年（一七三五），門額「少林寺」三字為清康熙皇帝手書。山門北為碑林。寺內保存有唐以來碑碣石刻三百餘件，其中有〈唐王告少林寺主教碑〉，以及蘇東坡、米芾、日本僧人邵元等撰文書寫的碑刻。由碑林經天王殿達大雄寶殿遺址。東南鐘樓遺址上有重達一萬一千斤的大鐵鐘，鑄於金泰和四年（一二〇四）。再向北經藏經閣、方丈院到達摩亭。達摩亭，相傳為禪宗二祖慧可當年在門外立候達摩，大雪沒膝猶不稍動的地方，故又叫立雪亭。亭北即千佛殿，為明代建築，殿壁繪有《五百羅漢朝毘盧》巨幅壁畫，畫面約三百多平方公尺，規模宏大，人物眾多，線條清晰動人，為明代壁畫珍品。殿東側為白衣殿，內有清代少林寺拳譜、《十三和尚救唐王》壁畫。寺西有塔林，現存有自唐至清千餘年間的磚石墓塔兩百多座，面積一萬四千多平方公尺，是中國現存最大塔林。寺西北有初祖庵，傳說菩提達摩當年在此面壁靜坐九年，由於精神專精，其坐影竟然嵌入牆壁之中，稱為「影壁」。西南有二祖庵，以及唐代法如塔、同光塔，五代的法華塔等古蹟。

南嶽衡山。衡山位於湖南衡山縣西，以俊秀名聞天下，被譽為「五嶽獨秀」，傳統上將現在的嶽麓山、石鼓山也劃歸衡山，所謂「回雁為首，嶽麓為足」，「周回八百里」。祝融峰，海拔一二九〇公尺，為衡山最高峰，相傳古代三皇之一的祝融曾在此棲息奏樂，死後葬於此地，故名。

衡山自古便是寺院遍布、名僧會集、萬千信徒朝拜的佛教聖地。建於晉代的寺院主要有法輪禪寺、會善寺。建於南朝的寺院很多，其中有南台禪寺、福嚴禪寺、方廣寺。唐天寶初年，希遷禪師見此地有石形狀如台，便居於其上，建南台禪寺，傳授南宗禪法，影響甚廣，學者日眾，此寺成為南方禪宗第一大道場，亦為禪宗曹洞、雲門、法眼三家的祖庭。位於擲缽峰的福嚴禪寺，被稱為嶽中禪剎第一。陳太初中，法華宗先驅者慧思禪師在此建立道場，因修《法華》、《般若》，故原稱為般若寺。唐代南宗禪奠基人之一的懷讓禪師曾結庵於此，重修擴建寺宇，並改名為福嚴寺。寺東北有磨鏡台，相傳懷讓曾在此以磨磚方式啟發馬祖道一，使之「決然開悟」，其後南宗禪獲得迅猛發展，成為宋代之後中國佛教的主流。

江西廬山。廬山又名匡山、匡廬，位於江西省北部，北依長江，東連鄱陽湖。廬山奇峰峻嶺約有九十餘座。其中漢陽、香爐、五老等峰最為著名，山色秀美，瀑布、雲霧等堪稱一絕。東晉南朝至唐宋時期，廬山興建了大量寺院，遍及各峰，至清初時這裡還有寺觀兩百餘座。

廬山最早的寺院當推歸宗寺：歸宗寺位於廬山南面金輪峰下、玉簾泉附近，原為王羲之別墅，東晉咸康六年（三四〇）捨給西域僧人達摩多羅作為寺院。唐元和中（八〇六—八二〇）智常禪師復興重建，遂成禪院。

廬山影響最大的要算慧遠和他創建的東林寺。東晉哀帝興寧三年（三六五），慧遠法師南遊至潯陽，愛廬山峰林清靜，便定居下來，初住龍泉精舍，後在其師兄、西林寺住持慧永的幫助下建立了東林寺。當年，慧遠在東林寺率眾行道，宣導念佛法門，東林寺遂成為在中國影響極大的淨土宗的祖庭，慧遠被推為淨土宗的初祖。

廬山著名的寺院還有大林寺、棲賢寺、開先寺、圓通寺、千佛寺等。大林寺在廬山北端的雲頂峰，係慧遠弟子曇銑所建。據說曇銑法師於雲頂峰講經台東南雜植花木，鬱然成林，故雲頂峰又稱大林峰，寺稱大林寺。白居易在〈遊大林寺序〉中寫道：「大林窮遠，人跡罕到，環寺多清流蒼石，短松瘦竹，……此地實匡廬間第一境。」

廬山還流傳著許多同佛教有關的傳說，其中關於慧遠的最多。相傳慧遠當年於法堂庵撰《涅槃經疏》，疏成而擲其筆，筆卓立虛空不墮，化為擲筆峰。相傳東林寺建成後缺少泉水，慧遠以杖掘地，泉水噴湧而出。再如關於「虎跑泉」的來歷，據說慧遠與名士高僧在東林寺後遊玩，老虎跑來效勞，掘地成泉，供他們飲用，故名「虎跑泉」。

又傳說慧遠隱居廬山三十年，潛心研究佛法，其行止不過虎溪。但有一次，名士陶淵明和道士陸修靜來訪，三人相談甚歡，慧遠送別他們時，不自覺地竟走過了虎溪，直到老虎咆哮，慧遠方恍然大悟，三人相顧，哈哈大笑。這段傳說不一定是史實，卻也相當鮮明地體現了中國古代文人士大夫希望儒、釋、道三教和諧相處、等同一家的理想。

廬山東林寺

江西青原山。位於江西廬陵（今吉安）東南十五公里處。中國禪宗七祖行思禪師（？—七四〇）曾於此山開創淨居寺，元末燒毀，明末復修為叢林，俗稱大廟。寺中建築有天王殿、大雄殿、毘盧閣等，供奉四大金剛、十八羅漢、觀音菩薩等，寺中有千人銅鍋、百斤香爐、千斤大鐘等古物，正門上鐫刻文天祥手書「青原山」三字。山中有名勝古蹟多處，如七祖塔、飛來塔、青又庵等。繼行思之後，有青原齊、青原惟信、本寂真元、顯愚觀衡、眉庵行秀、笑峰大然等高僧先後住此。

雲南雞足山。雞足山位於雲南省賓川縣西北四十公里處，全山南北長七・五公里，東西長十五公里，最高峰天柱峰（金頂）海拔三二四〇公尺，頂上有金頂寺。寺內有一座建於明代的光明塔，後改名為楞嚴塔，高四十一公尺，造型與大理三塔中最高的千尋塔相似，挺拔修長，極為秀美。登塔四望，極目千里，景色

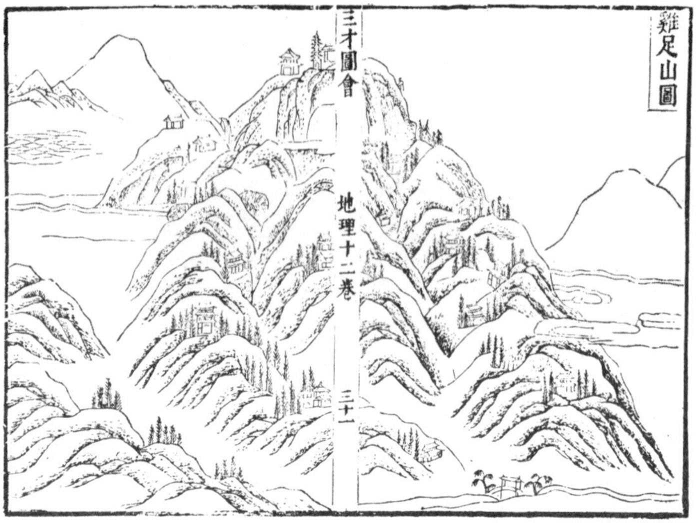

雞足山

壯美：東觀日出，西觀洱海蒼山，南觀祥雲，北觀玉龍雪山。

三國時期，佛教已傳入這裡，建有小庵。唐代高僧玄奘《大唐西域記》記載：「迦葉承旨主持正法，結集既已，至第二十年，厭世無常，將入寂滅，乃往雞足山。」迦葉是釋迦牟尼十大弟子之一，最後入滅於雞足山。這座雞足山應是印度境內的屈屈吒播陀山，但中國佛教也由此將雲南的雞足山視為迦葉道場，雖屬附會，卻也得到了公認。明朝時，雞足山佛教達到鼎盛，僧尼雲集，「琳宮紺宇不知數，浮屠寶剎凌蒼蒼。」據統計，有「大者七十二所塔院」，且「規天矩地，制度虛敞」、「院宇壯麗」。明清時期，甚至將雞足山作為第五座名山，但清代中期後，雞足山的佛教出現衰落，似已不能與「四大名山」並提了。

雞足山佛教在近代得到復興，功勞當首推虛雲禪師。虛雲禪師，俗姓蕭，初名古巖，字德清，別號幻遊，原籍湖南湘鄉，生於福建泉州。清光緒八年（一八八二）在福州鼓山湧泉寺剃度出家，後雲遊天下參學訪道，曾謁五臺山、峨嵋山、天臺山、九華山等佛教名山。其後，他來到雞足山，發誓復興這裡的佛教。在他的艱苦努力下，先後振興了雞足山祝聖寺、昆明雲棲寺等道場，虛雲禪師也被公認為傳法曹洞，兼嗣臨濟，中興雲門，匡扶法眼，延續溈仰，以一人之身而傳系禪宗五宗法脈的禪宗大德。

浙江天臺山。位於今浙江天臺縣城北。天臺宗祖庭國清寺之所在地。為仙霞嶺山脈的東支，西北接四明、金華二山，西南有括蒼、雁蕩二山，蜿蜒綿亙，形勢雄偉。天臺山峰巒眾多，最高峰為華頂山，高一一三八公尺。有華頂秀色、石梁飛瀑、銅壺滴漏、赤城棲霞、瓊台夜月、桃源春曉等勝景，人稱「天臺八景」；另有斷橋積雪、清溪落雁、經台觀日等小八景，山川毓秀，巖壑奇麗，故此山有「南國天臺山水奇」之稱。

天臺山

虛雲舍利塔

靈隱寺（即雲林禪寺）

天臺山不僅為中國佛教天臺宗的發源地，日本佛教天臺宗亦尊此山為祖庭，可謂聞名中外。南朝陳太建七年（五七五），天臺宗實際創始人智顗入山，於佛隴峰興建一寺。智顗圓寂後，其弟子將其遺骸葬於佛隴的西南峰，建雙石塔。隋煬帝楊廣做晉王時，曾在隴南十里丹丘之地建造一寺，稱天臺寺，隋大業元年（六〇五）敕賜「國清寺」，成為天臺宗的根本道場。國清寺現有殿宇十四座，房屋六百餘間，面積達一九八〇〇平方公尺，規模宏大，殿宇雄偉。主要建築有彌勒殿、雨花殿、大雄寶殿、觀音殿、鐘樓、鼓樓、方丈樓、迎塔樓、藏經樓、妙法堂、安養堂、齋堂、文物室等。大雄寶殿中有明代銅鑄釋迦牟尼坐像，連同底座高六・八公尺，重十三噸。坐像壁後，有以觀音像為中心的慈航普度群塑。殿左右列元代楠木雕製的十八羅漢，雕工精細，造型優美。

此外，天臺山著名寺院還有真覺寺、高明寺、興善寺、萬年寺等。

杭州天竺山。杭州自古風景秀美，佛教興盛。天竺山在今浙江杭州市靈隱寺之南，山中有古寺三座，稱上、中、下三天竺。上天竺為法喜寺，在白雲峰麓，建於五代吳越年間；中天竺為法淨寺，在稽留峰北，建於隋開皇十七年（五九七）；下天竺為法鏡寺，在靈隱寺旁，建於東晉咸和五年（三三〇），均是杭州著名的佛教寺廟，原有「天竺香市」之稱。

靈隱寺位於杭州西湖靈隱山麓飛來峰前，又稱靈鷲寺。東晉咸和元年（三二六），印度沙門慧理至此，見飛來峰，歎曰：「此天竺靈鷲峰一小嶺，不知何年飛來？佛在世日，多為仙靈所隱。」於是面山建寺，名靈隱。五代時期，此寺極盛一時，全寺有九樓十八閣，七十三殿，房舍一千三百餘間，僧眾三千人。其後，經過多次興毀，目前的靈隱寺是明代洪武年間重建的。

福建鼓山。位於福州東部閩江北岸。海拔九六九公尺。據傳山上有巨石如鼓，每當風雨大作之際，即簸蕩有聲，故名。全山勝景以湧泉寺為中心，分東、西、南、北四路，共計一六〇餘景。寺東有靈源洞、喝水岩、國師岩、忘歸石、聽水齋等二十餘景。寺南有回龍閣、放生池、羅漢台、香爐峰等五十餘景。寺西有著名的十八景，即達摩面壁、南極升天、仙猿守峽、古鶴巢雲、伏虎馱經、神龍聽法、慈航架壑、八仙岩洞及千佛梵宮等。寺北有絕頂峰、白雲峰、石鼓、白雲洞、海音洞等四十餘景。

此外，山中歷代名人摩崖題刻約有四百段，多集中於靈源洞深處，著名者有蔡襄、朱熹等人的刻石，上起北宋，下迄清代，堪稱福州碑林。

湧泉寺，位於福州市鼓山的半山腰、海拔四五五公尺處。初建於五代時梁開平二年（九〇八），至今已有一千多年的歷史。著名禪師雪峰義存的法嗣神晏禪師曾任此寺住持，擴建殿寮，成為禪宗叢林，宋真宗賜額「湧泉禪院」，其後元賢、道霈等著名禪師都曾任寺院住持，寺中還藏有諸多珍貴的藏經、藏版，成為東南第一禪剎。

廣東丹霞山。在廣東仁化縣城南八公里，為廣東四大名山之一，與羅浮山、西樵山、鼎湖山齊名。南明虔州（今贛州）巡撫李永茂兵敗退居長老寨，因此處山岩由紅砂岩構成，「色渥如丹、燦若明霞」，頗似家鄉河南鄧州的丹霞山，故名，是地理學上「丹霞地形」的代表。山勢綿亙，峰林陡峭，紅崖丹壁。遠看三峰聳立，如出天表，蜿蜒變化，似船似龍。由龍尾登山，寶珠峰峙其左，海螺峰居其中，長老峰倚其前。以海螺峰最為雄峻。

此山附近有著名的南華禪寺，位於韶關市南，號稱「東粵第一寶刹」。建於南朝梁天監三年（五〇四），初名寶林寺。唐代禪宗六祖慧能得五祖弘忍賞識，傳得法衣，回到嶺南隱居十餘年。儀鳳二年（六七七），慧能到曹溪，住持寶林寺，弘揚「直指人心，見性成佛」的南宗頓悟法門，發展禪宗南派，故佛教徒稱寶林寺為禪宗祖庭。宋初賜名南華禪寺，沿用至今。寺內有六祖殿，供有六祖慧能的肉身像。寺內泥塑五百羅漢，神態各異，栩栩如生。此寺還保存有唐代千佛袈裟、水晶缽盂、北宋木雕羅漢像及大藏經等大量珍貴文物。

潭柘寺

中國著名的漢傳佛教寺院更是不勝枚舉，很多寺院皆有其悠久的歷史、獨特的景觀和珍貴的文物，稱寺院凝縮著中國佛教文化的精髓是毫不過分的。

除了前面零散介紹過的一些名寺外，再如北京廣濟寺，藏有佛教經書一萬餘冊和珍貴的房山雲居寺石經拓片三萬餘片。

覺生寺，俗稱大鐘寺，寺內藏有一口大鐘，名為華嚴鐘，鑄造於明代永樂年間，鐘為八角形，高六·九公尺，重約四六·五噸；銅質精良，鐘身內外鑄滿佛教經咒，達十七種之多，總計二十二萬七千餘字。

位於西山八大處的靈光寺有佛祖釋迦牟尼的佛牙舍利塔。

位於宣武門外的法源寺建於唐武則天時期，是北京城內現存最古老的寺院，寺中珍藏遼金碑碣甚多。

京郊門頭溝的潭柘寺，最早建於晉代，自古有「先有潭柘寺，後有北京城」的諺語，可見其歷史之悠久。

香山腳下的碧雲寺有孫中山先生的衣冠塚。

薊縣的獨樂寺觀音閣中矗立一尊高達十六公尺的泥塑十一面觀音菩薩像，為中國現存最大的泥塑像。

慈恩寺大雁塔

承德避暑山莊的普寧寺，則融合了漢、藏佛教文化的精粹，主殿大乘閣雄偉壯觀。

山西大同的華嚴寺擁有我國保存最完整、規模最大的遼、金建築群。

北嶽恆山腳下的懸空寺倚岩作基，就崖起屋，背倚翠屏，面對天峰，上載危岩，下臨深谷，棧道飛跨，樓閣懸空，結構驚險，造型奇特，堪稱神工鬼斧。

永濟的普救寺，則以元雜劇《西廂記》的故事傳說而聞名於世。

河南洛陽的白馬寺、風穴寺等都有極為悠久的歷史，是佛教在中國發展歷程的見證者。

陝西西安的慈恩寺在唐代極負盛名，玄奘法師曾在此主持翻譯佛教經典。寺內大雁塔等皆為重要文物。

興教寺為埋葬玄奘遺骨而建，現有玄奘法師舍利塔等。

香積寺名稱來源於佛教經典《維摩詰經》中記載的「香積淨土」，因唐代王維詩作「不知香積寺，數里入雲峰」而聞名於世。

草堂寺原為後秦時期的逍遙園故址，當年鳩摩羅什在此主持翻譯了大量佛教經典，圓寂後也葬於此地。唐代改名的草堂寺，曾被譽為「關中八景」之一。

湖北黃梅的四祖寺、五祖寺分別因禪宗四祖道信、五祖弘忍在此弘法而聞名，這些地方皆是中國禪宗的發源地之一。

上海玉佛寺藏有用整塊漢白玉雕成的釋迦牟尼坐像和臥

金山寺

懸空寺

像，色澤晶瑩，神態莊嚴，是中國佛教雕像的珍品。龍華寺建於三國吳赤烏年間（二三八—二五二），是中國最早的佛寺之一，具有悠久的歷史。

南京東北部棲霞山上的棲霞寺保存有珍貴的南朝石刻佛像，為古代「四大叢林」之一。定林寺則是宋代官僚士大夫王安石晚年的隱居之地。

江蘇蘇州的寒山寺因唐代詩人張繼〈夜泊楓橋〉的「姑蘇城外寒山寺，夜半鐘聲到客船」而聞名於世。此外，蘇州的靈源寺、獅林寺等皆為著名佛剎。

無錫的惠山寺有著名的陸羽泉，體現著「禪茶一味」的中國禪風。

常州的天寧寺規模宏大，歷代多次在此舉行隆重的佛教法會，有「東南第一叢林」的美譽。

鎮江的金山寺因民間傳說《白蛇傳》「水漫金山寺」而聞名。

浙江杭州的淨慈寺、虎跑寺、玉泉寺、龍井寺等坐落於環境優美的西湖周圍，堪稱園林化的中國寺院的典範。

福建福州的西禪寺規模宏大，寺中有百餘株歷史悠久的古荔枝樹，以每年舉行的荔枝會而聞名海內外。華林寺則保留了江南最古老的宋代木建築。

廈門的南普陀寺為閩南佛教聖地，藏有宋鐘、明石刻等重要文物。

泉州的開元寺是福建規模最大的佛教寺院，占地五十餘畝，歷史悠久，其建築具有寶貴的歷史價值和藝術價值。

廣州市區的光孝寺初建於三國時期，是嶺南最早古剎，禪宗六祖慧能曾在此受戒並說法，寺內有六祖殿、六祖髮塔等文物。

廣東潮州的開元寺因建於唐代開元年間而得名，殿前有唐代石經幢，上刻梵咒，還有北宋鑄造的重達三千公斤的大銅鐘，皆為珍貴文物。

雲南昆明筇竹寺的五百羅漢雕像生動有趣，大雄寶殿旁立著元代刻有蒙、漢兩種文字的石碑，是研究元代雲南寺院經濟、口語特點、佛教發展的重要實物資料。

中國著名的石窟則以敦煌、雲岡、龍門、麥積山等「四大石窟」影響最大。

莫高窟

莫高窟又稱千佛洞，位於敦煌城東南二十五公里的大泉溝東岸，介於三危山和鳴沙山之間。洞窟上下五層，高低錯落，鱗次櫛比，南北長達一千六百公尺。窟始鑿於前秦建元二年（三六六），是我國最早開鑿的石窟。

莫高窟的開鑿，與一位名叫樂僔的雲遊和尚是分不開的。據說，樂僔當年雲遊至此，忽見三危山在陽光照耀下發出炫目的金光，金光中彷彿顯現出成千上萬的佛，就認定此地乃佛家聖地，於是募錢在此開鑿石窟。到唐武則天時，已有窟室千餘龕。現尚保存北魏、西魏、北周、隋、唐、五代、宋、西夏、元各代壁畫和塑像的洞窟四九二個，計有壁畫四萬五千多平方公尺、彩塑二四一五尊、唐宋木構建築五座等。窟內造像

知識連結

清光緒二十六年（一九〇〇），敦煌石窟十六窟甬道清除淤沙時始偶然發現此一滿貯經卷、文書、織繡、畫像的石室，文物共五萬餘件。除漢文寫本外，藏文、梵文、佉盧文、粟特文、古和闐文、回鶻文等各種民族文字寫本約占六分之一，並有絹本繪畫、刺繡等美術品數百件。寫本中除大量佛經、道經、儒家經典之外，還有史籍、詩賦、小說、民間文學、地志、戶籍、帳冊、曆本、契據、信札、狀牒等，包括從西元四世紀到十四世紀（即晉至宋）近十個朝代的文物圖書，引起國內外學者的極大注意。此後，研究敦煌藝術的人逐漸增多，並形成了敦煌學。

雲岡石窟

均為泥質彩塑，有單身像、有群像，最大者高三十三公尺，小者僅十公分，大多以誇張手法表現佛、菩薩、弟子、天王、力士等人物性格。窟內壁畫最為豐富多彩，畫面如按兩公尺高排列，可構成長二十五公里的畫廊。壁畫的內容包括佛本生、佛傳、經文、供養人和建築裝飾圖案，構圖精細，栩栩如生。窟內眾多的藝術作品生動地反映了我國六—十四世紀的部分社會生活及藝術發展情況。

雲岡石窟則是北魏時代所開鑿的石窟寺院。石窟位於山西省大同西方二十公里的雲岡。原稱靈巖寺，今名石佛寺。這一石窟群鑿建在桑乾河支流武周川所流經的砂岩斷崖上。東西長一公里，大小總計四十餘窟，皆南向雕鑿，並依小谷分為東方、中央、西方三群。雲岡的雕像以如來、菩薩形為主，其他為聲聞、護法、飛天、供養者，其中，釋迦像最多，此外有多寶佛、定光佛、過去七佛、千佛、彌勒菩薩、觀音菩薩、護法神、金剛、濕婆神、毘濕笯神、羅漢、飛天、樂天以及文殊維摩問答圖、佛傳圖、本生譚等等。

雲岡的精華是曇曜五窟，位於雲岡石窟群中部，編號為第十六至第二十窟，是北魏文成帝時高僧曇曜主持開鑿，為雲岡開鑿最早、氣魄最大的窟群。其中第十六窟正中為釋迦佛，面相清秀，姿態英俊。第十七窟正中為著菩薩裝的交足彌勒像，倚坐在須彌座上。第十八窟正中立釋迦像，身披千佛袈裟，東壁為諸弟子造像，技法嫻熟，堪稱佳作。第十九窟主像為釋迦坐像，高一六・七公尺，是雲岡石窟的第二大像。第二十窟的露天大佛結跏趺坐，被視為雲岡石刻的象徵。在東、南、西三壁的下方及塔柱上刻著各種佛傳圖，手藝高妙，色彩至今仍然鮮麗。

雲岡第二十窟大佛

龍門石窟位於河南省洛陽市南郊龍門口。此地位於黃河支流伊水兩岸，由於兩岸岩山對峙，猶如天然的門闕，因此又稱「伊闕」。

此石窟地質屬於石灰岩，共有兩千一百多座佛窟、佛龕，佛像有兩萬多尊，高度從兩公分至十七公尺餘，且有四十座石塔。經過了北齊、隋到唐初的演變，唐高宗、武周時期的石窟造像，適應當時現實社會的審美習尚，以豐滿健壯、雍容華貴為美。

奉先寺盧舍那佛，通高一七・一四公尺，身為主像，位居中央，儼然是帝王身分，據傳說，這尊大佛的相貌是根據武則天來塑造的，豐頤秀目，儀表堂堂，這種被理想化了的形相在唐代具有代表性。這樣高大宏偉、雕琢精湛的造像，象徵了唐代早期國勢的強盛和經濟的繁榮。左側弟子迦葉，雖已風化崩圮，從僅剩下的部分，仍看得出是一位嚴謹持重的老僧形相。右側弟子阿難的形象保存完好，衣著樸實，文靜溫順。

龍門石窟

此外，龍門造像還有許多藝術上相當成熟的精品。潛溪寺的大勢至菩薩和萬佛洞外的觀世音菩薩，身體勻稱，造型敦厚，形體變化含蓄而微妙。西方淨土變龕的舞蹈菩薩和一些小龕內成組的供養菩薩婀娜多姿。萬佛洞的伎樂，或奏樂，或起舞，裙帶飄揚，如有風動。尤其是看經寺洞從迦葉到達摩的二十九尊不同年齡、不同經歷、不同性格特徵的高僧像，高達一・八公尺，栩栩如生。這些高浮雕羅漢群像，有如一個排列有序的人像雕刻展覽館。

甘肅天水市東南四十五公里的麥積山石窟也有非常珍貴的歷史、宗教價值。此窟如孤峰崛起，圓錐狀如農家麥垛，故名。石窟開鑿於十六國後秦時期（三八四—四一七），後經西秦、北魏、西魏、北周、隋、唐、五代、宋、元、明、清等朝代，不斷擴建與開鑿。現存窟龕計一九四個，泥塑像、石雕像七千兩百餘尊，壁畫一千三百多平方公尺。在幾大石窟中，敦煌以壁畫為主，雲岡、龍門以石刻為主，麥積山則以塑像為主，它保存著數以千計的佛教塑像，在中國雕塑史上具有重要的地位，為研究中國古代雕塑、繪畫、建築及宗教等歷史的珍貴資料。

位於河北省邯鄲市鼓山的響堂山石窟群，包括南響堂、北響堂二處，代表了北齊時期佛教藝術的水

奉先寺盧舍那佛

北響堂山第七窟異獸

準。北齊王朝有兩個政治中心：一是晉陽（今山西太原），一是鄴（今河北臨漳）。響堂山地處兩都來往必經之地，崇尚佛教的齊文宣帝高洋下令在此開鑿石窟，修建寺院，營造宮苑。此後，隋、唐、宋、元、明各代對石窟均有增鑿與修葺，現存石窟十七座，大小造像四千三百餘尊。石洞幽深，構思精巧，造像栩栩如生。石窟的附屬建築規模宏大，依山而建，層層疊疊，宏偉壯觀。

四川省大足縣境內的大足石刻也

知識連結

飛天原意指「飛行空中之天人」，在佛教美術中，多指以歌舞香花等供養諸佛菩薩之飛行天人。在佛經裡，天人出現的場合，多半是對諸佛的成道、誓願，或弘法事蹟的讚歎與供養。此外，在淨土世界裡，也常有天女散花，或薰發天香的故事。中國敦煌、雲岡、響堂山等石窟寺院亦有不少飛天雕畫，尤其敦煌壁畫更是飛天表現的寶庫。如敦煌第三二〇窟中的飛天，色彩豐富，氣韻生動。圖中的兩對飛天，以對稱的布局繪於說法圖的上端，技巧純熟，刻畫謹細，具有裝飾美，是敦煌唐代壁畫的代表作。

寶頂山摩崖造像

大足石刻

以佛教雕刻聞名於世。大足石刻題材多取自於佛教故事，即所謂「佛經變相」，多建於晚唐、五代及兩宋時期。

石刻共分七處，其中規模最宏偉、造像最突出的是北山與寶頂山兩地。北山舊名龍岡山，這裡最重要的石刻作品為「心神車窟」與淨土變相雕刻——包括彌勒淨土變、觀經變。

其中第一三六號「心神車窟」可稱藝術珍品：洞的入門處有一個帶座的八角石亭，上連窟頂，俗稱心神車，下部為須彌座，四周刻著一條蟠龍，亭的周圍有欄杆，欄杆上刻著各種遊戲的小孩：有騎著的、有伏著的、有橫爬的，有的用手揪著另一小孩的雙腳，有的用頭頂著另一小孩的屁股，姿勢動作十分可愛，甚至引起觀者發笑，從那頭身比例和圓胖的四肢上，大體可以認出都是三、四歲的樣子，這些動作表情也正和他們的年紀相符，所以感覺非常真實，把兒童的天真爛漫、活潑頑皮的神情充分刻畫出來。

寶頂山石刻包括釋迦涅槃像、降生像、孔雀明王龕、觀經變相、地獄變相、圓覺經變相、牧牛十圖等。石刻生動，藝術性很高，例如釋迦誕生圖中九龍浴太子像，設計人巧妙地利用了山上的泉水，在崖壁上刻了九個龍頭，引泉水由龍嘴中流出，噴在高約三尺的太子身上，為生硬的石壁增添了動人的生趣。

四川自古有「上朝峨嵋，下朝寶頂」的說法，可見此地石刻在佛教中的重要地位。

佛塔與寺院通常是結合在一起建造的，儘管塔在中國寺院布局中已不居於中心地位，但仍然有著不可替代的重要作用。一些名塔或因造型別致，或因材料獨特，或因蘊含重要的歷史、宗教價值，遠遠超出了它們原有的意

知識連結

杭州靈隱寺飛來峰一尊宋代彌勒佛像，既無北魏交腳彌勒的端莊氣氛，更無樂山大佛的靜觀凝重，而是笑世傲俗，嘻笑顏開，一反傳統佛像，是按照五代契此布袋和尚的原型雕塑的。他一手按布袋，一手持念珠，袒腹踞坐，造型自然生動，極富生活情趣，是件別開生面的藝術品，成為後來許多寺廟的大肚彌勒仿造的樣板。

靈隱寺飛來峰宋代彌勒佛像

義，成為中國佛教建築文化的精品。

佛塔的分類方法有多種，從平面形狀看，有四方形、六角形、圓形等類型；從建築材料分，有木塔、磚塔、金屬塔、琉璃塔等；從結構和外形上，又可分為樓閣式塔、密簷式塔、亭閣式塔、花塔、缽式塔、金剛寶座式塔等。

中國樓閣式磚塔的數量最多，是中國佛塔的主流。著名的樓閣式磚塔除西安興教寺玄奘塔、香積寺塔、大雁塔外，還有：寧夏銀川海寶塔、浙江杭州六和塔、蘇州虎丘塔、北寺塔、內蒙古自治區慶州白塔、山東長清靈巖寺辟支塔、河北定縣開元寺塔、寧夏銀川承天寺塔、上海松江方塔、上海龍華塔、杭州保俶塔、安徽安慶振風塔、河南開封繁塔、浙江天臺山國清寺隋塔等等。其中如繁塔建於北宋太平興國二年（九七七），是開封市內現存最早的古建築。據記載，此塔原是九層塔，明初遭毀壞，只存三層，後來在殘存的塔身上修了一個七層的小塔，作為原塔的刹頂。三層塔身外壁嵌砌數十種不同形象的上萬個佛像，刻工精美，非常壯觀。在塔的第一層南門的門洞內，東西兩壁有石刻六方，東壁刻《金剛經》、西壁刻《十善業道經要略》，第二層南面門洞內也有石刻六方，刻《圓覺經》。這些刻經都是太平

繁塔

興國年間完成的，是珍貴的書法碑刻作品。

此外還有樓閣式石塔，位於山西朔縣崇福寺內的小石塔，是北魏天安二年（四六七）製作的小石塔，是我國現存較為古老的石塔。又如建於福建省福清縣瑞雲寺的瑞雲石塔，用雕琢精緻的花崗石砌築，仿木構，八角七層，高達三十多公尺，享有美譽。著名的石塔還有南京棲霞寺舍利塔，浙江杭州靈隱寺石塔、泉州開元寺雙塔、福建榕城雙塔、福建晉江六勝塔等。

廣州光孝寺東西鐵塔、湖北當陽玉泉寺鐵塔、山東濟寧鐵塔寺鐵塔、江蘇鎮江甘露寺鐵塔、山西五臺山顯通寺銅塔等則為著名的樓閣式金屬塔。

中國早期的塔多是木塔，但因為木塔易毀於火，所以保存至今的比較罕見。應縣木塔即是我國現存最大的木塔，也是世界上現存最大的古代木構建築。它建於遼代清寧二年（一〇五六），已有九百餘年歷史。塔平面為八角形，底層直徑為三〇・二七公尺，外觀為五層六簷，全塔結構從下至上可分為基座、塔身、塔剎三部分。最下是磚石壘砌的基底，高四・四〇公尺，塔身自基底至塔頂磚剎座下全部用木結構，高五一・三五公尺，磚剎座高一・六五公尺；最上是鐵製塔剎，高九・九一公尺。木塔總高六七・三一公尺，體形高大，結構複雜，輪廓優美，是一座典型的樓閣式木塔。

密簷式塔一般是實心建築，不能登臨，造型比較劃

南京棲霞寺舍利塔

一。其特點是下部一般均建有須彌座，底層塔身較高，以上各層較低，不設門窗，有也只是通風小孔。以磚石結構為多，隋、唐時多為正方形平面，遼、金時八角形平面逐漸替代正方形平面，明、清則很少建密簷塔。中國著名的密簷式塔有：河南登封嵩嶽寺塔、雲南大理三塔、陝西西安小雁塔、河南登封法王寺塔和永泰寺塔、南京棲霞寺塔、山西靈丘縣覺山寺塔等。其中西安小雁塔為傑出代表。小雁塔是唐代著名佛寺薦福寺的佛塔。該塔建於唐中宗景龍元年（七〇七），是為保存佛教大師義淨從印度帶回的佛經、佛像而建。塔高四三・三公尺，原為十五層，現為十三層，最上兩層已震坍。正方形，底層邊長十一公尺，底層特別高，以上逐層遞減，呈現出秀麗舒暢的卷刹輪廓。南北各開門，在底層青石門楣上，布滿唐線刻天人供養圖像與蔓草花紋，畫法雕刻極工，為珍貴遺產。整座塔玲瓏秀氣，別具風采。

花塔的主要特徵是在塔身的上半部裝飾各種繁複的花式，遠觀猶如一通大花束。其裝飾由簡到繁，既有巨大的蓮瓣、密布的佛龕，也有各種佛像、神人以及獅、象、龍、魚等動物形相和其他裝飾。中國現存著名花塔有河北正定廣惠寺花

嵩嶽寺塔

廣州六榕寺花塔

塔、湖北襄陽廣德寺多寶佛塔、河北淶水慶華寺花塔、廣州六榕寺花塔等。

中國佛塔以一塔為主，但也有一些由雙塔、三塔、五塔、九塔以至多塔形成的塔林，著名的有河南登封少林寺塔林、黃河青銅峽峽口百零八塔、山東長清靈巖寺塔林、河南臨汝風穴寺塔林、北京門頭溝潭柘寺外塔群等。

佛像莊嚴：佛教的造像與雕塑

按照佛教的理論，佛菩薩本來是沒有形相的，這指的是他們的「法身」遍滿虛空法界，宇宙中的一切皆是其法身的顯現。但是這樣說過於玄虛，一般信仰者難以體會和把握。大乘佛教認為，佛還有「報身」，是其積功累德而形成的充滿光明、無量莊嚴的身體，眾生看到佛的報身，會感到身心愉悅，崇敬和信仰也會油然而生。大乘佛教產生後，開始大量出現佛教的造像，學術界一般也認為，佛教造像的產生是在阿育王弘法的時代，以貴霜朝時代的犍陀羅、摩突羅佛像為代表，佛陀像的基本形式形成。

犍陀羅佛像

由此可知，佛教的造像主要是建造其「報身」像，供信仰者瞻仰、禮拜和觀想，具有很強的宗教功能，這同樣是大乘佛教真諦、俗諦融合，入世度生的一種方便。佛教認為，造像是令眾生對佛教生起信仰的重要途徑，有很大的功德福報。佛教造像不同於一般的雕塑，應該有自己嚴格的宗教性的規定，因此有《大乘造像功德經》、《佛說造像度量經》

知識連結

《大乘造像功德經》：王白佛言：「如來最上微妙之身無與等，我所造像，不似於佛，竊自思惟，深為過咎。」佛告王言：「非為過咎，汝已作無量利益，更無與汝等者。汝今於佛法中，初為軌則，未來世中，有信之人，皆因王故造佛形像而獲大福。」

蓮花座

樂山凌雲寺的彌勒大佛

等經典產生，具體說明造像有何種功德以及造像的種種法度。佛教是伴隨其經典和佛像一起傳入中國的，其後，中國本土出現造像熱潮，幾乎所有的佛教聖地，都有很多佛、菩薩的形相，佛像已成為中國佛教文化重要的組成部分。

佛教造像中最重要的一類當然是佛像，此外，菩薩像、羅漢像、天神像等也相當有特色。佛像的身量，常見的有丈六像，也就是所謂的「丈六金身」、半丈六像、大佛像、等身像、胎內等身像等。丈六像是依據《觀佛三昧海經》等的記載，佛的身量倍於常人，為一丈六尺。半丈六像是丈六的一半，也就是小佛像。大佛像是丈六以上的大像，其身量不一，如樂山凌雲寺的彌勒大佛，高達三十六丈，可稱世界第一大佛。等身像是根據願主和施主的身量塑造，中國古代很多佛像是根據帝王像塑造的，這或許是因為人們認為，世間人中帝王的福報是最大的，因此以他們的形相來塑造佛的「報身」是恰當的。另外，在丈六像及大佛像中，安置一個相當於佛手一半大小的小佛像，稱為胎內等身像，象徵著佛在心中。

在佛像造型方面也有許多定則，最主要的是規範了佛像的「三十二相」和「八十種好」。三十二相是指佛陀生來就有的三十二種神異面貌，如「手足柔軟相」、「眉間白毫相」、「手過膝相」、「身金色相」、「身如獅子相」、「身廣長等相」、「四十齒相」、「頂髻相」（頭頂上有肉髻）等。八十種好是以佛的頭、面、鼻、口、眼、耳、手、足等細微之處描述他的奇特長相，如指甲狹長薄潤、光潔明淨；指頭圓而細長柔軟，不見骨頭；唇色紅潤光澤，上下相稱；耳輪寬闊，成輪埵形；面形長寬勻稱，

知識連結

宋代文準禪師《禪本草》：「禪，味甘，性涼，安心臟，祛邪氣，闢壅滯，通血脈，清神益志，駐顏色，除熱惱，去穢惡，善解諸毒，能調眾病。藥生人間，但有大小、皮肉、骨髓、精粗之異，獲其精者為良。故凡聖尊卑悉能療之。餘者多於叢林中吟風詠月，世有徒輩多采聲殼為藥食者，誤人性命。幽通密顯，非證者莫識。不假修煉，炮製一服，脫其苦惱，如縛發解，其功若神，令人長壽。故佛祖以此藥療一切眾生病，號大醫王，若世明燈，破諸執暗。所慮迷亂幽蔽，不信病在膏肓，妄染神鬼，流浪生死者，不可救焉。傷哉！」

皎潔如秋月；鼻梁修長，不見鼻孔等等。並且規範了佛像的坐勢和手勢：佛像雙腿交叉，足心向上平放在另一條腿上，稱為「蓮花座」；右腿盤於左腿之下，稱為「勇健座」；雙腿交叉微抬，稱為「瑜伽座」；一腿彎曲，另一腿自然下垂，稱為「遊戲座」等等。

早期的佛像，多以成道後的釋迦牟尼為基本形式，但大乘佛教認為，十方三世有無數佛陀，根據不同的信仰，塑造出許許多多的佛像。從相貌上看，一切佛像的基本容貌，「相好」是平等的、相同的，那麼區別各個不同的佛，便主要依靠其手的姿勢——所謂「手印」來分辨。例如釋迦牟尼佛像就有說法相、降魔相、禪定相的不同。右手上舉，以食指與大拇指作環形，餘三指微伸，是說法相；右手平伸五指，撫右膝上，是降魔相；以右掌壓左掌，仰置足上當臍前，是禪定相。西方極樂世界阿彌陀佛像通常是一隻手臂下垂，另一隻手中托著一朵蓮花，名叫「接引相」，表示以佛力接引十方眾生往生到西方極樂世界。東方淨琉璃世界藥師佛像是垂伸右手，掌向外，以食指與大拇指夾一藥丸，表示施與眾生無上妙藥，治療其身心各種疾病。

其次是菩薩像。菩薩像可分三大類：第一類是總的用形相來表達菩薩修行階次的畫像。根據佛教理論，自凡夫修行到達佛果，中間要經過四十二個階次，就是十住、十行、十迴向、十地、等覺、妙覺，其中十住、十行、十迴向總稱為三十賢位，十地稱為十聖位，等覺是等同於佛的菩薩，妙覺即是佛位。用四十二個不同形狀的人像來表達這四十二位次，便是四十二賢聖像。

明代銅漆金三世坐佛像

菩薩像

第二類是佛經中具體提出名號的菩薩畫像，這些菩薩通常都是等覺位的菩薩，也叫大菩薩，他們輔助各個世界的佛陀弘揚教化，其中有些菩薩與我們這個世界緣分深厚，在民間的影響非常大，通常是可以將他們與佛等同看待的，最常見的包括文殊菩薩、普賢菩薩、地藏菩薩、彌勒菩薩、維摩詰菩薩、觀音菩薩等。其中觀音菩薩因中國民間對之信仰甚深，形相極為豐富，在菩薩像中的種類最多，有些人認為可以單獨分為一類。每個菩薩也有一定的手印姿勢。例如，觀音菩薩手持蓮花，天冠中有一化佛（阿彌陀佛）；大勢至菩薩也手持蓮花，天冠中有一寶瓶；彌勒菩薩手持寶塔；文殊菩薩手持經篋或經卷；地藏菩薩手持摩尼珠和錫杖等。僅以觀音像為例，又可分為三種：一是遵照佛教正規儀容所繪的一面二臂、或坐或立、相好端嚴的形相，稱為聖觀音；二是遵照密宗儀軌所繪一面二臂或多面多臂、手持種種法物的形相，如十一面觀音、千手千眼觀音、七俱胝觀音（也叫準提觀音）等；三是畫家自創風格、任

供養菩薩像

意寫作、任意題名的觀音像，如水月觀音、白衣觀音、魚籃觀音等，不可勝舉。

第三類菩薩像是包括佛像旁所畫的供養菩薩像，如樂音菩薩、獻花菩薩、獻香菩薩等，以及畫家隨意寫意的菩薩像，如行道菩薩、思定菩薩、蓮花菩薩等，已不屬正規的菩薩像，屬於佛畫範疇。

一般來說，佛的相好是端正溫肅，菩薩相好是柔麗慈祥。菩薩像通常是以在家人的形相出現的，許多菩薩甚至以女人相出現，以致許多人誤認為菩薩都是女子。其實，按照佛教的理論，佛菩薩是不分男女、沒有性別的，之所以菩薩多以在家人和女人形相出現，大約是因為菩薩要入世度生，故以在家人的身分更為方便，而女子形相也能夠更好地體現菩薩所代表的慈悲精神吧。《法華經》上說，觀世音菩薩可以變化出三十二身，「應以何身得度，便現何身」，也就是說，眾生眼中的菩薩像完全是根據他們自身的境界而看到的，這是應化身的重要特徵之一，菩薩自身本是無相無不相的。觀音菩薩如此，其他一切佛菩薩也同樣如此。

從中國古代造像的發展歷程看，佛菩薩像的狀貌明顯體現著不同時代的審美特徵。如魏孝文帝以前的佛像造像面相豐盈、肢體肥壯、神態溫和寧靜，突顯了佛的偉岸和莊嚴，敦煌莫高窟、雲岡石窟中北魏早期造像便是代表。魏孝文帝親政後，大力推行漢文化，在此影響下，佛像風格漸由偉岸莊嚴轉向俊逸清麗，即所謂的「秀骨清相」的風格，如開鑿在魏孝文帝遷都洛陽後的龍門石窟，早期佛像均為北魏晚期流行的瘦削形，佛像面相清癯、風神飄逸。隋唐時期的佛教雕塑則充分顯示出雄健奔放、飽滿瑰麗的時代精神。如由武則天出資開鑿的龍門奉先寺石窟中，雍容華麗的菩薩，赳赳雄武的天王、力士無不體現出大唐帝國的盛世氣象。宋代之後的佛菩薩像更加走向人間化、世俗化，無論是大足山石刻，還是麥積山宋塑，都創造了迥然有異於魏、唐的另一種美的典範，比如大足北山的觀音、文殊、普賢等造像，面容柔嫩、秀麗嫵媚。

濟公

魏早期造像

中國佛教另一類重要造像是羅漢像。羅漢像在中國的流行，是伴隨著中國民間的羅漢信仰而來的。羅漢的全稱為「阿羅漢」，是小乘佛教修行的最高果位，他們已熄滅一切煩惱、圓滿一切功德、超脫了生死輪迴。但是羅漢與菩薩的不同在於，他們在自己達到這種境界後，沒有救度眾生的願望，而是進入偏空涅槃，不再與世間發生關係，屬於「自了漢」。中國人根據大乘佛教的理論，對於羅漢做出了自己的獨特的解釋——已經發誓不來人間的羅漢們又重新「轉世」生到人間，他們也與菩薩一樣，做起弘法度生的事業。在中國古代，很多高僧是被視為「羅漢轉世」的，最典型的如南宋禪僧濟公和尚，以羅漢轉世身分遊戲人間。儘管他們自己狂誕不羈、不守戒律甚至瘋瘋癲癲，但他們所做的一切皆無罪過，因為他們本來早已超脫了生死，不再受世間果報的約束，他們來到人間，不過是來遊戲一番，偶爾向世人顯露一下佛教不可思議的境界而已。轉世羅漢的那種自在、逍遙的處世態度和行事風格，頗受中國民間和士大夫階層的青睞、推崇，羅漢信仰成為中國人一種與菩薩信仰既相似又不同的獨特信仰方式。

中國佛教中最著名的羅漢群像是所謂「十八羅漢」。根據玄奘《法住記》的記載，釋迦牟尼圓寂前，囑咐他的十六位弟子永遠不入涅槃、常住世間，受世人供養並為眾生作福。十六羅漢的名號傳到中國後，逐漸演變為十八羅漢，有人認為，那是將《法住記》一書的作者慶友和譯者玄奘加上了，其後則將新加的兩位羅漢定名為降龍、伏虎二尊者，他們的真實身分卻版本甚多，難以確定。目前所知最早的十八羅漢像，為五代人張玄和貫休所繪。宋代蘇軾分別

十八羅漢

為這兩種羅漢像題寫了十八首〈讚〉，並且標出了十八位羅漢的名字，羅漢信仰正是在這個時期產生並發展的。元代之後的寺院大殿中，多供有十八羅漢像，通常他們圍繞在大雄寶殿四周，形成一圈，每個羅漢的神態各異，有的嚴肅莊重，有的一副玩世不恭的樣子，甚為有趣。

此外，佛教中還有更大規模的五百羅漢。現知最早的五百羅漢堂興建於唐代，據《五代名畫補遺》記載，唐代著名雕塑家楊惠之在河南府廣愛寺塑了五百尊羅漢。現存的比較著名的五百羅漢像，有北京碧雲寺、新都寶光寺、甘肅蓮華寺石窟、蘇州西園寺、昆明筇竹寺、武漢歸元寺等處。

人們本來不知五百羅漢的名號，但南宋時期，有人編了一本《江陰軍乾明院五百羅漢名號碑》，每個羅漢都有了名字，其後一直沿用下來。有趣的是，由於五百羅漢人數眾多，有關他們的生平事蹟亦多模糊，這就使一些人有機會把自己的樣子也塑成羅漢形相。如四川新都寶光寺羅漢堂裡就有康熙和乾隆兩位皇帝的塑像，他們分別被塑成第二九五位闍夜多尊者和第三六五位直福德尊者。興建於光緒九年（一八八三）的昆明筇竹寺，雕塑家黎廣修不僅把當時筇竹寺的方丈、自己及幾個徒弟塑成羅漢形相，還塑造了一尊基督教救世主耶穌形相的羅漢。筇竹寺中還塑造了大量「平民羅漢」，如市

五百羅漢堂

民、農夫、武士、儒生、長老、小販、樵夫、貧民等，甚至有皇帝與乞丐平起平坐、人與動物傾心交談的形相，還有民間傳說人物如長手羅漢、長腳羅漢、長眉羅漢、多目羅漢等。這些有趣的情況反映了中國佛教觀念中的羅漢接近民眾的特點。

知識連結

關於五百羅漢的來歷，佛經中說法不一。有的說他們是跟隨釋迦牟尼聽法傳道的五百名弟子，有的說他們是參加第一次結集三藏的五百比丘。還有一種說法，說他們的前身是五百隻大雁。一次，雁王誤入獵人網中，獵人將取殺之，一雁在雁王前悲鳴不已，五百大雁亦在半空盤旋不去。獵人見了大為感動，放了雁王，雁群高興地隨雁王飛去。這雁王即是釋迦牟尼，五百隻雁便是五百羅漢。

法器曼妙：常用的佛教器具

法器是指寺院中舉行祈請、修法、供養、法會等儀式時所使用的器具，又稱佛器，主要包括鐘、鼓、磬、木魚、鐃鈸、板等。此外，僧眾們生活和修行時所使用的各種器物也可以稱為法器，主要有僧服、缽、念珠、蒲團、錫杖等；這些法器通常與寺院、儀規及僧眾的日常生活密不可分，在佛門有著特殊、重要的地位。

鐘是叢林中的主要唄器，鐘聲平穩厚重，端莊安詳，是中國寺院不可缺少的一種法器，一般都懸於大殿或鐘樓梁上。而在一些歷史悠久的古寺中，常能見到比人龐大得多的古鐘，成為鎮寺法寶。佛門中有「鐘磬清心」之說，佛門中有一首〈叩鐘偈〉寫道：「願此鐘聲超法界，鐵圍幽暗悉皆聞；聞塵清淨證圓通，一切眾生成正覺。」悠揚的鐘聲彷彿融入殷切宏深的願力，「洪鐘初叩，寶偈高吟」，聲聲驚醒世間名利客的沉迷，陣陣喚回苦海夢迷人的覺心。悠揚深遠的鐘聲，使許多詩人墨客留下千古吟誦的名作，最著名的要數唐代杜甫「欲覺聞晨鐘，令人發深省」、張繼「姑蘇城外寒山寺，夜半鐘聲到客船」等詩句。

北京覺生寺永樂大鐘

鐘在中國古已有之，也是儒教禮儀的重要器具。而在佛寺中主要作為修行起居的訊號和佛事慶典的法樂，通常以銅、鐵鑄就，分為報鐘、大鐘、小鐘、齋鐘等幾類。

報鐘掛在禪堂，是每天早晨最先敲響的鐘，它將聲音傳遞給大鐘。禪門中通常每日敲四次，即早課後、早粥後、午齋後和晚課後。每次的敲法是一板一鐘、二板一鐘、三板一鐘，共九下，四次共三十六下。

大鐘又名梵鐘，掛在鐘樓上，由鐘頭專門管理。梵意即清淨，為與佛事有關的尊稱。由於聲音洪亮，又稱為鯨鐘、洪鐘。

除了迎接佛門高僧、舉行重大法會外，每天只是早晚各撞一次，每次一〇八下，象徵著消除人的一〇八種煩惱。《敕修百丈清規．法器章》說：「大鐘，叢林號令資始也。曉擊破長夜，警睡眠；暮擊則覺昏衢，疏冥昧。」大鐘具體的敲鐘方法是：「引杵宜緩，揚聲欲長，凡三通，各三十六下，總一百八下，起止三下稍緊。」

小鐘又叫半鐘，因它通常只有大鐘一半的高度。小鐘也叫殿鐘，一般掛在大殿左側或法堂左側，一般在作佛事或進行特定儀規時使用。有的寺廟代作齋鐘，在早粥和午齋時敲擊，大叢林有專用的梆作為齋粥的信號，故一般不設齋鐘。

中國寺院自古重視鑄鐘，一些佛寺更是以鐘聞名，最突出的要數北京大鐘寺了。大鐘寺的入口處即有三十多口宋、元、明、清四代所鑄的銅鐘。其中，明代大鐘尤負盛名，稱為華嚴鐘，高約七公尺，鐘唇厚二十二公分，外徑三・三公尺，重約四六・五噸，鐘聲綿長有力，可達百里之外，素有「鐘王」之稱。鐘內外壁並鑄滿佛教經咒銘文十七種，總計有二十二萬餘字，內壁為梵文，外壁為漢文，相傳為明代書法家沈度手筆。

此外，河北淶源縣閣院寺也有一口大鐵鐘，鐘高一・六公尺，口徑一・五公尺，重兩噸，鐘身鑄有銘文一千兩百多字，其字跡仍清晰可辨。此鐘鑄造於遼天慶四年（一一一四），是遼末天祚帝為公主祈福而造。這是我國現存唯一有明確紀年的遼代大鐘，史書稱其「渾渾然有太古之韻」。

此外，天臺山高明寺明萬曆年間鑄造的大鐘、浙江紹興開元寺的大鐘、蘇州寒山寺的大鐘等，也非常有名。其中寒山寺銅鐘為近年新鑄造的，高八・五公尺，重一〇八噸，鐘面銘文為七〇〇二四字的《妙法蓮華經》全部經文。該鐘二〇〇八年被金氏世界紀錄確認為世界最大佛鐘。

鼓是叢林中的重要法器。「晨鐘暮鼓」至今仍是寺廟的一大特徵。《楞嚴經》裡就曾鐘、鼓並稱：「阿難，汝更聽此祇陀園中，食辦擊鼓，眾集撞鐘，鐘鼓音聲，前後相續云。」鼓的種類，有法鼓、茶鼓、大鼓、手鼓等。

法鼓設於法堂東北角，凡住持上堂、小參、普說、入室時擊之。擊鼓的方法為上堂時三通，先輕敲鼓面三下，然後重手徐徐擊之，使其前後緊慢相參，輕重相應，音聲和暢，起復連環，隱隱轟轟，如春雷之震蟄，經過第一通延聲長擊後，少候片刻，轉入第二通，聲音稍稍急促，更不待聲音落下就轉入第三通，一直以纏繞的聲音效果敲擊，等住持登座後方才停止。其他法事活動的擊鼓方法又有所不同。

茶鼓設於法堂的西北角，在請茶、進齋、普請、放參、沐浴、更點時擊之，擊鼓的方法一般是長擊一通。

大鼓是早晚報時、號令時用的鼓。架在鼓樓上，由鼓頭專門管理。鼓樓的大鼓與鐘樓的大鐘是相互配合的，早晨先鐘後鼓，晚上先鼓後鐘。昏鼓起先是大擊大聲，而後漸趨小擊小聲，以表示日沒的過程；而曉鼓反之，由小擊小聲而趨大擊大聲，以象徵日出。

磬也是中國古已有之的樂器。在佛教中，磬主要用於誦經、梵唄、修法之時，經常使用的是大磬和引磬。大磬又名圓磬，形狀如缽，直徑從半尺到三尺不等。大磬用於指揮腔調，振作精神，多在起腔、收腔、合掌、放掌以及佛號等處敲用。大磬固定在殿內佛像左側，不能搬動，更多場合都由引磬代替。引磬又名小磬。據《禪林象器箋》說：「小磬如桃大，底有竅，貫緒連縛小竹枝為柄，以小鐵梓擊之，名為引磬。蓋因導引眾，故名。」引磬用於指揮行動，作為「板眼」，多用於問訊、轉身、禮拜等處。

木魚是一種可供打擊而發聲的東西，印度人稱為犍槌（Ghanta），意為聲鳴、打木等。在寺院中，犍槌用於集眾、報時等。晉代高僧法顯說，他在于闐瞿摩帝大乘寺見到「三千僧共犍槌食」。「木魚」應是一種中國化的犍槌。唐代司空圖〈上陌梯寺懷舊僧〉詩寫道：「松日明金像，山風向木魚。」可見在唐代寺院中已普遍使用木魚了。原先的木魚是刻木為長條形的「直魚」，又稱「長版」或「梆」，懸於庫堂之側，用於集僧、報時。《敕修百丈清規》謂：「木魚，齋粥之時長擊二通」，又說：「木魚，報更則隨更次第擊之」，應是指「直魚」而言。其後又產生一種刻木中空的「團魚」，唐人亦稱為「魚鼓」。據說魚晝夜常醒，作魚形，是為警覺信眾，防止昏惰。「團魚」形制較多，用於念佛誦經時調整音節，一般為深紅色或塗金，還有龍形或雙魚形的。吃齋、敲木魚念佛的形相，是中國百姓相當熟悉的一種佛門修行情形。

鐃鈸也是寺院法會時所用金屬法器之一。鐃與鈸原為兩種不同之樂器，後來混而並稱為鐃鈸，有金鐃、銅鐃的分別。金鐃，據《周禮》、《禮記》所載，係於退兵或舞蹈完畢退場時所鳴擊者，狀如火熨斗，有柄，互相撞擊則發出「鐃鐃」之聲，故稱為鐃。銅鐃，即所謂「銅拍子」，與金鐃的樣式不同，類似銅鈸，惟形狀較小，由兩個鈸構成，聲音清澄，故俗稱為鐃。

鈸，又作銅鈸、銅鈸子、銅缽子、銅盤，由響銅製成，呈圓盤形，中央部分隆起一圓，此圓之中心穿有小孔，孔

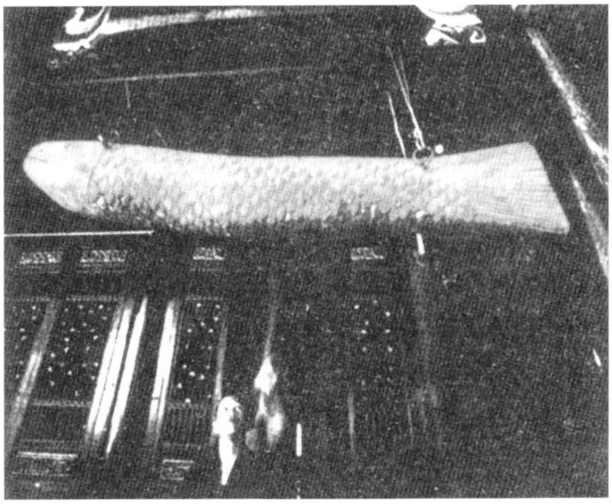
敲梆

內附有一紐。使用時，以兩手各持一面銅盤，互相撞擊鳴奏。

板是寺院內為集合大眾而鳴打的器具之一。板多為木造，少部分為青銅製。其形狀有雲板及魚板等，又由於懸掛場所的不同，有不同的名稱，如在方丈前稱為方丈板，在眾寮前稱為外板，在眾寮內稱為內板，庫司前所掛者因較其他諸堂大而稱為大板，此外還有鐘板、首座板、照堂板等。

香板是用木料製成、形似古代寶劍的一種法器，它是一種維護寺廟清規、懲罰犯律儀僧人的械具，也兼有警策行道、督勉精進的用意。香板根據用途差別而有著不同名稱。為了警策僧人用功的，叫做警策香板；為了懲罰違犯清規者用的，叫做清規香板；為了警醒坐禪昏沉、散亂而使用的，叫做巡香香板；「打禪七」使用的，叫做監香香板等等。過去叢林中師父經常使用香板打弟子，據說挨了香板可以消除業障、啟迪智慧、使人開悟。

佛教僧人的服飾與世俗的服裝有著明顯的區別。它以比較獨特的顏色和形制蘊涵著某些佛教的教義和戒律，從而既能滿足佛教僧人的宗教生活的需要，同時也使僧人顯示出與在家人不同的獨特面貌。它的形成，除了宗教上的原因之外，還有歷史、地域、民族、風尚等諸多因素。

在古代印度，佛教僧人的服飾在顏色上有著嚴格的規定，在形制上比較簡單。而佛教傳入中國之後，由於流傳時間久遠，區域廣闊，再加上中國獨特的政治、文化等影響，漢族僧人的服飾在承襲古代印度佛教的某些舊制的同時，又有著很多增制。在僧服顏色上不如古代印度嚴格，在形制上除了法衣外，還增加了常服。法衣是僧人在佛事和法會期間穿著的服裝，主要有三衣（袈裟）、五衣、衲衣、縵衣等。常服是僧人日常生活中所穿的衣著，主要有海青、衫、褂、帽冠和鞋襪等。

三衣是傳統佛教規定比丘所穿的三種衣服，即僧伽梨（大衣）、鬱多羅僧（上衣）、安陀會（內衣）三種衣服。五衣則在三衣外，又增加了僧祇支（覆肩衣）和厥修羅（下裙）這兩種衣服，皆屬袈裟。在很多中國人看來，身披袈裟是佛教出家人的特徵。「袈裟」是梵語Kasāya的音譯，意為不正色。佛教規定法衣的用色要避開五正色（青黃赤

真可和尚禪衣像

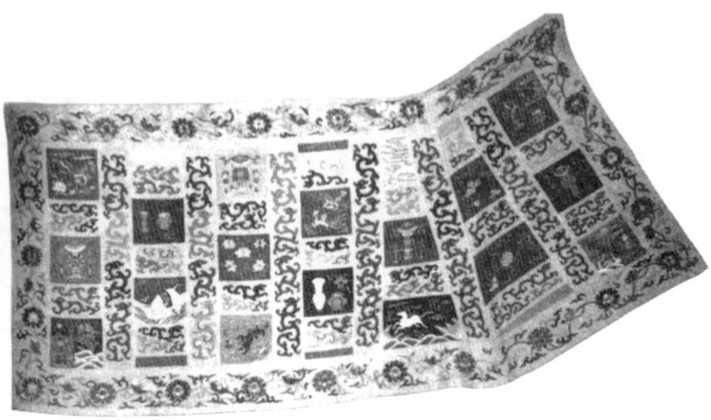

袈裟

白黑）和五間色（緋紅紫綠碧），故有此稱。因其色濁，亦稱「緇衣」、「染衣」等。

不過，袈裟傳入中國後，顏色上發生一些變化，也有用鮮豔顏色的，如金縷袈裟、紫衣袈裟等，唐宋時代僧人甚至都以賜紫衣袈裟為沙門的榮譽。袈裟用小片連綴而成，呈長方田形，代表僧人是眾生的「福田」，供養他們可以獲得世間福報的含義，其制分五條、七條和九條三種，身分越高的僧人其條數越多。

衲衣又稱作糞掃衣、弊衲衣、百衲衣等，即以世人所丟棄的朽壞破碎的衣片修補縫綴所製成的法衣。按照佛教戒律，比丘要少欲知足，遠離世間榮顯，因此穿這種衲衣被視為僧侶的重要特徵之一。一般出家人常自稱老衲、衲僧、衲子等，皆是來自於「衲衣」。

縵衣指無田相的袈裟，音譯鉢吒，又稱縵條衣、縵條、禮懺衣，即整幅不割截的衣服，通常為沙彌及受持五戒、菩薩戒的在家信眾所穿著。

海青也叫大袍，為寬袍大袖的唐裝，是中國佛門緇素二眾禮佛時所穿的衣服。佛教傳入中國後，由於氣候及實際需要等種種原因，原有的三衣顯得不夠用，於是中國佛教規定另製小褂、中褂、長褂及大袍。三衣僅於禮佛、誦經或集會時披搭於大袍之外。海青的顏色有兩種：一為黑色，乃一般緇素二眾禮佛時所穿，已受戒者，可於海青外加搭袈裟，未受戒者，僅著海青，不得披搭袈裟；一為黃色，為一寺之方丈或法會中的主法者所穿，一般大眾不得穿著。這些在中國佛教界都是有嚴格規定的。

由於衣服在佛門日常生活中非常重要，因此，佛教也將其傳法稱之為「傳衣」。特別是禪宗，各祖師均有傳承其法衣（袈裟）的傳統。後世禪林承襲之，在門下選出優秀之弟子，而將教法傳之，為表徵記，亦授予僧衣，故又稱此種僧衣或袈裟為信衣。

佛門中尤以一件木棉袈裟最為珍貴。不過這件袈裟如此珍貴，竟至引來禪門一些人的爭奪，出家人本來應六根清淨，遠離貪欲，但為了爭奪一件袈裟而不惜大打出手乃至陰謀陷害，無所不用其極。當年帶著這件袈裟來到中國傳法的菩提達摩幾次險遭人毒殺，可能主要也是為了奪取這件袈裟。因此，自六祖慧能之後，不再以傳袈裟為傳法依據，充分顯示了慧能本人真正超脫的精神。

此後，「傳衣」僅僅成為一種象徵性的說法了。據說，慧能將這件木棉袈裟送給了當時的皇帝武則天，而武則天又將它贈予另一位當時名聲顯赫的僧人智詵。智詵得此袈裟後，怕被人謀害，故深藏不露，其後這件珍貴的袈裟竟

知識連結

古代出家人常自稱「貧道」，這是因為他們的生活確實很艱苦，甚至身無分文，除了一件袈裟、一個缽盂之外，別無長物。但是他們卻生活得快樂，原因何在呢？很值得我們這些享受著現代化物質生活卻常常陷於心理焦慮中的現代人深思。古來箴言如：「窮釋子，口稱貧，實是身貧道不貧。貧則身常披縷褐，道則心藏無價珍。」（《永嘉證道歌》）「旋縛茅茨蔽雨風，土床蒲薦自雍容。榮枯過眼人間事，盡付山僧一笑中。」（《慈受深和尚廣錄》卷二）「荷葉滿地無線補，白雲為我做禪衣。」（《大智偈頌》）「饑餐松柏葉，渴飲澗中泉。看罷青青竹，和衣自在眠。」（《嘉泰普燈錄》卷五）

知識連結

所謂木棉袈裟，即以木棉織成之袈裟，據說這件袈裟是釋迦牟尼的姨母親手織成，奉獻給佛陀的。佛陀圓寂前，將這件袈裟傳於大弟子迦葉，後來成為禪宗的傳衣，歷代禪宗祖師皆以此衣為得法的信物。

不知去向。當然，這些都是傳說而已，或許佛門中壓根兒不存在這樣一件袈裟，它只是佛祖以其大智慧編造出的一件「皇帝的新衣」，用來鑑別誰是真正可以傳法的人吧？

缽來自於梵語pātra，全譯為缽多羅，又作缽盂，乃僧尼所常持道具，一般作為食器。由於漢文原來就有一個意指飯器的「缽」字，故而《敕修百丈清規》認為這是華梵兼名的詞，謂：「梵云缽多羅，此云應量器，今略云缽，又呼云缽盂，即華梵兼名。」

《方廣大莊嚴經》記載有四天王向成道後不久的佛陀獻缽的傳說。當時有兩位商人在歸途中遇見佛陀坐於樹下，於是向佛陀奉獻飲食。當時佛陀思量：「過去諸佛，皆悉持缽，今我當以何種容器受此食物？」後來四天王獻以黃金製的缽，佛陀卻說：「出家人不合蓄此」，未予接受。四天王又以銀缽、玻璃缽、琉璃缽、赤珠缽、瑪瑙缽等奉上，佛陀皆不受。佛陀最後接受的是石缽。佛陀將四天王所獻的四石缽重疊安置於左手，右手按下，合成一缽，並形成四條明顯的唇紋。後來供於佛前的佛缽，在形制上也體現了這一點。

缽的形制非常簡單，近似於中國古代的「盂」。缽壁與開口平行的面為圓形，中空以盛飲食。缽的遺品中有石缽、金缽、銀缽、銅缽、木缽、乾漆缽、瓷缽等。石缽、金缽、銀缽為佛、菩薩的供養具，其他則為僧侶所用。

在古代，「三衣一缽，雲遊四海」成為出家僧徒生活的典型場景。

剔紅銅胎七佛缽

知識連結

河北趙縣柏林禪寺聯：「淨化人生，運水搬柴行腳去；慧觀自在，焚香洗缽吃茶來。」

念珠

念珠也是佛教的重要法器，又叫做「數珠」，來自梵語Pāsakamālā。一般用香木製作，也有用玉石、瑪瑙、菩提子等製作的。用繩索把小圓珠貫穿成串，隨身攜帶，以便誦經、念佛、誦咒時計數，調伏身心。一串念珠的數目，以一〇八顆為常見，其象徵意義是破「百八煩惱」，證「百八三昧」。

念珠在表示早期佛教器具的「比丘十八物」中未列舉出來，這表明初期的佛教徒並未使用念珠，隨著密教的興起，念珠才在印度佛教中被採用。念珠在密教經典中記述頗多。《陀羅尼集經》卷二上說：「若誦經、念佛、持咒之行者，須一一手執數珠。依阿彌陀佛之教說，復依此一切陀羅尼諸佛菩薩金剛天等法，其數皆滿一百八珠，或五十四珠、或四十二、或二十一，亦得用之。若掐此等寶物數珠以誦咒、誦經並念佛等諸行者，當可得十種波羅蜜之圓滿功德，亦可即得阿耨多羅三藐三菩提之果。」這是說，持咒、念佛時，同時掐動念珠，其功德可以成倍增長，這是念珠在佛教中流行的重要原因。

蒲團屬於佛門法器中的坐具，是坐禪用的墊子，在坐禪時可使腰部省力豎直。一般以蒲編造，其形團圓，故名蒲團。蒲團的厚度高約一揭手（十公分左右），即一個拳頭的高度。現代蒲團的材質已逐漸多樣化，但仍以天然的材質為佳，內容填充物多採用棉花、木棉等。此外，現代蒲團常與方墊配合使用，方墊用來鋪在地上，隔除地氣，大小約七十二公分見方，以兩腳雙盤時，皆可置於方墊中的大小為宜。

錫杖則為佛門法器中的行具。上有鐵棬，棬上有環，木柄，振動時有響聲。之所以叫錫杖，主要是取杖上金屬環可以「錫錫」作響而得名，並非錫杖一定要用錫來製作。在古代，僧人出門雲遊，常常手持錫杖，所以專有一個動詞叫「杖錫」。南朝梁代慧皎《高僧傳．康僧會》記載：「僧會欲使道（指佛法）振江左，興立圖寺，乃杖錫東遊。」大詩人杜甫也有「杖錫何來此」的詩句。僧人由於手持錫杖雲遊，因此又稱為「杖錫客」。大體來說，古時僧人持

北京大覺寺內的法器

錫杖雲遊，有兩種用處：一是乞食時不必說話，振動錫杖作響，使施主知道有僧乞食；二是作防衛武器，驅趕動物，以免傷害自己。但是其後，錫杖被完全神聖化了，成為宗教儀式上的陳設品。現在只在極其隆重的佛教儀式上，主法僧人才使用它，成為一種表示威德的法器，這已經失去了錫杖原來的意義。

佛教的法器還有很多，例如幡、傘蓋、香爐等，這些器物在佛門中都有自己獨特的意義和作用。限於篇幅，這裡就不做具體介紹了。

第八章

心靈淨土：精神文化層面看佛教

精神文化與物質文化是不可分割的，比如介紹佛教音樂，必然與上一章介紹過的佛教法器有聯繫；而佛教美術，也與佛菩薩像的雕造、繪製密不可分，但兩者的角度有所不同。需要說明的是，本章的內容，既可以從宗教角度來理解其意義和價值，也可以從藝術角度理解其意義和價值。

幽玄旨趣：佛教的文學與文學的佛教

佛教文學，既包括佛教經典中富有文學性的內容，又包括歷代崇信佛教的人們創作的包含著佛教觀念、義理、情趣的文學作品。前者可以稱之為「佛教中的文學」，後者可以稱之為「文學中的佛教」。總的來看，佛教在中國兩千多年的發展中，在文學領域做出了巨大貢獻，發揮了重大影響，中國文學對於佛教的傳播和發展也起到了相當大的作用。

一、佛教經典廣泛地採用了文學手段來傳播其教理。釋迦牟尼是一位傑出的布道者，非常富有文學才能。他主張說法要看對象、講方法，不斷提高說法的藝術，做到「應病與藥」、「對機說法」。他諄諄善誘，用具體、形象的東西啟發人，讓人透過具體、形相的事例來領悟他的道理。比如他講修證必須精勤努力，就用鑄金、調馬、種田作譬。這不只表明他對這些工匠和農民的勞動技能是熟悉的，而且他還善於從這些實際活動中發現和總結出道理來。

如《雜阿含經》卷四十三有一個著名的「一篋四蛇」的譬喻。有一人得到一個內有四條毒蛇的箱子，正在苦惱之時，又聽人說有五個仇人、六個強盜來追殺他。他驚惶逃入一個空村的空屋中，忽然空村中又來了許多強盜。此人又逃命奔馳到一條水流湍急的河岸，看見對岸涼風吹拂，百花盛開。於是此人極想渡河至彼岸，就用草木編成筏子，以手腳替代搖槳，努力橫渡至對岸。從此再沒有四條毒蛇、五個仇人、六個強盜和空村群盜追殺了。

在這個故事中，箱子喻人身，四毒蛇喻組成人身的地、水、火、風四大元素。「四大」不調人則殞命，所以以四毒蛇喻「四大」。五仇人喻五蘊，六強盜喻眼、耳、鼻、舌、身、意六根；空村強盜喻色、聲、香、味、觸、法六塵；五蘊、六根、六塵相互運作，就會給人帶來種種煩惱，所以皆是「盜賊」。急流比喻眾生所處的四種湍流——妄見流、煩惱流、生死流、無明流。大河是指欲、色、無色等三界的愛欲。筏子比喻八正道，用手腳代槳橫渡急流比喻不斷精進；快樂涼爽、無有怨賊的彼岸，代表涅槃境界。

這樣，用一個故事來說明人是「五蘊」和合的「無我」說，宣揚修證「我空」以求解脫的道理，一個小故事已經將佛教的要旨都講到了，比喻也很貼切，給人以啟發。

現存佛典中有《法句經》一類經典，先出「法句」即說法的警句，然後用譬喻故事解釋。所謂的「譬喻」，就是用整則故事作為例證，來說明偈語的意義，經典的每品由一則至數則獨立的故事所組成，全經可謂一個「故事集」。如《法句譬喻經．愚闇品》中，敘述一個年近八十的婆羅門老翁，正在大興土木建造房舍，忙進忙出，處處張羅指揮。佛以道眼知道這個老翁不久將要命終，憐憫其慳貪又不識無常之理，就前往他的家中。

佛問老翁建造這個房舍想做什麼用。

老翁說：「前廳待客，後堂自處。東西二廂當安置兒息（兒子）、財物、奴僕。夏天上涼台，冬天入溫室。」

佛又問老翁：「能不能坐下來談談？」

老翁答：「今日實在太忙，以後再說吧。」

佛於是為老翁說了一個警示偈：「有子有財，愚惟汲汲。我且非我，何憂子財！暑當止此，寒當止此。愚多預慮，莫知來變。愚蒙愚極，自謂我智。愚而勝智，是謂極愚。」

老翁無心領受，應付佛說：「此偈很好，但是今日太忙，以後再和你討論。」

於是佛傷心而去。

佛沒有走多遠，老翁自搬屋椽，屋椽掉下來打到他的頭上，老翁馬上就死了。

知識連結

在說法的形式上，佛陀也利用了當時流行的一些文藝形式。由於說教是口耳相傳的，為了便於記憶和傳誦就要使用韻文，這就是詩歌的形式。當初說法時大概是先說出幾句韻文，然後再做些解釋，這些韻文就是所謂「偈」，或譯作「伽陀」。這成為佛經的一種重要的結構形式，對後來中國文學的影響也很大，中國古典小說中常見的「以詩為證」就來源於此。

這則故事精闢地說明眾生由於貪欲，整日忙於自認為很重要的事，而將生死大事拋捨一邊，因此難免輪迴痛苦。這樣的故事對於現代人而言，仍然是有重要啟示意義的。

這類佛教譬喻類經典在十二部經中稱為「阿波陀那」，主要有《賢愚經》、《雜寶藏經》、《出曜經》、《雜譬喻經》、《百喻經》等。總體來說，是透過一些寓言故事來闡發佛理。有些故事可能來源於印度民間，有些故事幽默可笑，有很犀利的諷刺性，甚至可以視為笑話看。

在佛教人士看來，先講笑話，後講佛法，如同先服吐下藥，後以酥滋潤身體。笑話裡包含佛法，如樹葉裡阿伽陀藥，希望讀者但取佛法之藥，而拋棄戲笑的樹葉。當然，從文學角度看，這些「樹葉」本身就很值得玩味和重視。譬如《雜譬喻經》中的一則故事：

> 昔有長者子，新迎婦，甚相愛敬。
>
> 夫語婦言：「卿入廚中，取蒲桃酒來共飲之。」婦往開甕，自見身影在此甕中，謂更有女人，大恚，還語夫言：「汝自有婦藏著甕中，復迎我為？」夫自得入廚視之，開甕見己身影，逆恚其婦，謂藏男子。
>
> 二人更相忿恚，各自呼實。
>
> 有一梵志與此長者子素情親厚，遇與相，見夫婦鬥，問其所由。復往視之，亦見身影，恚恨長者子：自有親厚藏甕中，而陽共鬥乎？即便捨去。
>
> 復有一比丘尼，長者所奉，聞其所諍如是，便往視，甕中有比丘尼，亦恚捨去。

這則故事表面上看頗似一齣鬧劇，眾人面對甕中自己的倒影，皆認為是他人，由此引起紛爭。那麼佛經講這段故事要說明什麼呢？

篇末出現一位「道人」，他看到眾人所說的原來是一個影子，喟然嘆曰：「世人愚惑，以空為實也！」於是他取來一塊大石頭，「打壞酒甕，盡了無所有。」眾人看了，各懷慚愧。「佛以為喻：見影鬥者，譬三界人，不識五陰、四大、苦空、身三毒，生死不絕。」

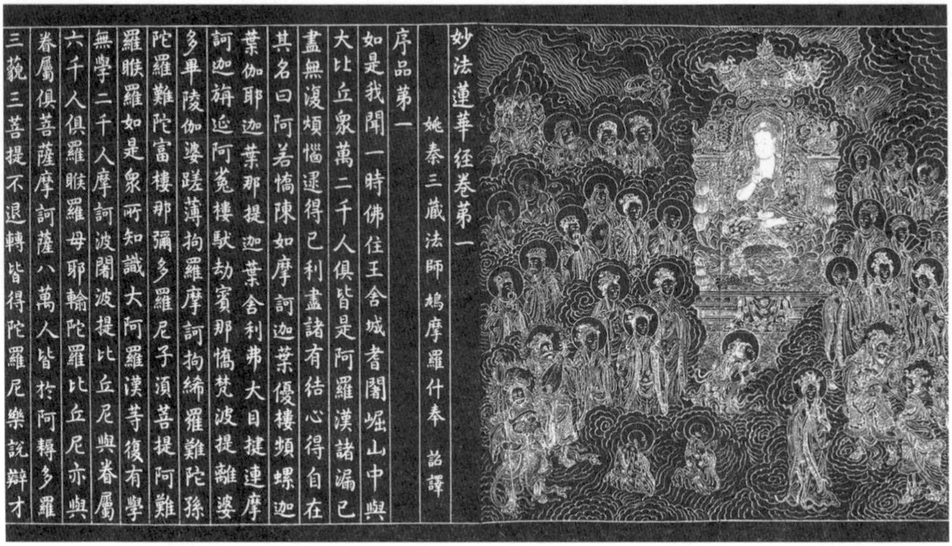

《妙法蓮華經》

說到底，眾生對自己的本來面目是不認識的，他們所見的包括自己在內的世間一切，無非是一個影子、假相而已，卻以空為實，為了這個影子而爭鬥，這便是生死輪迴的根本；一旦打破那個酒甕，明瞭影子本來是空的，眾生才能悟明生命的實相和本質。

大乘佛教也很注意使用譬喻，很多經典中都巧妙地組織了許多譬喻故事。著名的《妙法蓮華經》一再說道：「我以無數方便、種種因緣、譬喻言辭，演說佛法。」「以諸因緣，種種譬喻，開示佛道，是我方便，諸佛亦然。」善用譬喻造成了這部經典強烈的文學性，成為它能廣為傳布、發揮影響的原因之一，也是它對中國文人和文學產生巨大影響的原因之一。

知識連結

這樣的故事對於後來中國民間故事的發展也有影響，如《太平廣記》卷二六二《笑林》就講過一個笑話：有民妻不識鏡，夫市之而歸。妻取照之，驚告其母曰：「某郎又索一婦歸也。」其母也照曰：「又領親家母來也。」對此，或許人們僅僅以笑話目之，讀後一笑了之，其中的深意是不會去追究的。相比而言，佛教經典講這些故事，往往點明其中蘊含的佛理，這絕非可有可無的，也不能認為是將宗教教理強加給文學。這正是佛教文學不同於一般文學之所在。

所謂「法華七喻」，是《妙法蓮華經》中七個完整、生動的故事，用來闡揚大乘佛教教理。「法華七喻」包括：

(1)火宅喻：出自〈譬喻品〉。喻五濁、八苦為火，三界為宅。謂三界眾生受五濁八苦逼迫，不得安穩，如大宅被火焚燒不能安居。

(2)窮子喻：出自〈信解品〉。謂二乘之人無大乘功德法財之所莊嚴，猶如貧窮之子缺乏衣食之資。

(3)藥草喻：又稱雲雨喻，出自〈藥草喻品〉。以小草喻人天，中草喻聲聞、緣覺，大草喻菩薩。謂藥草雖有大、中、小之別，但若受雲雨沾潤，無不敷榮而病根除。與此同理，三乘之人根機雖有上下不同，然若蒙如來法雨潤澤，俱皆能為大醫王，普度眾生。

(4)化城喻：出自〈化城喻品〉。謂某人欲到寶處而於中途懈退，有聰慧導師權作化城，暫令止息，後終抵寶處。此喻二乘之人初聞大教隨即忘失致流轉生死。世尊權設方便先令其斷見思煩惱，暫證真空涅槃以為蘇息，然後到究竟寶處。

(5)衣珠喻：又稱繫珠喻。出自〈五百弟子受記品〉。謂某人到親友家醉酒而臥，親友將寶珠繫其衣內，以未覺知，故自惱貧苦。後會親友告知無價寶珠在衣內，於是得珠，受用無極。此喻二乘之人昔於大通佛所下大乘因種，但為無明所覆不能覺了。今依如來方便開示，遂入一佛乘，得證大乘之果，利樂無窮。

(6)髻珠喻：又稱頂珠喻。出自〈安樂行品〉。喻如來為輪王、二乘權教為髻、一乘實理為珠，珠在髻在，猶如實理隱於權。此喻如來在法華會上開權顯實，授記二乘得作佛。

(7)醫子喻：又稱醫師喻。出自〈如來壽量品〉。醫喻如來，子喻三乘之人。謂諸子無知誤飲毒藥，心遂狂亂。父設方便，令服妙藥以治其病。此喻三乘之人信受權教，不得正道。如來設諸方便，令服大乘法藥，速除苦惱，無復眾患。

佛典的文學性和文學價值還特別體現在佛傳、佛讚兩類經典中。

這類經典是記載釋迦牟尼一生的事蹟，但並非如一般史傳的「實錄」，而是融入了相當多的傳說、想像成分，充滿誇飾地塑造了崇高、神奇的佛陀形象。如《佛本行集經》是佛傳故事集中很有特色的一部經，主要講述佛陀的

太子出遊

誕生、成長、出家、修行、得道、化度大眾等事蹟。不僅是本行故事，還有佛本生故事和部分因緣故事，而佛本生故事又是在本行故事之中，佛以說法的形式嵌綴其中，不僅保留了大量的印度古老神話和傳說，而且保留了佛陀若干真實的歷史資料。全書中對釋迦牟尼及其主要弟子的前生、今生和傳道三個時期的活動，描寫得非常精彩，尤其注重人物的刻畫，寫得栩栩如生、神形兼備，可以視為很優美的文學作品。

此外，代表性的著作還有馬鳴所作的《佛所行讚》（也作《佛本行經》）。全書由十七章組成，始自佛陀誕生，終於歸國，用詩體寫成，實為一部長篇敘事詩。其漢譯本是一部無韻的五言詩，大體上傳達了原詩的內容。一些譯文還是相當生動傳神的，如第三品寫太子出遊，驚動全城人都來看他。這一段是印度敘事詩中常用的描寫手法的一個例證，漢譯本與漢樂府《陌上桑》中描寫羅敷採桑時的情景頗為相似：

郭邑及田里，聞太子當出，尊卑不待辭，寤寐不相告。
六畜不遑收，錢財不及斂，門戶不容閉，奔馳走路旁。
樓閣堤塘樹，窗牖衢巷間，側身競容目，瞪矚觀無厭。
高觀謂投地，步者謂乘虛，意專不自覺，形神若雙飛。

佛傳故事在結構宏大、描摹細密、構思新巧、想像豐富以及表現的詼諧諸方面，都大大超過中國原有的史傳作品，給中國文學注入了一種新鮮的養分。

佛讚文學主要指各種佛本生經典。漢譯本生經主要有《六度集經》、《生經》、《譬喻經》、《菩薩本行經》、

《菩薩本緣經》等。大乘佛教認為，佛陀為了救度眾生，往返於我們這個世界已有八千次，經歷了無數次輪迴。根據這種觀念，描寫佛陀前世功德的故事，就是本生經。本生經的體裁多種多樣，有格言、詩歌、神話、傳說、寓言、傳奇故事等等。這類經典多形成於西元前三世紀，先有了偈頌，然後補充、發展為一個個完整的故事。本生經有固定的結構，一部分是佛陀現世的情況；另一部分是他過去世的故事，過去世的故事是主體，過去世的佛陀可以是國王、貴族、婆羅門、商人、修道者、平民、窮人等，也可以是鹿、猴、兔、鴿等動物，寫他們精勤修道的善行；第三部分是聯結語，指明過去世與現在世的關聯，大抵指出過去行善的某某就是佛陀自身，為惡的某某則是現世佛的反對者等等。這些故事大多相當曲折、生動、富於戲劇性。

大乘佛教經典《華嚴經》、《大般涅槃經》、《維摩詰經》等都對中國古代文學的發展產生過深刻影響。胡適曾經說：「印度的文學往往注重形式上的布局與結構，《普曜經》、《佛所行讚》都是偉大的長篇故事，其餘經典也往往帶著小說或戲曲的形式。《維摩詰經》、《思益梵天所問經》都是半小說體、半戲劇體的作品，這種結構的文學體裁是古中國沒有的，它們的輸入，與後代彈詞、平話、小說、戲劇的發達，都有直接或間接的關係。」

這裡重點介紹一下《維摩詰經》。這部經全名為《維摩詰所說經》（又稱《維摩經》），在中國共有七種譯本，但最通行的是鳩摩羅什的譯本。這部經塑造了一個在家居士維摩詰的形象，他是佛在世時毘舍離城中的大長者，他的家庭資財無量，十分富有，因為他樂善好施、持身嚴謹，所以在社會上有相當的地位，在群眾中有相當的聲譽。他雖不是出家人，卻遵守實踐沙門的戒律；雖然有妻子，卻經常潛修清淨梵行；雖然居處在世俗的家庭和社會中，卻不留

知識連結

佛法世界觀，向來分淨土與穢土。比如，我們所住的娑婆世界是穢土，西方的極樂世界是淨土。穢土不只一個，十方皆有。《維摩詰經》的重要思想在於闡明了唯心淨土的要義，經中所說淨土，不專指某個淨土，而說有眾多的淨土，並特別告訴行者怎樣修行淨土，如何實現淨土，強調「若菩薩欲得淨土，當淨其心，隨其心淨，則佛土淨」的唯心淨土要義。

繼三界，常為一切眾生說法，使無數人得到無上正等正覺。

《維摩詰經》運用了十分高超的文學技巧：結構安排富於戲劇性，大膽玄想，引人入勝；人物性格鮮明，圍繞著維摩詰，眾多人物在矛盾交鋒中突出個性；場面描寫恢弘、生動。這部大乘佛教經典深刻地論述了諸法「畢竟空」、「無所緣」、「無決定性」的道理。在「以空遣法」的「空平等觀」的基礎上，打通世間和出世間，提出「不捨道法而現凡夫事」、「不斷煩惱而得涅槃」等觀念，從而發揚了佛法的現實精神，突顯了大乘佛教的入世性質。這對於佛教在中國，特別是在知識階層中傳播起了巨大作用。眾所周知，唐代著名佛教詩人王維的名號皆來自於這部經典，便是很能說明問題的。後來中國居士佛教得到很大發展，也與對這部經的推崇分不開。

二、佛教傳入中國後，引起社會的廣泛信仰，很多佛教經典被歷代文人所欣賞和歡迎，給他們提供了眾多創作的材料和借鑑，歷代中土信徒也創造了大量「輔教」作品，其體裁既有詩文作品，也有小說、戲曲等。晉、宋以來許多士大夫進入僧團，僧團本身也培養出許多高水準的學僧，他們獨特的生活方式和思想境界，決定其文學創作獨具特色並能夠取得相當大的成績。唐代以後出現的詩僧，其身分橫跨宗教與文學兩個領域，是中國文學創作的一個特殊群體。

佛教對文人思想、文人創作、文學理論等各方面也產生了深遠影響，特別是禪宗發展之後，在禪宗明心見性的旗幟下，受到禪宗公案、語錄等影響，文人多喜參禪悟道，創作出大量獨具特色的、體現著深厚禪意的詩文作品，成為中國文學史上寶貴的遺產之一。禪宗公案、語錄、頌古等創作本身也有很高的文學性，是一種獨特的文學體裁。

佛教的傳播和影響與所有宗教一樣，可以分為不同層次。除了作為宗教核心的信仰之外，還有思想觀念、思維方式、感情、習俗、生活方式等諸多方面。在中國儒家理性傳統居統治地位的文化環境中，文人懷抱真摯信仰的只是少數，但接受佛教思維方式的卻大有人在，不同程度地抱有宗教情懷的人就更多。歷代詩歌慨嘆「人生如夢」、「人生無常」的作品更是不計其數；在小說、戲曲裡因果報應也是常見的主題，這都反映了佛教對中國人思想潛移默化的影響，尤其深刻地表現在一些文學作品中。

東晉至南北朝時期，中國士大夫階層就與佛教發生了比較密切的聯繫，名僧與名士的交流相當普遍，例如名僧支遁與當時很多著名文人有交往。很多僧人具有相當的藝術氣質，他們的言行體現出濃厚的藝術趣味。如《世說新語》

記載：道壹道人好整飾音辭，從都下還東山，經吳中。已而會雪下，未甚寒。諸道人問在道所經。壹公曰：「風霜固所不論，乃先集其慘澹。郊邑正自飄瞥，林岫便已浩然。」這樣一種人生風格、情趣，自然得到眾多文人的欣賞。

而晉宋之際的謝靈運更是深受佛教影響，同時又將這種影響表現在文學創作之中的典型。他在文學史上的主要貢獻是山水詩創作，從中可以看到比較鮮明的佛教信仰。如〈過瞿溪山飯僧〉：「迎旭凌絕嶝，映泫歸溆浦。鑽燧斷山木，掩岸墐石戶。結架非丹甍，藉田資宿莽。同遊息心客，曖然若可睹。清霄颺浮煙，空林響法鼓。忘懷狎鷗鯈，攝生馴兕虎。望嶺眷靈鷲，延心念淨土。若乘四等觀，永拔三界苦。」面對荒涼靜謐的山水，詩人內心的一切妄念都消逝了；聽到伽藍的法鼓聲，更滋生起皈依佛法的信心。山水不僅用來暢達心神，更可以當作體道的對象。

此外，這一時期的文人如顏延之、沈約、梁武帝蕭衍、江淹等，都是著名的崇佛者，其作品也多反映佛教的思想。

地獄之苦

特別值得注意的是佛教論說文體的發展。以往有人認為，中國人不善於抽象思辨，中國文學中也缺少這類作品，這種看法是片面的，至少是沒有注意到佛教中大量論辯體的存在。這些論辯作品依據經典進行演繹，辨析概念以明義理，透過絲絲入扣的推理展開論證，反映出高超的抽象思辨能力。其代表性的作品當推僧肇的《肇論》，它既是傑出的哲學著作，也可以視為論辯文學的傑作。此外，收入在《弘明集》、《廣弘明集》中的大量作品都是如此。

南北朝時期，基於宣傳佛教信仰的需要而產生的大量「釋氏輔教之書」，很多作品可以視為中國小說的濫觴。這些作品有的「錄自里巷」，即出自民間；有些是「思士之結想」，即文人創作，大多屬於六朝志怪類著作，除了宣教、護法的意義之外，在文學史上也占有一定地位。其代表性作品有劉義慶的《宣驗記》，王琰的《冥祥記》，傅亮的《光世音應驗記》，顏之推的《集靈記》，侯白的《旌異記》等等，其題材涉及地獄罪罰傳說、輪迴報應傳說、觀世音救度傳說、經像、塔寺、舍利靈驗傳說等。

知識連結

馮夢龍創作的「三言」裡面有許多諺語反映了佛教的因果報應觀念，從一個側面反映了這種觀念在中國民間的重要影響，如「善惡到頭終有報，只爭來早與來遲」、「善有善報，惡有惡報；不是不報，時辰未到」、「天道好還，絲毫不爽」、「善惡果報，分毫不爽」、「樹荊棘得刺，樹桃李得蔭」、「從前作過事，沒興一齊來」、「常將冷眼觀螃蟹，看你橫行得幾時」、「好人還遇好人救，惡人自有惡人磨」、「勸君莫作虧心事，古往今來放過誰」、「日間不作虧心事，半夜敲門不吃驚」、「湛湛青天不可欺」、「明有刑法相繫，暗有鬼神相隨」、「舉頭三尺有神祇」、「皇天不負好心人」、「積善逢善，積惡逢惡」、「須知作善還酬善，莫道無神定有神」等。

六道輪迴

從這些記載可以看到，佛教業報觀念經過中土民眾的長期消化、理解並加以發揮，特別是這種觀念與儒家倫理、與對社會正義的追求和信仰、與事實的因果邏輯相結合，相當富於感召力和說服力。千百年來，業報觀念已深浸到人們思想感情的深處，以至於成為中國人的一種思維定式。從一定程度上說，很多中國人接受「善有善報，惡有惡報」的因果報應觀念，不是來自於佛經，而是來自於這些通俗的故事。這一體裁也成為日後中國小說、戲曲創作的一個重要主題，中國民眾熟悉的「三言」、「二拍」、《聊齋志異》、《閱微草堂筆記》等古代小說，莫不貫穿這一主題。

值得注意的是，這些描寫佛教「靈異」的故事，是被當作「異事」來記述的，是與「記載人間常事」「誠妄無別」的，因此傳說者和接受者相信這些故事是真實可靠的，並把它們當成靈跡來崇信和宣揚。就傳信而言，這是與文學發展到一定階段更注重藝術虛構的創作態度全然不同的。但這種獨特的「真實觀」，發展出中國敘事文學創作的一種獨特傳統：即使真的是「滿紙荒唐言」的虛構作品，作家在講述時也說得有名有姓，煞有介事，並特別強調其有真實可靠的來歷，比如《紅樓夢》、《水滸傳》等都是如此。

隋唐時期佛教出現高度繁榮局面，此時佛教傳入中國已有數百年，佛典傳譯相當完備，佛教文學高度發展，佛教信仰更普及到社會各階層。特別是經過與中土傳統思想和宗教的長期交流與融合，佛教中國化基本完成。表現在文學方面，唐代高度發達的詩歌創作與佛教的流行不無關係，唐代最著名的詩人如李白、王維、岑參、杜甫、白居易、李商隱等，或虔誠信仰佛教，或與佛門有著種種密切關係。

比如唐代有名的崇佛詩人王維，他的一些作品直接宣揚佛說，如〈與胡居士皆病寄此詩兼示學人二首〉，發揮《維摩經》「從癡有愛則我病生」的「蕩相遣執」觀念，說明作意住心、趣空取淨都是虛妄的道理，全篇彷彿佛教偈頌。

他更多的詩作則是「不用禪語，時得禪理」，在山水田園生活的描繪中蘊含著禪意，以含蓄曲隱、意在言外的藝術手法來表達不可言說的禪理，具有高超的技巧和深邃的哲理，歷來受到推崇。如人們所熟知的〈終南別業〉：「中歲頗好道，晚家南山陲。興來每獨往，勝事空自知。行到水窮處，坐看雲起時。偶然值林叟，談笑無還期。」人們公認「行到水窮處，坐看雲起時」一聯是最得理趣的名句。佛教認為，世間一切法皆有生、住、異、滅的遷流變化，這

知識連結

王維〈與胡居士皆病寄此詩兼示學人二首〉第一首：「一興微塵念，橫有朝露身。如是覩陰界，何方置我人？礙有固為主，趣空寧捨實。洗心詎懸解，悟道正迷津。因愛果生病，從貪始覺貧。色聲非彼妄，浮幻即吾真。四達竟何遣，萬殊安可塵。胡生但高枕，寂寞與誰鄰？戰勝不謀食，理齊甘負薪。予若未始異，詎論疏與親。」

一聯正是在觀賞行雲流水之際，揭示世界上一切事物都在生生滅滅、窮盡復通的禪理，透露出安逸自得、毫無羈束、隨遇而安的禪趣。

早年提倡「新樂府」、關注社會民生的白居易，晚年也信仰佛教，作了大量的「閒適詩」，佛教主要給他提供了一種理想的人生方式和精神境界。特別是他晚年寓居洛陽龍門時，與馬祖道一的法嗣嵩山如滿結為方外之交，思想上更多接受了馬祖道一開創的洪州禪主張。

比如他的〈睡起晏坐〉詩：「淡寂歸一性，處閑遺萬慮。了

王維，《江山雪霽圖卷》。

知識連結

洪州禪提出「平常心是道」，「非心非佛」等，由早期禪宗提倡見性、頓悟轉為重視隨緣、應用，認為「道不屬修」，穿衣吃飯、揚眉瞬目的日常生活就是道。這種思想對於其後長達千年的中國古代士大夫獨特的生活方式、精神境界的形成起著巨大作用，白居易可謂一個典型代表，其作品也成為古代士大夫文學的一種範式。

然此時心，無物可譬喻。本是無有鄉，亦名不用處。行禪與坐忘，同歸無異路。」將禪、道混同，真諦與俗諦打通，樂天無為、優遊自在的生活便等同於修道實踐。白居易晚年也信仰淨土宗，虔誠念佛。在他看來，南宗禪和淨土信仰並不矛盾，禪是現世人生獲得知足常樂境界的法門，而淨土則是來世超脫生死輪迴的法門，所以他在《畫西方幀記》中表示願為一切眾生修習彌陀淨業：「極樂世界清淨土，無諸惡道及眾苦。願如老身病苦者，同生無量壽佛所。」白居易的這種宗教體驗，也代表了很多古代士大夫的共同體驗，他們創作的大量詩歌，則是這種體驗的真實紀錄。

宋代乃至明清時期，繼續延續、發展著這種士大夫佛教文學精神。宋代是禪宗發展的成熟期、定型期。禪宗在宋代發展到了最高峰，是當時勢力最大、影響最深的佛教宗派，其繁榮發展深刻影響著宋代詩歌的面貌。

一方面，宋代禪宗有著明顯的文人化傾向，禪門中「禪偈」、「公案」、「頌古」等多種形式的創作層出不窮，禪僧也多喜與士大夫交往、相互唱和，借詩談法。另一方面，宋代數量眾多的學佛士大夫大部分是信仰禪宗的，禪宗的世界觀、人生觀對他們的精神世界和生活方式的影響極為深刻，同時，他們有意識地將禪宗作為一種重要的文化資源吸收到自己的文學創作中，特別是詩的創作，禪的印記更為鮮明，成為宋代詩歌的重要特徵之一。

宋代詩人如楊億、晁迥、王安石、蘇軾、黃庭堅、陳師道乃至整個江西詩派以及李綱、張九成、楊萬里、范成大、陸游等，他們的大量作品明顯受到佛教影響，或者與佛教有密切關係，不了解佛教也就很難真正解讀他們的作品，理解他們的思想。比如宋初詩人晁迥的〈擬白樂天詩〉：「心不擇時息，書不擇時觀。達理意無礙，豁如天地寬。」意思是說：心什麼時候休息，不必選擇時候；書什麼時候看，也不必選擇時候。只要做到「達理」和「適意」，就能體會到「無礙」——天地是那麼寬廣，而寬廣的天地就包含在自己的內心中，這是一種多麼快樂的境界！

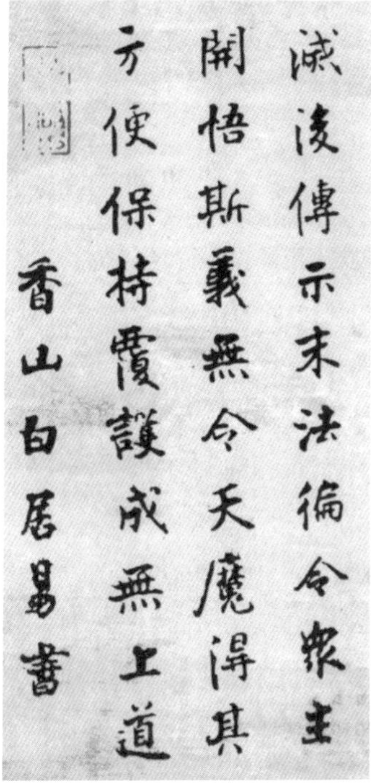
滅後傳示末法徧令眾生
開悟斯義無令天魔得其
方便保持覆護成無上道
香山白居易書
白居易書，《楞嚴經》（部分）。

宋代是中國書籍印刷的開創時期，宋代文人多喜歡讀書，他們在自己的書齋中也寄託了一份佛心禪意，將「山林氣」和「書卷氣」結合在一起，形成我國古代書齋詩獨特的韻味。南宋大詩人陸游這樣歌詠自己的書齋、寫自己的讀書生活：「賦性無他嗜，傳家但古書。堯咨洪水際，羲畫結繩餘。異學方攘斥，浮文亦掃除。挑燈北窗下，聊得遂吾初。」（《書房雜詠》）只有在書齋中，他才能夠解脫世事的煩惱，體會到宇宙天地之大，獲得心靈的最大安慰。他自稱所讀皆為「古書」，而且攘斥「異學」——即佛老等「異端」學說，但在〈禪室〉一詩中，他又自稱：「早誇劇飲無勍敵，晚覺安禪有宿因。赫赫心光誰障礙，綿綿鼻息自輕勻。蒲龕紙帳藏身穩，香碗燈籠作夢新。勿為霜寒憶溫暖，少林立雪彼何人。」可見他也是學過禪的，而且修養相當高。禪對於陸游這樣的文人而言，不再是或不僅是一種宗教性的信仰，更多的是一種現實人生體驗，但其中仍包含著一些深厚的宗教式的情懷。這也是中國佛教由宗教轉向文化的體現。

唐代之後，還出現了一個特殊的詩人群體：詩僧。這一群體的出現，是中國佛教在觀念、教理、宗派、僧團制度等各方面發展變化的結果，雖然此前能詩的僧人不少，但嚴格意義上的「詩僧」應是到中唐時才出現的。這些人被稱為「詩僧」，不僅因為能詩，更重要的是具有獨特的活動方式，顯示出特殊的風格，是佛教史和文學史上的新現象。總的來說，他們以獨具特色的詩歌創作豐富了詩壇，其行為和作風更影響了一代僧團和文壇風氣。中國歷史上著名的詩僧有唐五代的皎然、寒山、拾得、王梵志、靈澈、齊己、貫休，宋代的惠崇、道潛、惠洪以及明清時期的明本、蒼雪、八指頭陀等。

皎然，字清晝，湖州長城（今浙江長興縣）人。俗姓謝，郡望陳郡陽夏，自稱是謝靈運十世孫。早年多次應進士舉不第，失意出家。皎然能詩，與當時著名文人劉長卿、張志和、李端、顧況、李嘉祐、權德輿等多有唱和，孟郊和劉禹錫還向他學過詩，在當時被視為一代詩法大家。他有《杼山集》十卷傳世，其中直接宣揚佛法的只占一小部分，大多是遊賞山水、酬答友朋之作，也不乏現實、詠史等題材的作品。由此可見，詩僧往往身分是出家人，但其生活態度和情趣卻更接近於一個普通文人。皎然在文學上的一大貢獻還在於作了一部名為《詩式》的書，此書堪稱整個唐代最有價值的文學理論作品。

《文心雕龍》的作者劉勰也是一位出家人，或許可以說明：喜好文學的僧人因為兼有文學才能與思辨能力兩種專長，使他們能夠將佛學理論修養應用於文學中，從而總結出一些帶有規律性的東西，形成一定的理論系統，這也是佛教對中國文學發展的一種特殊貢獻。

當然，詩僧作為僧人，其詩作與佛教的關聯仍然是相當密切的。歷來人們批評詩僧的作品有兩種氣：「酸餡氣」

和「蔬筍氣」；一些文學批評常說某位詩僧沒有這兩種氣、如何高明等。其實換一個角度看，所謂「酸餡氣」和「蔬筍氣」恰恰是詩僧作品的風格特色，如果完全去掉了這兩種「氣」，也就不成為佛教文學了。

元好問說得好：

> 東坡讀參寥子詩，愛其無蔬筍氣，參寥由是得名。宣政以來，無復異議。予獨謂此特坡一時語，非定論也。詩僧之詩，所以自別於詩人者，正以蔬筍氣在耳。
>
> ——（元好問，〈木庵詩集序〉）

這是通明之論，「蔬筍氣」如此，「酸餡氣」也可以這樣來看。「酸餡氣」來自出家人常食用的酸餡，味道比較怪，用來指詩在格調上俚俗、怪異；「蔬筍氣」則來自出家人常食用的蔬菜竹筍，用來指詩的風格上清淡、枯澀。在元好問看來，僧人的作品就應該是這樣的。從現代美學角度看，它們都不失為一種獨特的美學風格和審美情趣，不妨說，詩僧作品的這兩種風格為中國文學創作增添了別樣的色彩，也影響到很多文人的創作。

以「酸餡氣」來說，比如寒山的這首詩：

> 我見凡愚人，多畜資財穀。飲酒食生命，謂言我富足。
> 莫知地獄深，唯求上天福。罪業如毘富，豈得免災毒。
> 財主忽然死，爭共當頭哭。供僧讀文疏，空見鬼神祿。
> 福田一個無，虛設一群禿。不如早覺悟，莫作黑暗獄。
> 狂風不動樹，心真無罪福。寄語冗冗人，叮嚀再三讀。

語言不可謂不俚俗，其中對世態人情的模寫體察入微，真切生動，富於諷刺、幽默意味，形成獨特的「寒山體」。

以「蔬筍氣」而言，如寒山的這首詩：

登陟寒山道，寒山路不窮。溪長石磊磊，澗闊草濛濛。
苔滑非關雨，松鳴不假風。誰能超世累，共坐白雲中。

寫解脫名韁利鎖的束縛、樂道逍遙的生活，情感不可謂不超脫，確實是「不食人間煙火」的。

佛教詩歌的這兩種「氣」其實都是針對世俗的「俗氣」而言的，這些詩通俗而不庸俗，超脫卻又洞察人間，鮮明地體現著佛教文學的特色。

佛門中還有一些僧人並不以詩揚名，他們或者在佛教教理上修習有得，著作豐富，或者有較高的禪定功夫，或者在佛教信眾中有崇高的威望，稱得上是真正的高僧，同時，他們也創作了一些詩文作品。這些創作對於他們而言，屬於課誦、禪修之餘的「愛好」，似信手拈來，毫不在意，卻因為是從真實心地中流出，融入了深厚的佛教修養，因此別有趣味，即使是單純從文學角度衡量，也是有很高水準的。比如晚明四大高僧之一的袾宏所作的組詩〈七筆勾〉：

其一：恩重山丘，五鼎三牲未足酬。親得離塵垢，子道方成就。嗟！出世大因由，凡情怎剖？孝子賢孫，
好向真空究。因此把五色封章一筆勾。

其二：鳳侶鸞儔，恩愛牽纏何日休？活鬼喬相守，緣盡還分手。嗟！為你倆綢繆，披枷帶杻。覷破冤家，
各自尋門走。因此把魚水夫妻一筆勾。

其三：身似瘡疣，莫為兒孫作遠憂。憶昔燕山竇，今日還存否？嗟！畢竟有時休，總歸無後。誰識當人，
萬古常如舊。因此把桂子蘭孫一筆勾。

其四：獨占鰲頭，漫說男兒得意秋。金印懸如斗，聲勢非長久。嗟！多少枉馳求，童顏皓首。夢覺黃粱，
一笑無何有。因此把富貴功名一筆勾。

其五：富比王侯，你道歡時我道愁。求者多生受，得者憂傾覆。嗟！淡飯勝珍饈，衲衣如繡。天地吾廬，
大廈何須構。因此把家舍田園一筆勾。

其六：學海長流，文陣光芒射斗牛。百藝叢中走，鬥酒詩千首。嗟！錦繡滿胸頭，何須誇口。生死眼前，

半字不相救。因此把蓋世文章一筆勾。

其七：夏賞春遊，歌舞場中樂事稠。煙雨迷花柳，棋酒娛親友。　嗟！眼底逞風流，苦歸身後。可惜光陰，懡㦬空回首。因此把風月情懷一筆勾。

知識連結

從明代中期起，佛教趨於衰落，社會風氣浮躁。明代萬曆年間直至明代滅亡前夕的數十年間，有四位傑出的僧人，史稱「明末四大高僧」。他們分別是：

雲棲袾宏（一五三五—一六一五），杭州人，出家後自號蓮池，晚年居雲棲寺，所以世稱「蓮池大師」。他提倡念佛，風化被於一代，被推為中國淨土宗第八祖。

紫柏真可（一五四三—一六〇三），江蘇吳江人，字達觀，號紫柏，世稱紫柏尊者，明末著名禪師，曾於萬曆年間發起組織《萬曆大藏經》的雕刻。

憨山德清（一五四六—一六二三），安徽全椒人，字澄印，號憨山，世稱「憨山大師」。晚年居於曹溪南華寺，中興南宗禪。圓寂後，其肉身像也供奉於廣東南華寺。

蕅益智旭（一五九九—一六五五），江蘇吳縣人，號蕅益，世稱「蕅益大師」。出家後，繼承袾宏弘揚淨土法門，被尊為淨土宗第九祖。同時對天臺宗的中興、發展也做出了傑出貢獻。

這組詩，分別從父子、夫妻、子孫、功名、富貴、學問、遊樂等七個方面，用大乘佛教空觀世事如夢、一切虛幻的思想，對世俗人孜孜追求的一些東西給予了徹底的否定，讀來具有警醒意味。佛教中這類所謂「醒世詩」在明清時期大量出現，大多寫得通俗易懂，實質是用詩的形式向社會普及了一些佛教知識。

晚明四大高僧之一的憨山德清，一生創作了不少詩歌，大多清新有味，含義深刻。如他的一組六言組詩〈山居〉，共二十首，這裡選錄幾首：

松下數椽茅屋，眼前四面青山。日月升沉不住，白雲來去常閑。
雪裡梅花初放，暗香深夜飛來。正對寒燈獨坐，忽將鼻孔衝開。
一片寒心雪夜，數聲破夢霜鐘。爐內香銷宿火，窗前月上孤峰。
雲散長空雨過，雪消寒谷春生。但覺身如水洗，不知心似冰清。
文字眼中幻翳，禪那心上浮塵。內外一齊拈卻，大千世界全身。
靜夜鐘聲不住，石床夢想俱空。開眼不知何處，但聽滿耳松風。
世界光如水月，身心皎若琉璃。但見冰消澗底，不知春上花枝。

佛教對中國戲曲、小說藝術的發展也產生了重要影響。相當多的中國古代戲曲、小說表現出濃厚的佛教觀念；同時在藝術形式上，佛教也為這些文學體裁的形成發展提供了諸多養分。比如唐代的俗講和變文，本來是典型的佛教文學體裁，被學術界公認為是宋元以後通俗敘事文學的先驅。宋代的「說話」分為小說、說經、講史、合聲四家，其中「說經」應是直接承襲唐人俗講的。

最早的戲曲作品，其表現體裁都基本上來自佛教，比如《目連救母》雜劇等，在中國各地一直演出不衰，並且作為古代七夕節祭活動的重要節目，融入到民俗之中。其後產生的眾多小說、戲曲作品，更多地吸取、借鑑了佛教的觀念。比如《西遊記》以唐三藏西行取經為題材，具有濃重的佛教色彩。又如明代湯顯祖的《牡丹亭》是傳奇經典，構思上借鑑了佛教再生還魂等觀念。這充分說明，不管作家是有意識還是無意識的，佛教已客觀上成為中國古代文學創作的重要思想資源和「材料」。

在中國古代小說中，《紅樓夢》是一部具有濃厚佛教色彩、蘊含了深刻佛理的作品。小說開篇所寫的一位跛足道人所唱的《好了歌》，具有點明主題的作用。《好了歌》唱道：

世人都曉神仙好，惟有功名忘不了！古今將相在何方？荒塚一堆草沒了。
世人都曉神仙好，只有金銀忘不了！終朝只恨聚無多，及到多時眼閉了。
世人都曉神仙好，只有嬌妻忘不了！君生日日說恩情，君死又隨人去了。
世人都曉神仙好，只有兒孫忘不了！癡心父母古來多，孝順兒孫誰見了？

接下來甄士隱為《好了歌》作的〈注〉也表達了同樣的意思，並點明了與小說若干重要人物的關係。只要將此歌與前面所舉袾宏的〈七筆勾〉對照一下，就不難見出其中蘊含著的鮮明的佛教觀念和思想。這部小說的永久魅力，除了它描寫的一些精彩事件、塑造的豐富的人物形象之外，是否也與這種思想觀念有關呢？

中國古代幾乎所有傑出的小說、戲劇作品，即使是那些表面上看似乎與佛教不會有任何關係的作品，往往也蘊含了一定的佛教意味，這一點是令人深思的。比如《三國演義》一書基本沒有涉及佛教方面的情況，但它是以明代文學家楊慎的一首〈臨江仙〉詞開篇：

滾滾長江東逝水，浪花淘盡英雄。是非成敗轉頭空。青山依舊在，幾度夕陽紅。　白髮漁樵江渚上，慣看秋月春風。一壺濁酒喜相逢。古今多少事，都付笑談中。

這首詞其實也是點明整部小說的主題：人世間的那些是非爭鬥，若放到一個更宏大的時間系統下來看，都是不值一提的。這也就是蘇軾在《念奴嬌．赤壁懷古》中所寫的：「人生如夢，一樽還酹江月。」

中國文學中處處體現出這樣一種思想觀念和創作傳統：對世事人生採取居高臨下的、冷靜的觀照，而不是深陷其中。這種思想觀念的形成非常複雜，但有一點是不容否認的，那就是佛教的深刻影響。假如真的能將世間視為夢幻，那麼這裡的一切熱熱鬧鬧、打打殺殺、恩恩愛愛都不是主題，主題必然是超脫和出世，這完全是符合邏輯的。

海潮妙音：佛教的音樂傳播

佛教音樂，是中國傳統音樂的重要組成部分和寶貴遺產。在佛教的弘傳中，音樂的功用是很大的，也是佛教普度眾生的一個方便法門。

佛樂本來是佛經誦讀的一種重要方式，據佛典記載，早期印度佛教徒誦經時，皆用達卜鼓、貝螺號、蛇笛、嗩吶等伴奏，同時載歌載舞，這一點來自印度民族喜愛音樂、舞蹈的文化傳統。中國佛教音樂來自印度，並在長期發展過程中形成了自己的文化特色。佛教音樂可以陶冶性情、修養身心，如寺院裡傳出的鐘聲、念佛聲、讚佛聲、歌詠聲等，莊嚴、肅穆、柔和、恬遠，能夠使人進入寧靜、清新、淡雅、至善至美的境界，感悟到清涼的人生、吉祥的意蘊、圓滿的自性。

在印度，念誦佛經本身就有很強的音樂性。佛經有三種文體：闡述義理的散文稱「長行」，也叫「契經」；複述契經的詩歌稱「重頌」，也叫「應頌」；不依長行，相對獨立的詩歌稱「伽陀」，也叫「偈頌」。讀誦佛經時，長行用轉讀的方法，而重頌和偈頌都要歌唱，即所謂「天竺方俗，凡是歌詠法言皆稱為唄」（慧皎，《高僧傳．唱導篇》）。

佛教音樂隨佛教傳入中國後，大致經過四個發展階段：一是佛教初弘期的「西域化」階段，二是自東晉至齊梁的漢化及多樣化階段，三是唐代的繁盛及定型階段，四是宋元之後直至近代的通俗化及衰微階段。這一發展趨勢也大體符合中國佛教的整體發展歷程。

從佛教初傳至三國時代，流行於中國的佛教音樂多係印度及西域音樂。但由於梵、漢語音的不同，乃至「若以梵音詠漢語，則聲繁而偈迫；若用漢曲詠梵文，則韻短而辭長」。即梵文是拼音文字，與象形的漢文字不同。佛經漢譯以後，契經和重頌就不能按唄匿樂聲詠唱了。但唱唄是讀誦佛經不可缺少的步驟，加上中國傳統禮治社會向來重視製樂，視之為「感天地、通神明」的大事，所以經唄的漢化也就必然了。為了便於弘法，佛教徒改創中國化的佛曲。相

知識連結

「唄」是梵語「唄匿」（pāthaka）的略稱，意思是讚頌與歌詠。唄的特點是合樂，印度最古老的典籍《梨俱吠陀》就是一部古代印度歌集，梵文「梨俱」意為「歌」，「吠陀」意為「知識」。

佛教產生後，繼承、借鑑了印度文化重視音樂的傳統，認為音樂能夠「宣唱法理，開導眾心」，能夠止斷外緣，淨化內心，因而將其用於佛經的誦讀歌詠中，在宗教儀式上通常也是先歌唱唄讚然後才能作法事。

《長阿含經》說梵聲有五種清淨：一者其音正直，二者其音和雅，三者其音清澈，四者其音深滿，五者周遍遠聞，實際上，這確定了佛教音樂以靜、遠、肅穆、平和的審美標準。佛經還談到唄有五種利益，即身體不疲、不忘所憶、心不疲勞、聲音不壞、語言易解。這些都充分說明佛教音樂在佛門中的重要地位。

傳三國時期曹植所創的「魚山唄」，是中國佛曲的先驅，從此中國佛教音樂開始萌芽。

六朝時期，伴隨中國式梵唄的創成，湧現了許多專擅唱唄的經師，而康僧會創建的京師建初寺，則變成了滋育梵唄茁長、培育唱唄經師的國內第一中心。月支入華高僧支曇籥作唄，以音韻清越、旋律環複為特點，音聲之美妙，超過了曹植、康僧會的作品，他的六言梵唄《大慈哀愍》一契，音律動人，五眾喜愛，在建康寺院間流傳了一百多年。

東晉、南北朝時期，佛教界還流行著一種稱為「唱導」的弘法方式。即在齋會之時，用講、唱結合的方式宣說佛理，或雜述因緣，或傍引譬喻，以廣明三世因果，務使聽眾不致乏味，而能對佛法有所領悟。擔任唱導師之職者，必須具備智慧辯才與良好的嗓音。《高僧傳》描寫當時「唱導」的場景：

至如八關初夕，旋繞周行，煙蓋停氛，燈帷靖耀，四眾專心，叉指緘默，爾時導師則擎爐慷慨，含吐抑揚，辯出不窮，言應無盡。談無常則令心形戰慄，語地獄則使怖淚交零，徵昔因則如見往業，覆當果則已示來報，談怡樂則情抱暢悅，敘哀慼則灑淚含酸。於是闔眾傾心，舉堂惻愴，五體輸席，碎首陳哀，各各彈指，人人唱佛。

知識連結

關於曹植創梵的情景，元人念常《佛祖歷代通載》卷五記述：「植每讀佛經，留連嗟玩，以為至道之宗極。轉讀七聲、升降曲折之響，世皆諷而則之。游魚山（今山東東阿），聞有聲特異，清揚哀婉，因仿其聲為梵讚。今法事中有《魚山梵》，即其遺奏也。」曹植是三國時期傑出的詩人，富於藝術才華，他的「魚山唄」顯然是參照了印度梵樂的原則，得之於大自然天籟的感悟，依據漢語特色而創作的，他本人也因此在中國佛教音樂史上占有重要的一席位置。

清末上海盂蘭盆會

可見唱導是如此打動人心，對宣揚佛教義理發揮了重要的作用。這種唱導也是後來小說、評書、鼓曲等藝術門類的先導。

梁武帝蕭衍，篤信佛教，也精通音律。《隋書·音樂志》說他親「制《善哉》、《神王》、《大樂》、《大歡》、《天道》、《仙道》、《龍王》、《滅過惡》、《除愛水》、《斷苦輪》等十篇，名為正樂，皆述佛法」。此外，他還讓「童子倚歌梵唄」，開創了童聲演唱佛曲的「法樂童子伎」，又多次舉辦「無遮大會」、「盂蘭盆會」、「梁皇寶懺」等佛教典儀，為佛教音樂提供了新的演出形式。

唐代時佛曲大盛，俗講風行，百姓將佛教法會視為最重要的娛樂場所。無論寺院、宮廷、民間，佛教音樂都達

青瓷樂俑

到了鼎盛。

在寺院內，淨土宗的流行，為佛曲的傳播與宗教活動中音樂的大量使用創造了前所未有的條件。如淨土宗二祖善導曾著《淨土法事讚》、《往生禮讚偈》、《般舟讚》等歌讚三卷，其中讚頌都是可以歌唱的。其後僧人法照制定了「五會念佛」法規，也就是用五種聲調唱誦「南無阿彌陀佛」名號，他還作有《散花樂》等曲，影響深遠。

在宮廷，來自西域的音樂成了當時上層人士的「流行音樂」。在隋七部樂、九部樂及唐九部樂、十部樂中，都有大量佛曲。風靡於唐代的「新聲」——燕樂，其中包括了源於龜茲樂部的佛曲，以其強大的勢頭滲透到各個藝術門類，諸伎藝如詩詞、歌舞、百戲無不受其影響。宋元以降，民間說唱的寶卷、彈詞、鼓子詞無不肇源於這種佛教音樂文化。

據記載，唐懿宗時期，每逢佛誕之日，「於宮中結彩為寺，嘗教數百人作四方菩薩蠻隊，作菩薩蠻舞，如佛誕生」，整個宮廷彷佛變成了節日的寺院。

隋唐時期開始出現法曲，是由梁樂演化而成，經隋至唐，成為宮廷音樂中極富特色的部分。法曲主要為佛事儀式而製作，它結合了梵唄以及演奏佛曲的樂器，也融入了中國傳統器樂、民間音樂與古樂。隋煬帝、唐玄宗都曾對中國法曲的發展做過貢獻。

佛教音樂經常使用的樂器以鐘、鼓、引磬、木魚、鈴鐺為主，有時也用笛、笙、嗩吶、二胡、三弦、琵琶等，形成兼具佛教精神和中國民族特色的藝術韻味。

唐代民間同樣如此，唐代的眾多寺院，實際上成為社會的主要娛樂場所。宋代錢易《南部新書》載：「長安戲場多集於慈恩（寺），小者在青龍（寺）。其次薦福（寺）、永壽（寺）。尼講盛有保唐（寺），名德聚於安國

（寺），士大夫之家入道盡在咸宜（寺）。」藝僧們高超的音樂技藝，不但征服了眾多善男信女的心，甚至使當時第一流的宮廷音樂家也為之傾倒。

敦煌石窟保存下的大量俗講底本「變文」和「曲子詞」，以及琵琶曲譜等文物，都是唐時佛樂繁盛的有力佐證。

宋元以後，佛教音樂因市民階層的出現而日趨通俗化，並從多方面影響了中國器樂演奏及說唱音樂的發展。從現存宋詞和元曲的詞牌、曲牌中，均可見到佛教影響的深刻印記，如詞牌《菩薩蠻》、《婆羅門引》、《五更轉》等，曲牌如《雙調五供養》、《普庵咒》等，還有一些詞牌、曲牌雖然表面上似與佛教無關，但最早也都用於佛教法事活動，其後才流傳到民間，成為「俗曲」。

明清之際，佛曲更加通俗化並日益深入民間，許多佛曲採用民間曲調演唱。明成祖朱棣於永樂十五年（一四一七）頒布御製《諸佛世尊如來菩薩尊者名稱歌曲》五十卷，並命令全國佛教徒習唱，其中大部分曲調為當時流行之南北曲，如《感天人》之曲即《小梁州》，《成就意》之曲即《好事近》等。

從明清到近代，佛教音樂從整體上看趨於衰微了，但另一方面，佛教音樂的因素卻廣泛滲透到民間音樂中，可以視為一個佛樂與民間音樂進一步融合的過程。

明宣德銅鈴、銅杵

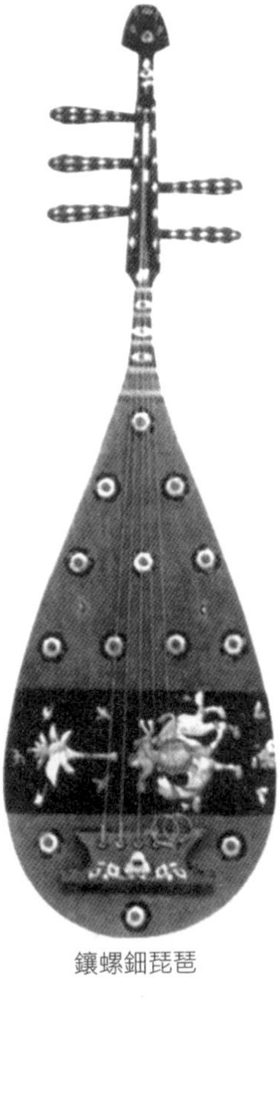

鑲螺鈿琵琶

佛教音樂中最有特色的一種音調稱為海潮，因其聲勢雄壯、漲落有時而得名。佛經也常用「海潮音」比喻佛菩薩的說法，如《法華經．普門品》說：「妙音觀世音，梵音海潮音，勝彼世間音。」聽著那激盪的潮水，彷佛聽到觀世音菩薩慈悲、智慧的聲音。中國佛教音樂便以這種如海潮般起伏的聲調為獨有的特色。

吉祥妙相：佛教的繪畫與書法

顧愷之，《女史箴圖》。

廣義的佛教美術，包括建築、雕塑、工藝、繪畫、書法等許多方面。本節重點介紹一下繪畫和書法與佛教之間的關係。

佛教繪畫藝術在中國繪畫史上具有舉足輕重的地位，尤其是自魏晉到六朝的佛教畫更是成為當時繪畫藝術領域的主流，如東吳的曹不興、西晉的衛協和顧愷之，都是佛畫的大家。如顧愷之所作的《淨名居士圖》、《八王分舍利圖》、《康僧會像》等，尤以在江寧瓦官寺所畫的《維摩詰像》最為著名，據說時人願意捐十萬錢博得一觀。維摩詰是印度佛教中的著名居士，有大智慧，以善辯著稱。有一次他生了病，佛陀派文殊率領眾弟子前往探望，顧畫中表現的正是維摩詰與文殊論辯的場面。然而，在顧愷之的筆下，印度的維摩詰變成中土名士，秀骨清相，崇尚清談，正是所謂「魏晉風度」的體現；他在趙景公寺畫的執爐天女竊眸欲語，有動人的表情；而地獄變相，則是「筆力勁怒，變狀陰怪」，若有一股陰氣襲人而來，觀者不寒而慄，據說長安屠戶、漁夫看了都因此改業。

南朝的張僧繇也擅畫佛像，所作獨出心裁，創立了「沒骨法」，不以筆墨勾勒線條而以重色渲染，這種畫法的產生也與佛畫特色有關。相傳他在安樂寺作四條龍壁畫，栩栩如生，其中二龍點睛後即飛去，這便是「畫龍點睛」典故的由來。

與張僧繇同時的曹仲達享譽於北朝畫界，曹畫帶有域外之風，所畫佛像衣服緊窄，近於印度笈多王朝式樣，他所創立的「曹家樣」與吳道子創立的「吳家樣」並稱，史有「曹衣出水、吳帶當風」的評語。

唐代的佛教繪畫尤其是壁畫更是盛極一時。

佛畫藝術家中，以吳道子聲名最著。他在長安、洛陽兩地寺觀所作壁畫多達三百餘間，無一相同，筆跡恢弘磊落，勢狀雄峻、飄逸，使人有「吳帶當風」之感，杜甫作詩讚頌說「畫手看前輩，吳生獨擅場」。長安菩提寺有吳道子畫《維摩變》，其中的舍利弗有轉目視人的效果。

唐初之尉遲乙僧也以擅長佛畫聞名於世，曾在長安光宅寺、慈恩寺等作《降魔變》、《西方淨土變》、《千缽文殊》等壁畫，其畫「奇形異貌」、「身若出壁」，富有立體感。

知識連結

據統計，當時繪有佛畫的寺院多達一八三座，知名畫家有七十人。到宋代，成都大聖慈寺的九十六院，還留有大量的唐代壁畫，其中有佛像一二一五幅，菩薩像一〇四八八幅；羅漢、高僧像一七八五幅；天王、明王、力士像二六三幅；佛傳、經變、變相一一四幅，可見當時寺院壁畫的規模之大。

周昉所作觀音大士和仕女圖也開了一代畫風，被稱為「周家樣」。周昉所畫仕女在造型上都是臉型圓潤豐滿，體型肥胖，著團花長裙，從披紗中顯露出豐滿的肌肉，給人以溫潤、香軟的感覺，當時有「菩薩如宮娃」之說。本來印度的觀音形相多為男性，還有兩撇小鬍子，然而到了中國，中國的藝術家卻賦予他女性的特徵，以體現觀音菩薩大悲濟苦的救世精神，周昉的《水月觀音》等即是代表，大約正是從這時起，觀音菩薩在中國的形相轉變為女性。

值得一提的是，當時很多僧人同時也是著名畫家，比如五代時期的貫休，人稱「禪月大師」，詩、畫皆聞名於世，佛學修養也很深厚。他曾作詩一首給吳越王錢鏐，詩云：「貴逼身來不自由，幾年辛苦踏山丘。滿堂花醉三千客，一劍霜寒十四州。萊子衣裳宮錦窄，謝公篇詠綺霞羞。他年名上凌雲閣，豈羡當時萬戶侯？」錢鏐讀後非常欣

吳道子，《維摩詰像》。

賞，但他有稱帝野心，傳令讓貫休將詩中「十四州」改為「四十州」，才肯接見。貫休答道：「州亦難添，詩亦難改。余孤雲野鶴，何天不可飛？」即日裹衣缽，拂袖而去。貫休畫羅漢像最為有名，傳說他每畫一幅羅漢像，都要祈禱在夢中得見羅漢真貌，故他所畫的與一般羅漢像大異其趣。

唐代開始，中國繪畫史上出現了一種別具風格的禪意畫。這種畫高遠淡泊、超然灑脫，禪機意境躍然紙上，開其端者是詩人兼畫家王維。

王維性喜山水，信仰佛教，耽於禪悅，既工詩，又善畫，蘇軾稱讚其「詩中有畫，畫中有詩」。王維作畫的特點是將墨色潑成深、淺、濃、淡等多種色調，用來表現山石林木，與青山綠水不同，別有一種清雅灑落的自然情趣。此種畫風突破過去只限於細線勾描的畫法，而改用潑墨山水的方法，不重寫實，而以寫意為主，筆法更加豐富，意境更為深遠。他所作的《輞川圖》等，山谷鬱鬱，雲水飛動，顯得清寒、靜寂、淡遠而又空靈；他的《袁安臥雪圖》，雪中有芭蕉，似與常理不合，但卻與禪宗跳躍式思維方法遙相符契。他的許多畫作不問四時，以桃杏芙蓉蓮花同入一幅，也有佛教「一念

周昉，《簪花仕女圖》。

含九世」的意蘊。

王維所開創的禪意畫，對後代產生了深遠的影響，開創了典型的中國傳統山水畫的畫風。在宋代後，經過一批著名畫家的發揚，成為後代流傳甚廣的「文人畫」的濫觴。

禪宗興盛後，畫家多與禪師交遊往來。禪僧們那種閒雲野鶴、超然物外的人生態度與堅毅弘忍、峭拔卓爾的布道精神，深深吸引了文人畫士。這些表現在他們創作的所謂「世間羅漢畫」中，羅漢造型特點與禪師形相無異。五代張玄、宋代劉松年等即以這種羅漢畫著稱於世。

宋朝至清朝的近千年時間，畫家涉足佛教，僧人染指繪畫者，更是代不絕人。

北宋時期的名畫家高益、高文進、王道真、李用和、李象坤等創作了大量佛教壁畫，場面熱烈，富有生活氣息。其中高益在大相國寺所作的《擎塔天王》等，曾名噪一時。王靄、王仁壽二人更專工佛道人物畫，受到當朝皇帝的垂青。著名畫家李公麟也取材佛教，作有《維摩演教圖》、《羅漢圖》等。李公麟的《醉僧圖》，圖上有蘇軾仿懷素書法題寫的〈送酒詩〉：「人人送酒不曾沽，終日松間掛一壺。草聖欲成狂便發，真堪畫入《醉僧圖》。」董其昌有題跋，說李公麟因見到懷素送酒詩而作《醉僧圖》。董其昌的題跋與蘇軾的題詩為此畫的雙美，體現了古代文人畫的情趣。

知識連結

明代董其昌將自己的畫室命名為「畫禪室」，非常典型地體現了這種文人畫的禪意。他的論畫語有：「畫家六法，一氣韻生動。氣韻不可學，此生而知之，自有天授。然亦有學得處，讀萬卷書，行萬里路，胸中脫去塵濁，自然丘壑內營，成立鄞鄂，隨手寫出，皆山水傳神矣。」

元代趙孟頫、劉貫道的《紅衣天竺僧卷》、《羅漢圖》等，工筆重彩、樸素傳神，別具風格。

宋代後形成的一種簡筆率意、潑墨淋漓、形相嘻笑從容的「禪畫」，更是博得很多文人士大夫的欣賞。如五代畫

馬雲卿，《維摩演教圖》（局部）。

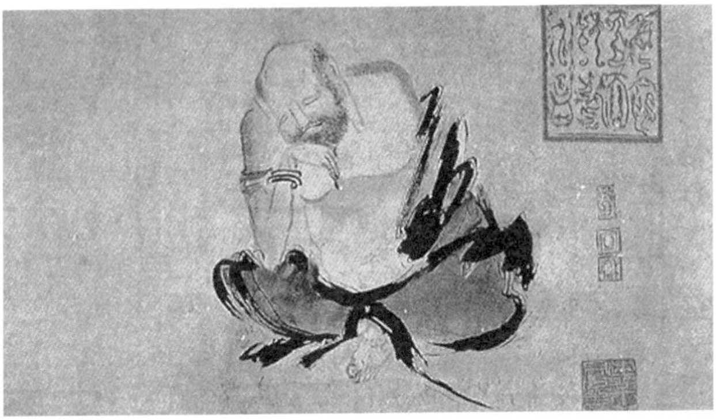

石恪，《二祖調心圖》。

知識連結

梁楷號稱「梁瘋子」，為人狂誕不羈，他的畫法有兩種：一種是白描謹細畫，一種是所謂簡筆體，有閒逸自在之風，著名的《六祖伐竹圖》，畫中禪宗六祖慧能遊戲人間的情懷溢於畫表，劈竹的姿態狂放而又怡然自得，頗能展現一個人的精神境界。

家石恪的《二祖調心圖》、南宋梁楷的《六祖伐竹圖》、《釋迦出山圖》等，皆是古畫的珍品傑作。

宋代的董源、巨然、李成、范寬以及元代「四大家」黃公望、王蒙、吳鎮、倪瓚乃至明代的董其昌等畫家，繼承了王維開創的山水畫風，以追求畫中的禪機意趣為主。

明末清初的石濤、八大山人、石溪、弘仁更被稱為畫壇「四大高僧」。他們的畫「自作聰明，無所師承」，筆勢雄闊、形相傳神，對後人產生了很大的影響。

中國書法源遠流長，千百年來，代有傳人。在歷代書法家中，不少高手出自佛門或深受佛教的影響。

佛教對中國書法的影響也表現為兩個方面。

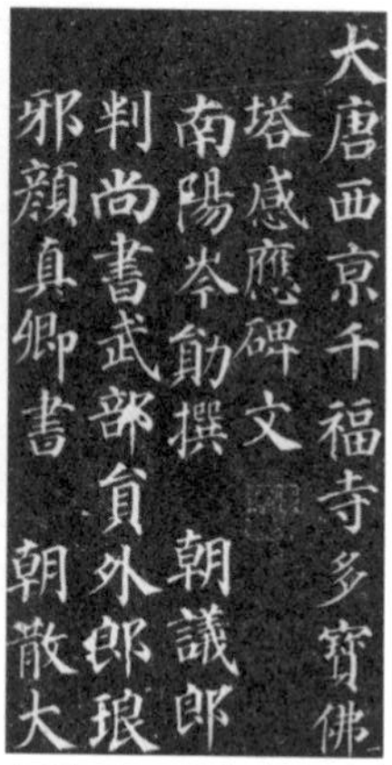

顏真卿，〈多寶塔碑〉局部。

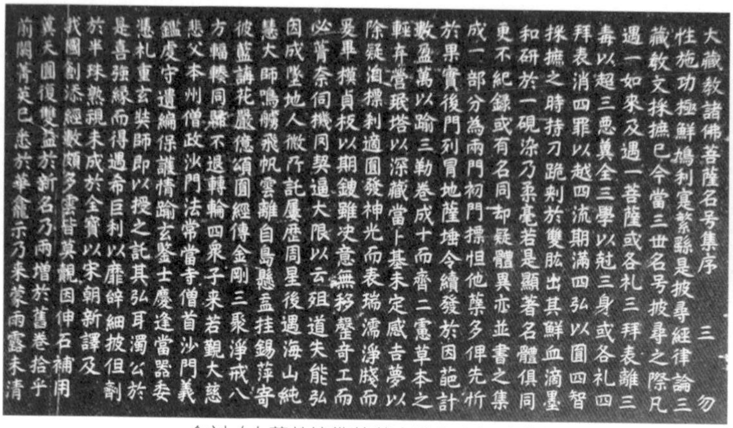

金刻〈大藏教諸佛菩薩名號集序〉（北京房山雲居寺石經）

知識連結

今日中國人臨摹最多、最能代表中國書法藝術精髓的作品幾乎都來自佛寺碑刻，這是一個不可忽視的事實。比如唐代歐陽詢的〈化度寺邕禪師塔銘〉、顏真卿的〈千福寺多寶塔感應碑文〉、柳公權的〈玄秘塔碑〉、宋代米芾的〈天衣禪師碑〉、元代趙孟頫的《圓通寺記》等，皆是著名書法作品。

其一是魏晉至唐代大規模的佛經抄寫，無數精美而古樸的造像題記與碑刻銘文，既保存了書法又傳播了佛法。抄寫經文是佛教的一種重要信仰形式，在古代中國蔚然成風。它要求抄寫者要虔誠恭敬，持重嚴謹，不能出錯，因此通常使用隸書、楷書等形式，更形成了專門刻在石碑上的「魏碑體」。這些重要書體的形成與佛教有著直接關係。著名的《房山石經》，既保留下珍貴的佛教原典，也是中國書法藝術的寶庫。石經自隋代靜琬法師發願創刻之後，歷經唐、遼、金、元、明，延續一千多年。經石總數有一五〇〇〇石，碑銘八十二石，刻佛經一〇二五種。從這些歷代不同書法風格的石經，可以看到一部自唐迄明一千多年的書法變遷史。

其二是在禪宗觀念影響下，形成獨特的富有禪意的書法風格與理論。書法的創作和品評都滲透著禪機禪理，許多書法家將書法視為禪的表現方式，這使得中國書法脫離了日常實用範圍，最終成為一種獨特的藝術形式。簡要地說，他們認為書法應是「真心」的自然顯現，所謂「書法猶釋氏心印，發於心源，成於了悟，非口手所傳」，它要求寫字時擺脫一切外物的束縛，

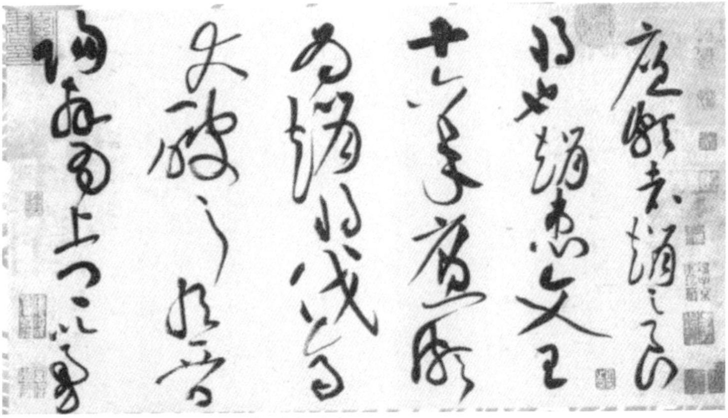
黃庭堅，《廉頗藺相如傳卷》（部分）。

突破前人的規矩，讓自己的「真心」得到充分顯現，藝術風格也轉向追求空靈、古樸和凝練。這方面，尤以宋代的蘇軾、黃庭堅、米芾、蔡襄等「四大家」為代表，他們的作品一向被視為典型的「禪書」，流傳到日本後被稱為「禪家樣」。

佛門草書的代表人物釋智永以書法表意，傳達「佛心」，將筆墨線條視為直指本心、崇尚天然的自然流露，發展出中國書法中的草書一體。

釋智永，會稽人，南朝高僧，俗姓王，是王羲之的七世孫。他自小出家，通《般若》、《法華》諸經，人稱智永禪師。智永在書法藝術史上有兩大重要貢獻：其一是發明「永字八法」，為後世學書者所宗。其二是臨集《千字文》，開後代書法家寫《千字文》的風氣。他臨帖十三年，得《真草千字文》八百餘本，向浙東諸寺各施一本。索求他書法的人絡繹不絕，門檻都踩破了，為此他在門檻上包了一層鐵皮，於是有「鐵門限」的佳話。他用廢的毛筆堆積在山下，名為「退筆塚」。他的書法楷、草俱佳，為後世所繼承和推崇。

佛門草書的另一位代表人物是唐代僧人懷素。

懷素（七三七—？），字藏真，俗姓錢，湖南長沙人。他是唯識宗大師玄奘的門人，自幼好佛，但生性疏放，不拘小節，對書法極為珍愛。相傳他學習書法甚為勤勉，因貧窮無力購紙，就種植了萬餘株芭蕉，以葉代紙，將自己所住庵命名為「綠天」。他性喜飲酒，往往醉後在寺院牆壁上狂走醉寫，他的許多傑作都是在這種狀態下創作的，所謂「狂來輕世界，醉裡得真如」。他曾師從顏真卿等學習書法，但最仰慕的是「草聖」張旭——張旭被列為盛唐時的「飲中八仙」之一，也是一位喜歡飲酒的佛教徒，最終獨樹一幟。懷素的作品以《自敘帖》與《小草千字文》最為著名。《自敘帖》作於大曆十二年（七七七），結構嚴謹，草書瘦勁清健，字與字間連綿不斷，起承轉合不離法度，通篇神氣飛揚，精彩絕倫，為狂草極品。

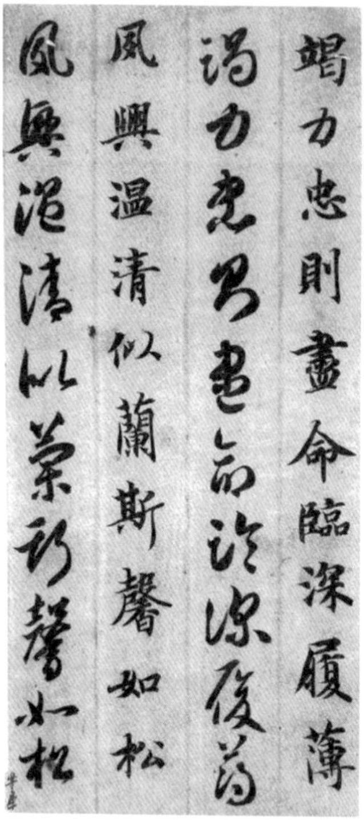

智永，《真草千字文》。

永字八法

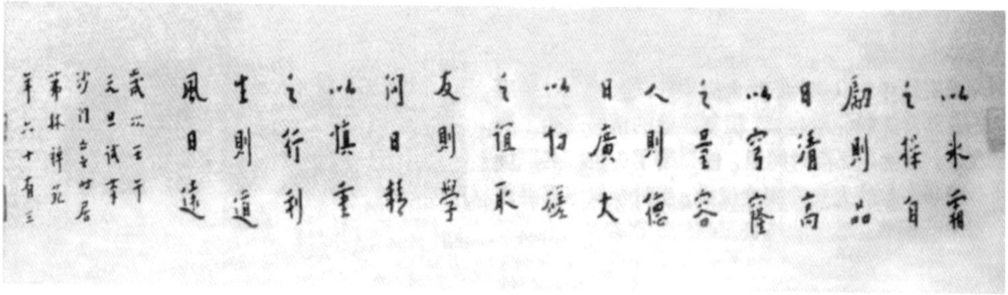

弘一法師書法

中國書法的另一種重要風格是明代董其昌所推崇的「平淡天真」，平淡也就是宋代蘇軾所說的「絢爛之極，歸於平淡」，其內在精神也來自於佛理。近代僧人書法家弘一法師便談到過佛門中的「淡」：

世法唯恐不濃，出世法唯恐不淡。欲深入淡字法門，須將無始虛妄濃厚習氣盡情放下，放至無可放處，淡性自然現前。淡性既現，三界津津有味境界如嚼蠟矣。

——（《寒笳集》）

「平淡天真」的書法其實就是這種精神的體現，它要求人忘懷一切榮辱得失，胸無半點牽累，乃至做到一念不生，由此，空靈澄澈的精神境界自然顯現，在這種心態下創作的書法自然具有「平淡天真」的意蘊。這種書法不是來自於技巧，而是得之於心態，被視為中國書法藝術的最高境界。弘一法師的書法可以作為代表，他出家後的書法作品，拋棄了一切崢嶸圭角，隔斷了一切塵緣俗態，藏鋒稚拙，恬淡自如，清靜似水，枯寂孤清，被視為達到了「平淡美」的極致。其實，中國古代僧人書法多有這種風格，有人乾脆稱之為「僧人體」，這種書法確實體現著僧人出世的情懷。

如果說佛教書法中的魏碑、楷書體現了佛教虔誠、謹嚴風尚的話，那麼狂草則體現了佛教狂放不羈、自由自在的一面，而枯寂平淡的「僧人體」又體現著佛教超脫世俗、回歸本性的一面。中國書法中的幾種主要書體和風格，竟然都能在佛教中找到依據，這不能不說是一種深刻的文化之緣吧。

一本就通：佛教常識

2012年6月初版
2018年4月初版第五刷

定價：新臺幣350元

著者	張培鋒
叢書主編	簡美玉
校對	蘇淑惠
封面設計	江宜蔚
內頁排版	翁國鈞

出版者	聯經出版事業股份有限公司
地址	新北市汐止區大同路一段369號1樓
編輯部地址	新北市汐止區大同路一段369號1樓
叢書主編電話	(02)86925588轉5322
台北聯經書房	台北市新生南路三段94號
電話	(02)23620308
台中分公司	台中市北區崇德路一段198號
暨門市電話	(04)22312023
郵政劃撥帳戶第	0100559-3號
郵撥電話	(02)23620308
印刷者	文聯彩色製版印刷有限公司
總經銷	聯合發行股份有限公司
發行所	新北市新店區寶橋路235巷6弄6號2F
電話	(02)29178022

總編輯	胡金倫
總經理	陳芝宇
社長	羅國俊
發行人	林載爵

行政院新聞局出版事業登記證局版臺業字第0130號

本書如有缺頁，破損，倒裝請寄回台北聯經書房更換。 ISBN 978-957-08-4006-3 (平裝)
聯經網址 http://www.linkingbooks.com.tw
電子信箱 e-mail:linking@udngroup.com

本書中文繁體字版由中華書局授權出版

國家圖書館出版品預行編目資料

一本就通：佛教常識/張培鋒著．
初版．新北市．聯經．2012年6月（民101年）．
312面．17×23公分
ISBN 978-957-08-4006-3（平裝）
[2018年4月初版第五刷]

1.佛教

220 101010007